崇德尚能

江苏联合职业技术学院院本教材

道路桥梁工程检测技术

顾　俊　邹定南　**主　编**
史志楼　程　庆　**副主编**
　　　　周德军　**主　审**

人民交通出版社股份有限公司
China Communications Press Co.,Ltd.

内 容 提 要

本书结合道路桥梁工程检测技术课程的教学改革成果和最新的技术标准、试验规程进行编写，从培养行业技能岗位的要求出发，注重知识结构和实践能力要求的培养，理论体系适度，组织结构合理，有较强的实用性。

全书由10个项目组成，每个项目由若干个任务组成，对每个项目给出了项目描述、教学目标，每个项目后有小结和复习思考题，便于教师教学和学生学习。

本书可作为交通土建类职业教育道路桥梁工程技术专业及其他相关专业的教材，也可供工程技术人员学习参考。

图书在版编目（CIP）数据

道路桥梁工程检测技术/顾俊　邹定南主编.—北京：人民交通出版社股份有限公司，2019.7
ISBN 978-7-114-15445-4

Ⅰ.①道… Ⅱ.①顾…②邹… Ⅲ.①道路工程—检测②桥梁工程—检测 Ⅳ.①U41②U446

中国版本图书馆 CIP 数据核字(2019)第 060376 号

江苏联合职业技术学院院本教材

书　　名：	道路桥梁工程检测技术
著 作 者：	顾　俊　邹定南
责任编辑：	刘　倩
责任校对：	尹　静
责任印制：	张　凯
出版发行：	人民交通出版社股份有限公司
地　　址：	(100011)北京市朝阳区安定门外外馆斜街3号
网　　址：	http://www.ccpcl.com.cn
销售电话：	(010)59757973
总 经 销：	人民交通出版社股份有限公司发行部
经　　销：	各地新华书店
印　　刷：	北京虎彩文化传播有限公司
开　　本：	787×1092　1/16
印　　张：	11.5
字　　数：	280千
版　　次：	2019年7月　第1版
印　　次：	2024年6月　第3次印刷
书　　号：	ISBN 978-7-114-15445-4
定　　价：	30.00元

(有印刷、装订质量问题的图书由本公司负责调换)

江苏联合职业技术学院院本教材
出版说明

  江苏联合职业技术学院成立以来，坚持以服务经济社会发展为宗旨、以促进就业为导向的职业教育办学方针，紧紧围绕江苏经济社会发展对高素质技术技能型人才的迫切需要，充分发挥"小学院、大学校"办学管理体制创新优势，依托学院教学指导委员会和专业协作委员会，积极推进校企合作、产教融合，积极探索五年制高职教育教学规律和高素质技术技能型人才成长规律，培养了一大批能够适应地方经济社会发展需要的高素质技术技能型人才，形成了颇具江苏特色的五年制高职教育人才培养模式，实现了五年制高职教育规模、结构、质量和效益的协调发展，为构建江苏现代职业教育体系、推进职业教育现代化做出了重要贡献。

  面对新时代中国特色社会主义建设的宏伟蓝图，我国社会主要矛盾已经转化为人们日益增长的美好生活需要与发展不平衡不充分之间的矛盾，这就需要我们有更高水平、更高质量、更高效益的发展，实现更加平衡，更加充分的发展，才能全面建成社会主义现代化强国。五年制高职教育的发展必须服从服务于国家发展战略，以不断满足人们对美好生活需要为追求目标，全面贯彻党的教育方针，全面深化教育改革，全面实施素质教育，全面落实立德树人根本任务，充分发挥五年制高职贯通培养的学制优势，建立和完善五年制高职教育课程体系，健全德能并修、工学结合的育人机制，着力培养学生的工匠精神、职业道德、职业技能和就业创业能力，创新教育教学方法和人才培养模式，完善人才培养质量监控评价制度，不断提升人才培养质量和水平，努力办好人民满意的五年制高职教育，为决胜全面建成小康社会，实现中华民族伟大复兴的中国梦贡献力量。

  教材建设是人才培养工作的重要载体，也是深化教育教学改革，提高教学质量的重要基础。目前，五年制高职教育教材建设规划性不足、系统性不强、特色不明显等问题一直制约着内涵发展、创新发展和特色发展的空间。为切实加强学院教材建设与规范管理，不断提高学院教材建设与使用的专业化、规范化和科学化水平，学院成立了教材建设与管理工作领导小组和教材审定委员会，统筹领导、科学规划学院教材建设与管理工作。制订了《江苏联合职业技术学院教材建设与使用管理办法》和《关于院本教材开发若干问题的意见》，完善了教材建设与管理的规章制度；每年滚动修订《五年制高等职业教育教材征订目录》，统一组织五年制高职教育教材的征订、采购和配送；编制了学院"十三五"院本教材建设规划，组织18个专业和公共基础课程协作委员会推进了院本教材开发，建立了一支院本教材开发、编写、审定队伍；创建了江苏五年制高职教育教材研发基地，与江苏凤凰职业教育图书有限公司、苏州大学出版社、北京理工大学出版社、南京大学出版社、上海交通大学出版社等签订了战略合作协议，协同开发独具五年制高职教育特色的院本教材。

  今后一个时期，学院在推动教材建设和规范管理工作的基础上，紧密结合五年制高职教育发展新形势,主动适应江苏地方社会经济发展和五年制高职教育改革创新的需要,以学院18个专业协作委员会和公共基础课程协作委员会为开发团队,以江苏五年制高职教育教材研发基地为开发平台,组织具有先进教学思想和学术造诣较高的骨干教师,依照学院院本教材建设规划,重点编写出版约600本有特色、能体现五年制高职教育教学改革成果的院本教材,努力形成具有江苏五年制高职教育特色的院本教材体系。同时,加强教材建设质量管理,树立精品意识,制订五年制高职教育教材评价标准,建立教材质量评价指标体系,开展教材评价评估工作,设立教材质量档案,加强教材质量跟踪,确保院本教材的先进性、科学性、人文性、适用性和特色性建设。学院教材审定委员会组织各专业协作委员会做好对各专业课程(含技能课程、实训课程、专业选修课程等)教材进行出版前的审定工作。

本套院本教材较好地吸收了江苏五年制高职教育最新理论和实践研究成果,符合五年制高职教育人才培养目标定位要求。教材内容深入浅出,难易适中,突出"五年贯通培养、系统设计"专业实践技能经验积累培养,重视启发学生思维和培养学生运用知识的能力。教材条理清楚,层次分明,结构严谨,图表美观、文字规范,是一套专门针对五年制高职教育人才培养的教材。

学院教材建设与管理工作领导小组
学院教材审定委员会
2017 年 11 月

序　言

根据《江苏联合职业技术学院教材建设与使用管理办法》(苏联院〔2015〕11号)、《关于院本教材开发若干问题的意见》(苏联院研【2016】12号)和《关于明确院本教材编审人员等有关内容的通知》(苏联院研【2017】22号)等文件精神,路桥专业协作委员会组织了无锡交通分院、南京分院、苏州建设交通分院、扬州技师分院和江苏省交通技师学院等五所学校的专业带头人、骨干教师开展了学院路桥专业"十三五"院本教材的编写工作,计划编写院本教材共19本,涵盖路桥及相关专业的专业平台课程及专业课程(含技能课程、实训课程、专业选修课程)。

本套院本教材开发以最新的路桥专业人才培养方案和课程标准为依据,正确把握教学改革方向,在选择教材内容和确定编写体系时,注重体现素质教育、创新能力与实践能力的培养,促进学生知识、能力、素质的协调发展,充分体现了五年制高职教育人才培养特色。

本套教材的编写团队以各校骨干教师为主,并有部分企业工程技术人员参与审核,全体编审人员均具有较高的学术水平和教学水平,有丰富教育教学经验和改革创新精神,充分体现出思想性、科学性、先进性、系统性和适用性于一体编写理念,积极对接产业发展和职业标准,遵循五年制高职学生成长规律和教育教学规律,并体现出最新课程改革成果,对于形成五年制高职教育人才培养特色,发挥五年制高职贯通培养具有一定的优势。

本套教材内容新、起点高、教学针对性和适应性强、重点突出,逐章均配有思考题和习题,不仅适合五年一贯制高职路桥、市政工程、工程造价等专业学生使用,也适合于土木类工程技术人员的学习参考用书。

本套教材的出版得到了江苏联合职业技术学院各级领导的大力支持,也得到了5所成员学校的通力合作,凝聚了全体编审人员、行业专家、教师群体的智慧和辛勤劳动,愿我们共同向精品教材的目标继续努力。

向所有关心、支持本套教材编写出版的各级领导、行业专家、老师、同学和朋友们致以敬意和谢意!

江苏联合职业技术学院
路桥专业协作委员会
2019年4月

前　言

　　道路桥梁工程检测技术不仅是高等学校交通土建工程类道路桥梁工程技术、公路工程检测与监理等专业的专业课,也是公路工程养护、城市轨道交通工程技术、港口工程技术、工程测量与监理等相关专业的一门技能性较强的专业课。

　　本书依据教育部对高等院校人才培养目标和培养模式相适应的知识、技能和素质要求进行编写,并结合"道路桥梁工程检测技术"课程的教学改革成果和最新的技术规范、标准、试验规程,具有较强的针对性。本书从培养行业技能岗位的要求出发,注重知识结构和实践能力要求的培养,理论体系适度,组织结构合理,有较强的实用性。

　　本书由10个项目组成,每个项目由若干个任务组成,主要包括公路工程质量检验评定与数据处理、常用混合料强度检测、路基路面几何尺寸及路面厚度检测、路基路面压实度检测、路基路面强度和承载能力检测、路面抗滑性能检测、沥青路面渗水系数检测与路面外观、桥梁工程地基与基础检测、桥梁检测等。对每个项目给出了项目描述、教学目标,每个项目后有小结和复习思考题,以利于教师教学和方便学生对项目内容的巩固和学习。

　　本书编写分工如下:项目1、项目7由江苏信息职业技术学院顾俊编写;项目2由南京高等职业技术学校陈艺编写;项目3、项目4由江苏省无锡交通高等职业技术学校史志楼编写;项目5、项目6由江苏省无锡交通高等职业技术学校于辉辉编写;项目8由江苏省无锡交通高等职业技术学校邹定南编写;项目9、项目10由江苏省无锡交通高等职业技术学校程庆编写。全书由顾俊、邹定南担任主编,史志楼、程庆担任副主编,由贵州交通职业技术学院周德军担任主审。

　　本书在编写过程中,曾广泛征求有关院校及检测单位同行对编写大纲的意见,并得到了有关领导和部门的指导和帮助,同时附于书末的参考文献对本书的完成起了重要的作用,在此一并表示诚挚谢意。

　　由于编写时间和编者水平有限,书中缺点及不当之处在所难免,敬请广大读者批评指正。

编　者
2019年3月

目 录

项目1　绪论 ··· 1
　任务1.1　试验检测的目的和规程 ··· 1
　任务1.2　试验检测人员配置及检测机构资质要求 ································· 3
　任务1.3　工地试验检测机构(室) ··· 5
　复习思考题 ··· 9

项目2　公路工程质量检验评定与数据处理 ···································· 10
　任务2.1　公路工程质量检验评定方法 ·· 10
　任务2.2　试验检测数据处理基本知识 ·· 12
　复习思考题 ·· 24

项目3　常用混合料强度检测 ··· 25
　任务3.1　无机结合料稳定材料检测 ·· 25
　任务3.2　水泥混凝土及水泥砂浆强度检测 ······································ 30
　任务3.3　结构混凝土强度检测 ·· 37
　任务3.4　沥青混合料稳定性检测 ·· 55
　复习思考题 ·· 61

项目4　路基路面几何尺寸及路面厚度检测 ···································· 63
　任务4.1　路基路面现场测试随机选点 ·· 63
　任务4.2　路基路面几何尺寸检测 ·· 66
　任务4.3　路面结构层厚度的检测 ·· 69
　复习思考题 ·· 71

项目5　路基路面压实度检测 ··· 73
　任务5.1　压实度认识 ·· 73
　任务5.2　环刀法检测压实度 ·· 76
　任务5.3　灌砂法检测压实度 ·· 78
　任务5.4　钻芯法检测压实度 ·· 82
　任务5.5　压实度评定 ·· 84
　复习思考题 ·· 85

项目6　路基路面强度和承载能力检测 ·· 87
　任务6.1　土基现场CBR值测试 ·· 87
　任务6.2　路基路面回弹模量测试 ·· 94
　任务6.3　路基路面弯沉检测 ·· 98
　复习思考题 ··· 102

项目 7　路面抗滑性能检测 ·· 103
任务 7.1　概述 ··· 103
任务 7.2　手工铺砂法测定路面构造深度 ··· 104
任务 7.3　电动铺砂法测定路面构造深度 ··· 106
任务 7.4　认识激光构造深度仪 ·· 108
任务 7.5　路面抗滑值测定 ··· 108
任务 7.6　路面横向力系数测定 ·· 110
复习思考题 ··· 113

项目 8　沥青路面渗水系数检测与路面外观 ··· 114
任务 8.1　路面渗水仪法测定渗水系数 ·· 114
任务 8.2　路面错台检测 ·· 116
任务 8.3　沥青路面车辙检测 ··· 117
复习思考题 ··· 120

项目 9　桥梁工程地基与基础检测 ·· 121
任务 9.1　地基承载力检测 ··· 122
任务 9.2　基桩承载力检测 ··· 130
任务 9.3　钻(孔)灌注桩检测 ··· 135
任务 9.4　桥涵工程基础质量评定方法与检查项目 ··· 139
复习思考题 ··· 143

项目 10　桥梁检测 ·· 144
任务 10.1　桥梁工程质量评定方法与检查项目 ·· 144
任务 10.2　桥梁支座检测 ·· 147
任务 10.3　桥梁伸缩装置检验 ·· 153
任务 10.4　水泥混凝土构件试验检测 ·· 155
任务 10.5　预应力混凝土结构构件检测 ··· 159
复习思考题 ··· 170

附录　t 分布概率系数表 ··· 171
参考文献 ··· 172

项目 1 绪 论

项目描述

质量与安全是工程建设的关键,任何一个环节、一个部位出现问题,都会使工程的整体质量大打折扣,直接影响建设工程的使用效益,甚至返工重建,造成巨大的经济损失。工程试验检测机构必须对工程项目或产品进行检测,根据检测的结果判断工程质量或产品质量的状态。因而,完善工程试验检测机构的工作制度、制订试验检测工作细则、配置合理的试验检测人员对工程建设具有重要的现实意义。

教学目标

1. 知识目标
(1)了解试验检测标准和规程。
(2)了解现行主要公路工程试验检测规程名称。
(3)了解检测机构资质要求。
(4)掌握对试验检测人员的要求。
2. 能力目标
(1)理解试验检测工作及其对工程质量控制的意义。
(2)理解对试验检测人员的基本要求。

任务 1.1 试验检测的目的和规程

一、试验检测的目的与意义

工程试验检测工作是公路工程施工技术管理中的一个重要组成部分,同时也是公路工程施工质量控制和竣工验收评定工作中不可缺少的一个主要环节。通过试验检测能充分地利用当地原材料,迅速推广应用新材料、新技术和新工艺;能用定量的方法科学地评定各种材料和构件的质量;能合理地控制以及科学地评定工程质量。因此,工程试验检测工作对于提高工程质量、加快工程进度、降低工程造价、推动公路工程施工技术进步,具有极为重要的作用。

二、试验检测的规程和细则

1. 试验检测标准和规程

质检机构必须具备所检测项目业务范围内的有关技术标准、操作规程、工作规范等技术文件,它是检测工作的依据。对于不具备正式标准的项目内容,也可以检测机构制订的有关内部暂行操作规程或技术文件为依据,对原材料或工程质量进行检测。但这要求有检测机构的正式文件,同时只有在受检单位同意后才能按这种标准或技术文件对原材料或工程质量做出是否合格的判定,否则只能按项目认证。

2.试验检测规程名称

现行部颁主要公路工程试验检测规程以及涉及检测相关规定的标准规范有:

(1)《公路工程质量检验评定标准》(JTG F80/1—2017)。

(2)《公路土工试验规程》(JTG E40—2007)。

(3)《公路工程水泥及水泥混凝土试验规程》(JTG E30—2005)。

(4)《公路工程技术标准》(JTG B01—2014)。

(5)《公路工程沥青及沥青混合料试验规程》(JTG E20—2011)。

(6)《公路路基路面现场测试规程》(JTG E60—2008)。

(7)《公路工程无机结合料稳定材料试验规程》(JTG E51—2009)。

(8)《公路工程集料试验规程》(JTG E42—2005)。

(9)《公路路基设计规范》(JTG D30—2015)。

(10)《公路排水设计规范》(JTG/T D33—2012)。

(11)《公路水泥混凝土路面设计规范》(JTG D40—2011)。

(12)《公路水泥混凝土路面施工技术细则》(JTG/T F30—2014)。

(13)《公路路面基层施工技术细则》(JTG/T F20—2015)。

3.试验检测实施细则

每项试验检测方法应根据国家或部颁有关最新技术标准、操作规程和行业工作规范,制订详细的实施细则。

1)实施细则的制订

由于工程项目的复杂性和多样性,有些标准制订得不细致,加上一些质检机构的检测人员技能生疏(他们虽然已通过本单位的考核,但操作不一定很熟练),更重要的是质检机构工作的复杂程度远高于产品的生产难度,故质检的每步都应该按规定要求实施,为此必须制订有关实施细则。

2)实施细则的内容

(1)技术标准、规定要求、检测方法、操作规程等。

(2)抽样方法及样本大小。

(3)检测项目、被测参数大小及允许变化范围。

(4)检测仪器设备的名称、型号、量程、准确度与分辨率。

(5)检测人员组成和检测系统框图。

(6)对检测仪器的检查标定项目和结果。

(7)对检测仪器和样品或试件的基本要求。

(8)对环境条件等的要求以及从保证计量检测结果可靠角度出发所允许的变化范围的规定。

(9)在检测过程中发生异常现象的处理办法。

(10)在检测过程中发生意外事故的处理办法。

(11)检测结果计算整理分析方法。

凡要求对整体工程项目或新产品进行质量判断的检测项目,均应进行抽样检测。抽样检测的材料、产品、检测结果仅对样品负责,不对整体质量作任何评价。

3）实施细则的有关方法

（1）抽样方法为随机抽样。确定样本大小后，由委托试验检测单位提供编号进行随机抽样。原则上抽样人不得与产品直接接触，样本应在生产单位或使用单位自检合格的基础上抽取。特殊情况下，也允许在生产场所已经检测合格的产品中抽取。

抽样前，不得事先通知被检产品单位，抽样结束后，样品应立即封存，连同出厂检测合格证一并送往指定试验检测地点。

（2）样本大小的确定方法。凡产品技术标准中已规定样本大小的，需按标准规定执行；产品技术标准中未明确规定样本大小的，按试验检测规程或相应技术标准中的方法确定，也可按百分比抽样方法进行，百分比抽样的抽样基数不得小于样本的5倍；在生产场所抽样时，当天产量不得小于均衡生产时的基本日均产量；在使用抽样时，抽样基数不得小于样本的2倍。

（3）样本确定后，抽样人应以适当的方式对其封存，由样本所在部门以适当的方式运往检测部门。运输应选用不损坏样本外观及性能的方式。样品箱、样品桶、样品的包装也需满足上述要求。

（4）抽样结束后，抽样人需填写样品登记表，登记表应包括以下内容：产品生产单位，产品名称、型号，样品中单件产品编号及封样的编号，抽样依据，样本大小，抽样基数，抽样地点，运输方式，抽样日期，抽样人姓名，封样人姓名。

4）注意事项

（1）对于比较重要的检测项目，若采用专用检测设备，应通过试验确定其检测数据的重复性。

（2）对于某些比较简单的试验检测项目，如果标准规定得很细，能满足上述要求时，可不必制订实施细则。

任务1.2　试验检测人员配置及检测机构资质要求

一、质检机构人员配置

质检机构的人员配置应合理，人员的配置包括行政管理人员、试验检测技术人员和其他工作人员三类，其中试验检测技术人员应由不同学科和不同职称的技术人员组成。检测部门人员、仪器设备、机构均应有相应的资质等级证书。

质检机构的技术负责人要对整个质检机构的全部工作负责，业务上应该有较高的水平。由于技术负责人在一定程度上决定了检测工作的质量，当技术负责人变动时，应检查在技术负责人变动后该机构的工作水平。质量保证负责人协助技术负责人对整个质检机构全部检测工作的质量负责，在技术负责人不在时，代行其职权。小的质检机构，质检负责人可由技术负责人兼任。质量保证负责人不一定要求精通所管辖的每一项具体工作，但必须熟悉本单位的主要业务，并且有一定质量管理方面的知识。质量保证负责人必须是该机构的主要负责人之一，这有助于质量工作中有关决定的贯彻执行。

技术负责人、质量保证负责人及质量检测管理人员，应熟悉国家、部门、地方关于产品质量检测方面的政策、法律、法规、规定；应熟悉工程技术标准；应熟悉抽样理论，能熟练地应用各类抽样标准，确定其样本大小；具备编制审定检测实施细则、审查检测报告的能力；掌握检测质量控制理论,具有对检测工作进行质量诊断的能力;熟悉国内外工程质量的检测方法、检测技术的现状及发展趋势,掌握国内外检测仪器设备的信息;能不断学习新知识,不断进行知识更新。

质检机构的技术负责人应有工程师以上职称,具有10年以上专业工作的经验,并精通所管辖的业务。质检机构的人员应按所进行的业务范围进行配置,各类工程技术人员、工程师职称以上人员不得低于20%。各业务岗位人员的配置应与所从事的检测项目相匹配,重要的检测项目应有两人,每人可兼做几个项目。

二、试验检测人员要求

试验检测人员应按各自的岗位分工,认真履行岗位职责,做好本职工作,确保检测工作质量。

1. 试验检测人员的基本要求

(1)检测操作人员应熟悉检测任务,了解被测对象和所用检测仪器设备的性能。检测人员必须经过考核合格,取得上岗操作证后,才能上岗操作。凡使用精密、贵重、大型检测仪器设备者,必须熟悉该仪器的性能,具备使用该仪器的知识,经过考核合格,取得操作证书才能操作。

(2)检测人员应掌握所从事检测项目的有关技术标准,了解本领域国内外测试技术、检测仪器的构成及发展方向,具备制订检测大纲、采用国内外最新技术进行检测工作的能力。

(3)检测人员应了解误差理论、数理统计方面的知识,能独立进行数据处理工作。

(4)检测人员应对检测工作、数据处理工作持严肃的态度,用数据说话,不受行政或其他方面的干扰。

2. 检测人员考核主要内容

(1)工程质量检测专业知识

了解所用仪器设备的结构原理、性能及正确使用维护等知识;掌握所检测工程项目的质量标准和有关技术指标;具有实际操作和数据处理的能力。

(2)计量基础知识

了解计量法常识、国际单位制基本内容,以及误差理论基本知识。

三、试验检测人员纪律

试验检测人员纪律如下:

(1)认真学习贯彻国家、部门、地方有关质量方面的文件、政策、法律、法规,严格按产品技术要求工作。

(2)坚持原则、忠于职守,遵守质检机构规定的各项规章制度。

(3)不准利用职权和工作条件接受受检企业或单位的礼品。

(4)不准擅自多抽或少抽样品,不准违章处理或使用样品。

(5)不准受贿,不准假公济私、弄虚作假。

(6)作风正派,秉公办事。

四、我国目前试验检测机构状况与资质要求

我国目前专门从事公路工程检测的公司包括一些大专院校设立的以教师为主体的试验

检测中心或试验室,设计部门成立的试验检测公司,科研机构成立的试验检测部门或公司,一些公路养护部门和施工企业组建的试验检测部门或公司等。

专业试验检测机构包括大专院校设立的试验检测机构,公路工程勘察设计部门成立的试验检测机构,科研机构成立的试验检测部门,公路养护部门和施工企业组建的试验检测机构等。

申请资质认定的检验检测机构应当符合以下条件:

(1)依法成立并能够承担相应法律责任的法人或者其他组织。
(2)具有与其从事检验检测活动相适应的检验检测技术人员和管理人员。
(3)具有固定的工作场所,工作环境满足检验检测要求。
(4)具备从事检验检测活动所必需的检验检测设备设施。
(5)具有有效运行保证其检验检测活动独立、公正、科学、诚信的管理体系。
(6)符合有关法律法规或者标准、技术规范规定的特殊要求。

任务1.3　工地试验检测机构(室)

为促进公路工程整体质量水平的提高,保证公路工程试验检测工作的质量,我国各地都加强了对因公路工程施工需要而建立的工地试验检测机构(室)的管理,即临时资质认证工作,并制订了一系列详细规定。现就工地试验室与固定试验室的不同点进行介绍。

一、工地试验室的类型

1. 施工企业试验室

施工企业试验室是施工企业为完成其所承担的施工任务而建立的试验室。

(1)合同段试验室。按工程招标划分的合同段设置的试验室,由于流动性较强,其规模取决于工程规模的大小及所承担的具体工程任务,人员和设备多是由施工企业总部或分部临时调配,资质也多利用总部或分部的资质,一般只具有常规施工试验检测的能力,需经相关交通质检部门临时资质认证后才能进行检测工作。

(2)中心拌和站(或厂)试验站。为方便工作,在中心拌和站或拌和厂设立的试验室,多由合同段试验室派出。其工作单一,任务明确,主要任务是负责检测混合材料配合比例和拌和质量。

(3)驻工点试验点。当合同段里程较长,交通不便时,为方便工作,在工程队或工程量较集中的地方由合同段试验室派出的驻工点试验点,主要负责某一项或几项施工自检试验工作。

2. 监理中心试验室

各省、市、自治区交通部门的监理公司或咨询公司都有自己的固定试验室,主要承担本省、市、区的监理工作方面的试验任务,一般都具有甲级试验检测资质。社会监理公司大多无自己独立的试验室。较大的公路工程建设项目多由建设单位现场组建监理中心试验室,监理单位在施工期间对试验室拥有使用权,所有权归建设单位,工程建设完工后一般随同道路一同交由公路管理部门使用。监理中心试验室一般规模较大,设备先进,功能完善,具有承担各类试验检测任务的能力,同时需经相关交通质检部门临时资质认证后才能进行检测工作。施工合同段一般不设监理试验室,现场监理的试验一般利用施工企业的试验室进行。

3. 政府监督部门试验室

按行政区划设置，大体上分为三级。

(1) 各省、市、自治区交通质检站所属的试验室，大部分具有甲级检测资质。其设备较先进、齐全，具有对各级公路进行监督试验检测的能力。

(2) 各地、市交通质检站所属的试验室，业务上受所在省、市、自治区质检站的领导，一般具有对二级及二级以下公路进行监督试验检测的能力。

(3) 各县、市质检部门所属的试验室，业务上受所在地、市质检站的领导，主要承担地方道路的监督检测任务。

二、工地试验室职责范围

各级各类工地试验室的职能不同，其职责范围也有区别。

1. 合同段工地试验室的职责范围

(1) 选定料源。其主要指地方材料(包括土、砂石材料、石灰)等，按设计文件提供的料源，通过试验选择符合技术标准要求、开采方便、运输费用低的料场供施工使用。

(2) 试样管理。其包括试样的采集、运输、分类、编号及保管。

(3) 验收复检。其指对已进场的各种材料(包括原材料、成品或半成品材料)按技术标准或试验规程的规定，分批量进行有关技术性质的试验，以决定准予使用或封存清退。

(4) 标准试验。其指完成各种混合材料的配合组成设计试验，提出配合比及相关施工控制参数。

(5) 工艺试验。其包括试验路铺筑、材料的预拌等过程中的试验工作，为施工控制采集有关控制参数。

(6) 自检试验。其包括配合比、压实度、强度(包括各类试件的成型、养护和试验)、施工控制参数、分项或分部工程中间交工验收试验等。

(7) 协助试验。其指为监理试验室提供其复核试验所需的一切材料(同现场监理人员一同取样，每种材料取两份，一份留自己试验用，一份送监理试验室)，为现场监理人员抽检试验提供必要的仪器设备和人员协助，以及委托试验的送样任务。

(8) 协助有关方面调查施工中出现的质量问题或质量事故，为调查处理提供真实、齐全的试验数据、证据或信息，参与必要的试验检测工作。

(9) 对试验资料进行整理分析，提出分析报告，随时掌握施工质量动态，供有关人员参考。

(10) 参与现场科研试验工作，推广及应用新材料、新技术、新工艺。

2. 监理中心试验室职责范围

监理的职责是对工程的实施进行全过程、全方位的监督管理。监理试验室的职能介于施工企业和政府监督之间，既有监督的一面，也有被监督的一面。其职责主要是进行复核或平行试验。

(1) 评估初验。合同段试验室在起用前要经过监理试验室的评估验收，包括试验室用房、设备到位及安装情况、衡器及测力设备检定校验情况、人员及其资质情况、规章制度及管理情况等，以决定是否同意报审。

(2) 验证试验。对各种原材料或商品构件，按施工企业提供的样品、产品合格证和试验报告等进行订货前的预检,以决定是否同意采购。

(3)标准试验。对各种混合材料的配合比、标准击实及所用原材料进行平行复核试验,以决定是否同意批复使用。

(4)工艺试验。参与施工企业有关工艺性的试验,包括各类试验路、混合材料预拌等过程中的试验工作,以决定是否同意正式开工。

(5)抽检试验。在工程实施过程中,按规定的抽检频率对工程所用原材料、成品或半成品材料的性能及压实度、强度等做全程跟踪抽检试验。

(6)验收试验。对已完工的工程项目进行试验检测,以准确地评价工程内在品质,多指中间交验的分部及分项工程,以决定是否接收。

(7)监管作用。对施工企业试验室的工作实施全面监督管理,包括质量保障体系管理、试样管理、试验工作管理、仪器设备管理、文献资料管理等。

以上工作任务有些由监理中心试验室完成,有些由现场监理人员在合同段试验室人员的协助下完成,也可由现场监理人员利用合同段试验室的设备独立完成。

3. 质检部门试验室职责范围

质量监督是指为满足质量要求,按有关规定对材料、工艺、方法、条件、产品、记录分析的状态进行连续监视和验证。质量监督的实施由政府监督部门或由政府监督部门认可的具有公正性、权威性的监督检验部门,用科学的方法对产品抽查检验,对产品的各种条件(质量管理制度、技术规范、测试条件、工艺装备、检验记录)进行检查,并得出科学的评价结论。监督部门的职能包括:

(1)预防职能。预先排除质量问题或潜在的危害因素,防患于未然。

(2)补救、完善职能。监督企业健全质量管理制度,消除可能产生质量缺陷的因素。处理质量纠纷,做好善后工作,弥补损失。

(3)评价职能。验证评价产品质量,为仲裁提供依据,也是奖惩的依据。

(4)信息职能。向政府有关部门提供质量信息,为政府宏观决策提供依据。

(5)教育职能。宣传国家的质量方针政策,提高全员质量意识,树立先进的质量典范,惩治假冒伪劣。

按监督部门的职能,质量监督部门试验室的职责范围包括:

(1)抽检试验。在工程实施过程中,定期或不定期地对在建工程的部分项目进行抽检试验,或进行全面的质量普查,以了解工程的质量动态,监督项目顺利实施。

(2)竣工验收检测。工程竣工后,由质检单位对工程进行全面的试验检测,提出验收报告,以决定是否接收。

三类试验室的性质不同,职能不同,职责范围也有所区别。施工企业试验室的职责主要是用规定的方法和手段,对工程所用的材料、成品或半成品、结构构件以至结构物进行自检或试验,提出自检报告,作为申请监理检查验收的依据。监理试验室的职责主要是进行复核试验或平行试验,提出复核或抽检试验报告,作为批复或检查验收的依据。质量监督部门试验室的职责主要是定期或不定期地对分项或分部工程进行抽检,提出抽检报告,作为监督的依据。尽管各部门的职责有所侧重,但目标是一致的,即杜绝将不合格材料用于工程建设,对不合格的构件、结构物或工程提出返工或拒收的依据,构成既有自检、复核,又有监督的质量保障体系,保证工程质量万无一失。因此,要求各类试验室必须具有性能先进、配套齐全的试验设备,以及具有专业知识和试验技能、能熟练操作使用这些设备的工作人员,充分发挥试验室或试验检测工作在工程建设中的重要作用。

三、试验室组成

(1)土工室。其主要负责土的物理和力学性质试验,路面基层材料配合比设计试验,路基、路面基层施工现场抽检等。

(2)砂石室。其负责水泥混凝土及沥青混合料用粗、细集料的物理力学性质试验,浆砌工程用石料的技术性质试验。

(3)水泥及混凝土室。其负责水泥物理力学性质试验、混凝土配合比设计、水泥混凝土技术性质试验、混凝土工程施工抽检。

(4)沥青及混合料室。其负责沥青的技术性质试验、沥青混合料配合比设计、沥青混合料技术性质试验、沥青路面工程施工检测。

(5)化学室。其负责土、砂石材料、石灰、粉煤灰、水泥等原材料的化学分析试验,合成材料的化学分析试验,如石灰土中石灰剂量的分析。

(6)养护室。其用于强度试件的标准养护,可控制温度为(20 ± 2)°C,相对湿度大于90%。

(7)力学室。其负责原材料或混合材料的力学性能试验,如金属材料的机械性能试验、砂石材料的力学性能试验、混凝土的强度试验等。

(8)检测室。其负责道路及桥梁工程结构现场检测工作,如路基路面的平整度、弯沉值、回弹模量,路面的摩擦系数、透水性,桥梁的桩基检测、荷载试验等。

(9)料棚。其用于堆放试验材料,使各种试验材料免受风吹雨淋;棚内应保持通风、干燥。

(10)办公室。

四、填写试验原始记录应该注意的问题

(1)原始记录是试验检测结果的如实记载,不允许随意更改、删减。

(2)原始记录应印成一定格式的记录表,其格式根据检测要求的不同可以有所不同。原始记录表主要应包括:产品名称、型号、规格;产品编号、生产单位;抽样地点;检测项目、检测编号、检测地点;温度、湿度;主要检测仪器名称、型号、编号;检测原始记录数据、数据处理结果;检测人、复核人;试验日期等。

(3)记录表应包括所要求记录的信息及其他必要信息,以便在必要时能够判断检测工作在哪个环节出现差错。同时根据原始记录表提供的信息,能在一定准确度内重复所做的检测工作。

(4)填写工程试验检测原始记录一般不得用铅笔,内容应完整,应有试验检测人员和计算校核人员的签名。

(5)原始记录如果确需更改,对于作废数据应画两条水平线,将正确数据填在上方,盖更改人印章。原始记录应集中保管,保管期一般不得少于两年。原始记录保存方式也可用计算机软盘。

(6)原始记录经过计算后的结果即检测结果必须有人校核,校核者必须在本领域有5年以上工作经验。校核者必须在试验检测记录和报告中签字,以示负责。校核者必须认真核对检测数据,校核量不得少于所检测项目的5%。

项目小结

在公路建设中，质量是关键，任何一个环节或部位出现问题，都会给工程的整体质量带来严重影响，直接影响公路的使用效益，甚至返工重建，造成巨大的经济损失。因此，工程试验检测机构必须对工程项目或产品进行检测，根据检测的结果判断工程质量或产品质量状态。因此，完善工程试验检测机构的工作制度、制订试验检测工作细则、配置合理的试验检测人员具有重要的现实意义。本项目着重介绍试验检测工作对工程质量控制的意义，现行主要的公路工程试验检测规程，试验检测人员配置及要求，工地试验检测机构(室)类型及职责范围等。

复习思考题

一、填空题

1. 对试验检测人员的基本要求是_____、_____、_____、_____、_____等。
2. 工地试验室由_____、_____、_____、_____、_____等室组成。

二、简答题

1. 简述试验检测的目的。
2. 加强试验检测工作，对工程质量控制有何意义？
3. 简述现行部颁试验检测规程的名称和相应内容。
4. 试验检测工作实施细则的主要内容是什么？
5. 完善试验检测工作制度，对工程质量检验评定有何意义？
6. 你认为工程试验检测中心人员如何配置最合理？
7. 对工地试验室试验用房有何要求？
8. 填写试验原始记录时应该注意的问题是什么？

项目 2 公路工程质量检验评定与数据处理

📖 项目描述

道路工程检测技术是一门正在发展的新学科。目前,较发达的国家和地区如美国、日本等,道路工程检测技术发展很快,在路基路面压实度、承载力、平整度、弯沉值等方面均研制了相应的自动化检测设备。我国道路工程检测技术从"七五"计划开始,已陆续开展了路面检测技术的研究和产品的研发工作,特别是 20 世纪 80 年代中后期从国外引进的各种工程检测仪器的应用,为道路工程检测新技术的研究开发与推广应用奠定了基础。

根据公路工程建设任务、施工管理和质量检验评定的需要,在施工准备阶段将建设项目划分为单位工程、分部工程和分项工程。工程质量检验评分以分项工程为单元,在分项工程评分的基础上,逐级计算各相应分部工程、单位工程、合同段和建设项目的评分值。工程质量的评价是以试验检测数据为依据的。试验检测采集到的数据类多量大,有时还有错误,因此,必须对原始数据进行分析处理才能得到可靠的试验检测结果。

教学目标

1. 知识目标
(1)掌握公路工程质量检验评定方法和评分规则。
(2)掌握工程质量评分方法。
(3)掌握工程质量等级评定方法。
2. 能力目标
(1)能运用试验检测数据的修约规则。
(2)能进行公路工程质量评价。

任务 2.1 公路工程质量检验评定方法

一、公路工程质量检验与等级评定的依据

现行部颁《公路工程质量检验评定标准》(JTG F80/1—2017)适用于工程施工单位、工程监理单位、建设单位、质量检测机构和质量监督部门对公路工程质量的管理、监控和检验评定。它是公路工程质量检查与验收的评定依据;适用于各等级公路新建、改扩建工程。

(1)公路工程质量检验评定应按分项工程、分部工程、单位工程逐级进行,并应符合下列规定:

①在合同段中,具有独立施工条件和结构功能的工程为单位工程。
②在单位工程中,按路段长度、结构部位及施工特点等划分的工程为分部工程。

③在分部工程中,根据施工工序、工艺或材料等划分的工程为分项工程。

(2)公路工程质量检验评定应符合下列规定:

①分项工程完工后,应根据该标准进行检验,对工程质量进行评定。隐蔽工程在隐蔽前应检查合格。

②分部工程、单位工程完工后,应汇总评定所属分项工程、分部工程质量资料,检查外观质量,对工程质量进行评定。

二、工程质量检验

(1)分项工程应该按基本要求、实测项目、外观质量和质量保证资料等检验项目分别检查。

(2)分项工程质量应在所使用的原材、半成品、成品及施工控制要点等符合基本要求的规定,无外观质量限制缺陷且质量保证资料真实齐全时,方可进行检验评定。

(3)基本要求检查应符合下列规定:

①分项工程应对所列基本要求逐项检查,经检查不符合规定时,不得进行工程质量的检验评定。

②分项工程所用的各种原材料的品种、规格、质量及混合比和半成品、成品应符合有关技术标准规定并满足设计要求。

(4)实测项目检验应符合下列规定:

①对检查项目按规定的检查方法和频率进行随机抽样检验并计算合格率。

②本标准规定的检查方法为标准方法,采用其他高效检测方法应经比对确认。

③本标准中以路段长度规定的检查频率为双车道路段的最低检查频率,对多车道应按车道数与双车道之比相应增加检查数量。

④应按下式计算检查项目合格率:

$$检查项目合格率(\%) = \frac{合格的点(组)数}{该检查项目的全部检查点(组)数} \times 100 \quad (2-1)$$

(5)检查项目合格判定应符合下列规定:

①关键项目的合格率应不低于95%,否则该检查项目为不合格。

②一般项目的合格率应不低于80%,否则该检查项目为不合格。

③有规定极值的检查项目,任一单个检测值不应突破规定极值,否则该检查项目为不合格。

(6)外观质量应进行全面检查,并满足规定要求,否则该检验项目为不合格。

(7)工程应有真实、准确、齐全、完整的施工原始记录、试验检测数据、质量检验结果等质量保证资料。质量保证资料应包括下列内容:

①所用原材料、半成品和成品质量检验结果。

②材料配合比、拌和加工控制检验和试验数据。

③地基处理、隐蔽工程施工记录和桥梁、隧道施工监控资料。

④质量控制指标的试验记录和质量检验汇总图表。

⑤施工过程中遇到的非正常情况记录及其对工程质量影响分析评价资料。

⑥施工过程中如发生质量事故,经处理补救后达到设计要求的认可证明文件等。

(8)检验项目评定为不合格的,应进行整修或返工处理直至合格。

三、工程质量评定

(1)工程质量等级应分为合格与不合格。

(2)分项工程、分部工程、单位工程质量评定应有符合标注规定的资料。

(3)分项工程质量评定合格应符合下列规定：

①检验记录应完整。

②实测项目应合格。

③外观质量应满足要求。

(4)分部工程质量评定合格应符合下列规定：

①评定资料应完整。

②所含分项工程及实测项目应合格。

③外观质量应满足要求。

(5)单位工程质量评定合格应符合下列规定：

①评定资料应完整。

②所含分部工程应合格。

③外观质量应满足要求。

(6)评定为不合格的分项工程、分部工程,经返工、加固、补强或调测,满足设计要求后,可重新进行检验评定。

(7)所含单位工程合格,该合同段评定为合格;所含合同段合格,该建设项目评定为合格。

任务2.2　试验检测数据处理基本知识

一、抽样检验

(1)样本大小的确定方法:凡是产品技术标准中已规定样本大小的,按标准规定执行;未明确规定样本大小的,按检测规程和相应的技术标准中的方法确定,也可按百分比抽样的方法确定。百分比抽样的抽样基数不得小于样本的5倍;在生产场所抽样时,当天产量不得小于均衡生产时的基本日均产量;在使用中抽样时,抽样基数不得小于样本的2倍。

(2)抽样方法采用随机抽样的方法:由委托的检测单位提供编号进行,原则上抽样人不得与产品直接见面,样本应在生产单位或使用单位已经检测合格的产品中抽取;特殊情况下,也允许在生产场所已经检测合格的产品中抽取。

(3)样本的保护方法:抽样人应以适当的方式封存样本,由样本所在部门运往检测部门,运输方式应不损坏样本、样品箱、样品桶、样品包装的外观及性能。根据《检验检测机构资质认定管理办法》第三十条,检验检测机构应当对检验检测原始记录和报告归档留存,保证其具有可追溯性。原始记录和报告的保存期限不少于6年。

(4)填写样品登记表:抽样结束后,由抽样人填写样品登记表,包括产品生产单位、产品名称、型号、样品中产品单件编号、封样的编号、抽样的依据、样本大小、抽样基数、抽样地点、运输方式、抽样日期、抽样人姓名、封样人姓名。

(5)检测准确度的确定方法:检测时得到大量的原始数据,应进行分析和处理后才能获得准确可靠的检测结果,可以参照有关书籍中有效数字的处理、可疑数据的剔除、误差的处理等方法进行实测数据的分析和处理。对于需要修改的原始数据,应在原始数据上画一横杠,然后在横杠上方填写更改数据,并加本人签名或者等效标识。

二、数据修约规则

(1)质量数据。质量控制中常说的"一切用数据说话",就是要用数据来反映材料、工艺、工序、工程质量状况及判断质量效果。质量数据来源于工程建设过程中的各种检验,即材料检验、工序检验、竣工验收检验,也包括使用过程中的必要检验。没有质量数据,就不可能有科学的质量控制。质量数据就其本身的特性来说,可以分为计量值数据和计数值数据。

(2)计量值数据。计量值数据是可以连续取值,或者说可以用检测工具或仪器等测量(或试验)的,如温度、压力、长度、厚度、直径、强度、化学成分等质量特征。类似这些质量特征的测量数据,一般都带有小数,如长度为2.16m、3.15m等,表现形式是连续型的。在工程质量检验中得出的原始检验数据大部分是计量值数据。

(3)计数值数据。有些反映质量状况的数据不能连续取值,只能以个数计算。例如,用1、2、3、4…连续地数出个数或次数,再如不合格品数、缺陷数等,凡属于这样性质的数据即为计数值数据。计数值数据的特点是不连续,并只能出现0、1、2、3等非负的整数,不可能有小数。一般来说,以判断定出的数据和以感觉性检验方法得出的数据大多属于计数值数据。计数值数据有两种表示方法:一种是直接用计数出来的次数、点(组)数来表示(称 P_n 数据);另一种是把它们(P_n 数据)与总检查次、点(组)数相比,用百分数表示(P 数据)。P 数据在工程检验中是经常使用的,如某分项工程的质量合格率为95%,即表示经检查为合格的点(次、组)数与总检查点(次、组)数的比值为95%。但也应注意,不是所有的百分数表示的数据都是计数值数据,因为当分子、分母为计量值数据时,则计算出来的百分数也应是计量值数据。一般来说,在用百分数表示数据时,当分子、分母为计量值数据时,分数值为计量值数据;当分子、分母为计数值数据时,分数值为计数值数据。

三、有效数字与有效位数

试验过程中,由于受到一系列不可控制和不可避免的主观和客观因素的影响,所获得的试验值必定含有误差,即获得的试验值仅仅是被试验的近似值(实测值)。含有误差的任何数,如果其绝对误差界是最末尾数的半个单位,那么从这个近似数左方起的第一个非零的数字,称为第一位有效数字。从第一位有效数字起到最末一位数字止的所有数字,不管是零或非零的数字,都叫有效数字。测量结果保留位数的原则:最末一位数字是不可靠的,而倒数第二位数字是可靠的。在进行重要的测量时,测量结果和测量误差可比上述原则再多取一位数字作为参考。

日常生活中,人们接触到的数有准确数和近似数,如$\sqrt{2}$等一些常量,在大多数情况下是以无穷小数形式的无理数来表示,这就需要确定一项原则,将测得的或计算得到的数值截取到所需的位数。对于任何数,包括无限不循环小数和循环小数,截取一定位数后所得的即是近似数。同样,根据误差公理,测量总是存在误差,测量结果只能是一个接近于真值的估计值,其数字也是近似数。

有效数字的概念可表述为：由数字组成的一个数，除最后一位数字是不确切值或可疑值外，其他数字皆为可靠值或确切值，则组成该数的所有数字包括末位数字称为有效数字，除有效数字外其余数字为多余数字。

对于"0"，因在数中的位置不同，可能是有效数字，也可能是多余数字。对没有小数位且以若干个零结尾的数值，从非零数字最左一位向右数，得到的位数减去无效零（即仅为定位用的零）的个数。对其他十进位数，从非零数字最左一位向右数而得到的位数，就是有效位数。对于数后面位置的"0"是否算有效数字可分以下3种情况：

（1）数后面的"0"，若把多余数字的"0"用10的乘幂来表示，使其与有效数字分开，这样在10的乘幂前面所有数字包括"0"皆为有效数字。

（2）作为试验结果并注明误差值的数值，其表示的数值等于或大于误差值的所有数字，包括"0"皆为有效数字。

（3）上面两种情况外的数，后面的"0"则很难判断是有效数字还是多余数字。因此，应避免采用这种不确切的表示方法。一个数的有效数字占有的数位，即有效数字的个数，为该数的有效位数。为掌握有效数字的概念，举例如下：0.0713，0.0715，7.03，7.03×10^2，这四个数的有效位数均为3。

在测量或计量中应取多少位有效数字，可根据下述准则判定：

（1）对不需要标明误差的数据，其有效位数应取到最末一位数字为可疑数字（也称不确切或参考数字）。

（2）对需要标明误差的数据，其有效位数应取到与误差同一数量级。

四、质量数据的修约规则及注意事项

1. 修约原则

（1）拟舍弃数字的最左一位数字小于5时，则舍去，即保留的各位数字不变。

【例2-1】　将13.145修约到一位小数，得13.1；

　　　　　将123.54503修约到小数点后1位，拟舍弃的数字是4503，4小于5，舍去后为123.5。

（2）拟舍弃数字的最左一位数字大于5时，或者是5且后面数字不全部是0时，则进1。

【例2-2】　将12.68修约到个位数，得13；

　　　　　将10.502修约到个位数，得11。

（3）拟舍弃数字的最左一位数字为5，后面无数字或皆为0时，若所保留的末位数字为奇数（1、3、5、7、9）则进一，为偶数（2、4、6、8、0）则舍弃。

【例2-3】　将0.350修约到一位小数，得0.4；

　　　　　将0.0325修约成两位有效数字，得0.032。

（4）修约时，先将它按前三条规定进行修约，然后在修约值前面加上负号。

【例2-4】　将-36.5修约成两位有效数字，得-36；

　　　　　将-235修约到"10"数位，得-24×10。

（5）0.5单位修约和0.2单位修约。

0.5单位修约是将拟修约数值乘以2，按指定位数依进舍原则修约，所得数值再除以2。（修约后的最后一位数是5或是0）。

【例2-5】　将下列数字修约到个数位的0.5单位。

拟修约数值	乘(×2)	修约值	修约值
60.25	120.50	120	60.0
60.38	120.76	121	60.5
-60.75	-121.50	-122	-61.0

0.2 单位修约是将拟修约数值乘以 5,按指定数位依进舍规则修约,所得数值再除以 5。

【例 2-6】 将下列数字修约到百数位的 0.2 单位。

拟修约数值	乘(×5)	修约值	修约值
830	4150	4200	840
842	4210	4200	840
-930	-4650	-4600	-920

上述数值修约规则(称为"奇升偶舍法")与常用的"四舍五入"的方法区别在于:用"四舍五入"法对数值进行修约,从很多修约后的数值中得到的均值偏大。而用"奇升偶舍法",进舍的状况具有平衡性,进舍误差也具有平衡性,若干数值经过这种修约后,修约值之和变大的可能性与变小的可能性是一样的。

2. 修约注意事项

实行数值修约,应在明确修约间隔、确定修约位数后一次完成,而不应连续修约,否则会得到不正确的结果。然而,实际工作中常有这种情况,有的部门先将原始数据按修约要求多一位至几位报出,而后另一个部门按此报出值再按规定位数修约和判定,这样就有连续修约错误。

(1)拟修约数字应在确定修约后一次修约获得结果,而不得多次按进舍规则连续修约。

【例 2-7】 修约 15.4546,修约间隔为 1,正确的做法:15.4546→15;不正确的做法:15.4546→15.455→15.46→15.5→16。

(2)在具体实施中,为避免产生连续修约的错误,应按下列步骤进行。

报出数值最右的非 0 数字为 5 时,应在数值后面加"(+)"号或"(-)"号或不加符号,以分别表明已进行过舍、进或未舍未进。

【例 2-8】 15.50(+)表示实际值大于 15.50,经修约舍弃成为 15.50;15.50(-)表示实际值小于 15.50,经修约进 1 成为 15.50。

如果判定报出值需要进行修约,当拟舍弃数字的最左一位数字为 5 而后面无数字或全部为 0 时,数值后面有(+)号者进 1,数值后面有(-)号者舍去,其他仍按进舍规则进行。

【例 2-9】 将下列数字修约到个数位进行判定(报出值多留一位到一位小数)。

实测值	报出值	修约值
15.4546	15.5(-)	15
15.5203	15.5(+)	16
16.5000	16.5	16
-14.4546	-14.5(-)	-14

五、数据统计特征与分布

1. 总体与样本

在工程质量检验或评价工程质量中,以取得的试验资料为基础,逐一考察其某项质量特征显然是不可能的。从统计的概念和方法来说,最重要的是通过抽取总体中的一小部分个体加以检测、分析以了解总体的情况,发现工程中的问题,进而达到改进设计、施工工艺,提高工程质量的目的。对试验资料进行整理和分析多应用数理统计的方法。

要将一个总体的性质了解得十分清楚,最理想的办法是对每个个体逐个进行观察,但实际上这样做往往是不现实的。例如,要检测一条水泥混凝土旧路的路面承载能力,由于路线通常长达数公里或数十公里,逐一检测每一块板的强度需要花费大量的人力、物力和时间,这样显然是很不实际的。我们可以随机抽选几块板进行质量检测,并分析其结果,然后根据这些资料来推断整条路(总体)的强度状况。

在数理统计中,研究对象为某项质量指标。我们将研究对象全体称为总体,又称母体,是统计分析中所研究对象的全体。总体的每个元素,称为个体。从总体中抽取一部分个体就是样本。

2. 数据的统计

(1) 算术平均值

它是反映产品平均水平的一个量,可用式(2-2)来计算:

$$\bar{x} = \frac{1}{n}(x_1 + x_2 + \cdots + x_n) = \frac{1}{n}\sum_{i=1}^{n} x_i \tag{2-2}$$

【例 2-10】 某路段沥青混凝土面层抗滑性能检测,已知摩擦系数的检测值(共 10 个测点)分别为 58、56、60、53、48、54、50、61、57、55(摆值),求摩擦系数的平均值。

解: 摩擦系数 F_B 的算术平均值为

$$\overline{F_B} = \frac{58+56+60+53+48+54+50+61+57+55}{10} = 55.2$$

(2) 中位数

在一组数据中,按其大小次序排序,以排在正中间的一个数表示总体的平均水平,称为中位数,或称中值,用 $\tilde{x}$ 表示。n 为奇数时,正中间的数只有一个;n 为偶数时,正中间的数有两个,则取这两个数的平均值作为中位数,即:

$$\tilde{x} = \begin{cases} x_{\frac{n+1}{2}} & (n \text{ 为奇数}) \\ \dfrac{x_{\frac{n}{2}} + x_{\frac{n}{2}+1}}{2} & (n \text{ 为偶数}) \end{cases} \tag{2-3}$$

(3) 极差

在一组数据中最大值与最小值之差。

$$R = x_{\max} - x_{\min} \tag{2-4}$$

(4) 标准偏差

标准偏差有时也称标准离差、标准差或均方差,它是衡量样本数据波动性(离散程度)的指标。在质量检验中,总体的标准偏差 σ 一般不易求得。样本的标准偏差 S 按下式计算:

$$S = \sqrt{\frac{\sum_{i=1}^{n}(x_i - \bar{x})^2}{n-1}} = \sqrt{\frac{\sum_{i=1}^{n} x_i^2 - n\bar{x}^2}{n-1}} \tag{2-5}$$

(5)变异系数

标准偏差是反映样本数据的绝对波动状况,当测量较大的量值时,绝对误差一般较大;而测量较小的量值时,绝对误差一般较小,因此用相对波动的大小,即变异系数更能反映样本数据的波动性。变异系数 C_v 按下式计算:

$$C_v = \frac{S}{\bar{x}} \times 100\% \tag{2-6}$$

【例2-11】 某路测得弯沉值(单位:0.01mm)分别为100、101、102、110、95、98、93、96、103、104,计算其算术平均值、中位数、极差、标准差和变异系数。

解:算术平均值:

$$\bar{x} = \frac{1}{n}\sum_{i=1}^{n} x_i = 100.2(0.01\text{mm})$$

按其大小次序排序93,95,96,98,100,101,102,103,104、110。一共有10个数值,中位数为:

$$(100 + 101) \times \frac{1}{2} = 100.5$$

极差:

$$x_{max} = 110, x_{min} = 93, 110 - 93 = 17(0.01\text{mm})$$

标准差:

$$S = \sqrt{\frac{\sum_{i=1}^{n}(x_i - \bar{x})^2}{n-1}} = \sqrt{\frac{\sum_{i=1}^{n} x_i^2 - n\bar{x}^2}{n-1}} = 4.98(0.01\text{mm})$$

六、试验检测数据的统计特征与分布

1. 直方图

直方图即质量分布图,是把收集到的工序质量数据,用相等的组距进行分组,按要求进行频数(每组中出现数据的个数)统计,再在直角坐标系中以组界为顺序、组距为宽度在横坐标上描点,以各组的频数为高度在纵坐标上描点,然后画成长方形(柱状)连接图。绘制直方图的方法与步骤如下:

(1)收集数据:一般应不少于50~100个数据。
(2)数据分析与整理:找出计算数据的 x_{max}、x_{min},并计算 R(极差)。
(3)确定组数与组距:通常先定组数,后定组距,组数根据数据的数量来确定,见表2-1。

组数与组距关系　　　　表2-1

数据数量	小于50	50~100	100~250	大于250
组数 B	5~7	6~10	7~12	10~20

组距的计算公式为:

$$h = \frac{R}{B-1} \tag{2-7}$$

(4)确定组界值:组界值要比原数据的精度高一位,以避免数据恰好在组界上。

第一组的下界值 $= x_{min} - (h/2)$

第一组的上界值 $= x_{min} + (h/2)$

(5)统计频数:组界值确定后,按组号统计频数、频率(相对频数)。

(6)绘制直方图。

【例2-12】 某沥青混凝土拌和过程中,油石比的抽检结果列于表2-2中,试绘制该检测结果的直方图。

油石比检测数据　　　　　　　　　表2-2

顺序	数 据										最大	最小	极差
1	6.1	6.3	5.8	5.9	5.9	6.1	6.0	6.0	5.8	5.8	6.3	5.8	0.5
2	5.8	6.2	5.9	5.8	5.9	5.8	6.0	6.2	6.2	5.9	6.2	5.8	0.4
3	5.7	5.6	5.9	5.7	5.8	5.9	6.0	5.8	5.7	6.0	6.0	5.6	0.4
4	6.0	6.0	6.1	6.0	5.9	5.7	6.1	5.8	5.8	5.9	6.1	5.7	0.4
5	5.9	5.9	5.6	6.0	6.1	6.1	6.3	5.7	6.2	5.7	6.3	5.6	0.7
6	5.6	5.7	5.8	5.6	6.0	6.1	6.0	5.9	6.0	6.1	6.1	5.6	0.5
7	6.1	5.8	6.3	5.5	6.2	5.9	5.9	5.9	6.1	6.0	6.1	5.5	0.8
8	5.9	5.9	6.0	5.9	6.0	5.8	6.0	6.0	6.1	5.8	6.1	5.8	0.3
9	5.9	6.4	5.9	5.9	5.9	6.0	6.0	6.2	6.1	6.1	6.4	5.9	0.5
10	6.1	5.8	6.0	5.5	6.3	6.2	6.2	6.3	6.1	6.0	6.3	5.5	0.8

解:(1)数据分析与整理。计算数据的 $x_{max} = 6.4$, $x_{min} = 5.5$,则有:

$$R(极值) = x_{max} - x_{min} = 6.4 - 5.5 = 0.9$$

根据数据的数量确定组数:　　　　$B = 6 \sim 10$

确定组距:　　　　$h = R/(B-1) = 0.9/(10-1) = 0.1$

确定组界值:

第一组的下界值 $= x_{min} - (h/2) = 5.5 - (0.1/2) = 5.45$

第一组的上界值 $= x_{min} + (h/2) = 5.5 + (0.1/2) = 5.55$

第一组的界值为5.45~5.55。第一组的上界值就是第二组的下界值,第二组的下界值加上组距h,即为第二组的上界值,其余依次类推。

(2)统计频数。组界值确定后按组号,统计分组区间内数据出现的(个数)频数、(相对频数)频率,见表2-3。

频率表　　　　　　　　　表2-3

序号	分组区间	频数	相对频数	序号	分组区间	频数	相对频数
1	5.45~5.55	2	0.02	7	6.05~6.15	15	0.15
2	5.55~5.65	4	0.04	8	6.15~6.25	8	0.08
3	5.65~5.75	8	0.08	9	6.25~6.35	5	0.05
4	5.75~5.85	14	0.14	10	6.35~6.45	1	0.01
5	5.85~5.95	21	0.21	合计		100	1.00
6	5.95~6.05	22	0.22				

(3)绘制直方图。以横坐标为质量特征,纵坐标为频数(或频率)作直方图,如图2-1所示。

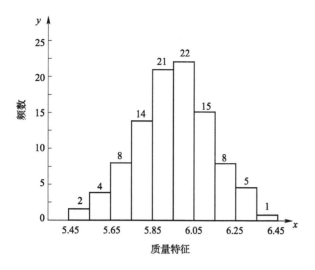

图2-1　直方图

由图2-1可知,如果收集的检测数据量越来越多,分组越来越细,直方图就转化为一条光滑的曲线,这条曲线称为概率分布曲线。概率分布曲线的形式很多,在公路工程质量检验与评价中,常用到正态分布和 t 分布。作直方图是为了通过观察图的形状来判断质量是否稳定,质量分布状态是否正常。

2.概率分布

质量数据具有一定的规律性,这种规律性一般用概率分布来描述。概率分布的形式很多,常用正态分布和 t 分布表示。

(1)正态分布

正态分布函数是应用最广泛的一种函数,从工程检验中随机误差的分布规律可以发现:其出现的频率与误差的正负、大小有密切的关系,误差绝对值小的,误差出现的频率大;误差绝对值大的,误差出现的频率小。

以纵坐标表示误差出现的频率,以横坐标表示误差的大小,按直角坐标描点并将各点连成曲线,如图2-2所示。

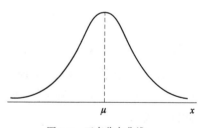

图2-2　正态分布曲线

从图2-2中可以明显地看出,随机误差的基本特点遵循正态分布。正态分布又称高斯分布,是最常见的一种连续型分布。其正态分布曲线方程见式(2-8)。

$$Y = f(\delta) = \frac{1}{\sigma\sqrt{2\pi}} e^{\frac{\delta^2}{2\sigma^2}} \tag{2-8}$$

式中:e——自然对数的底;

　　π——圆周率;

　　δ——$\delta = x - \mu$;

　　x——随机变量;

　　μ——正态分布的平均值;

　　σ——均方差(标准差)。

由式(2-8)可知,当均方差 σ 不同时,曲线的陡度也不相同。图2-3 表示3种不同 σ ($\sigma_1 < \sigma_2 < \sigma_3$)的随机误差正态分布曲线。其中,均方差为 σ_1 的曲线最陡,可靠性最大;而均方差为 σ_3 的曲线最平,随机误差的极限范围最大,可靠性最小。可见均方差越大,测量的误差也越大。因此,它代表了随机误差的分散程度。

(2) t 分布

t 分布的概率密度函数为:

$$t(x,n) = \frac{\Gamma\left(\frac{n+1}{2}\right)}{\sqrt{\pi n}\,\Gamma\left(\frac{n}{2}\right)}\left(1 + \frac{t^2}{n}\right)^{-\frac{(n+1)}{2}} \quad (-\infty < x < +\infty) \tag{2-9}$$

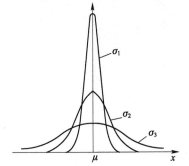

图2-3 σ 不同取值的正态分布

式中:x——随机变量;

n——样本容量,在数理统计学中称为自由度。

当随机变量 x 服从自由度为 n 的 t 分布时,记作 $x \sim t(n)$。

当 $n \to \infty$ 时,t 分布趋于正态分布,一般说来,当 $n > 30$ 时,t 分布与标准正态分布非常接近。

在施工质量评价中,常需要解决总体标准偏差 σ 未知时,如何估计平均值置信区间的问题。为解决这一问题,一个很自然的想法就是利用样本标准偏差 S 代替总体标准偏差 σ。

3.最大误差和特异值

(1)最大误差

在误差理论中,不只是把均方差看作估计观测或试验结果精度的标准。在某一条件下,已知观测或试验结果的均方差 σ 后,并不意味着在这种条件下进行的观测或试验,其随机误差或单个观测值(或试验结果)与平均值的偏差将位于 $\pm\sigma$ 范围内。

实际上所得的或可能发生的随机误差将比 σ 大得多,甚至大 2~3 倍。但是,误差越大,它出现的机会或概率也将越小。

例如,已知某一观测或试验结果组属于正态分布,并已知其均方差 σ,则根据概率论可利用正态分布表给出的系数 Z 值,求出 σ 的任意倍数随机误差出现的概率。从正态分布表可以看到,随机误差越大,它所出现的概率越小。当随机误差等于 3σ 时,它构成的范围 $(\overline{X}-3\sigma) \sim (\overline{X}+3\sigma)$,将包括 99.7% 可能的观测值,或单个观测值将有 99.7% 的概率位于此区间内。

换句话说,随机误差或单个观测值与平均值的偏差大于 3σ 的概率等于 0.003,也即在 1000 个观测值中只能出现 3 个这样大的误差。在正常情况下,出现这样大的误差实际上是不可能的。因此,通常把等于 3 倍均方差的随机误差看作是最大误差。

(2)特异值

具有离散性的特大值或特小值统称为特异值。任何观测试验结果都带有误差,都具有离散性,而且有时会出现一些特大值或特小值。特异值出现的概率极小。在前面已经谈到,通常把等于 3 倍均方差的随机误差看作是最大误差。因此,我们可以把偏差大于 3 倍均方差的个别观测值看作特异值。如果将这些特异值与其他观测值放在一起进行统计分析,就会降低平均值的可靠性,增大均方差,使计算得到的波动范围、统计容许区间等过大。

例如,在对旧路的弯沉值测量中,由于存在多种不均匀性,测得的弯沉值可能分散性大,而且会出现一些特大值,偶尔也会有特小值。如将这些特异值与其他值放在一起进行统计分析,则会增大平均值和均方差,从而增大代表弯沉值,其结果是,会由于极少数特异值的存在而使设计出的路面在大部分面积上过厚。

为了妥善地处理这些特异值,可以利用误差理论或数理统计原理来舍弃特异值。在某些情况下(例如特大的弯沉值),对舍弃的特异值需另做处理。就弯沉值测量而言,特异值舍弃后,弯沉值的平均值和均方差都降低了,代表弯沉值也降低。

七、可疑数据处理

工程质量常会发生波动。质量的波动自然会引起质量检测数据的参差不齐。有时还会出现一些明显过大或过小的数据,这些数据为可疑数据。因此,在进行数据分析之前,应用数理统计法判别其真伪,并决定取舍。常用的方法有拉依达法、肖维纳特法和格拉布斯法。

1. 拉依达法

当试验次数较多时,可简单地用3倍标准偏差(3S)作为确定可疑数据取舍的标准。当某一测量数据(x_i)与其测量结果的算术平均值$\bar{x}$之差大于3倍标准偏差时,用公式表示为:

$$\frac{|x_i - \bar{x}|}{S} \geq 3 \tag{2-10}$$

符合上式则该测量数据应舍弃。这是美国混凝土标准中所采用的方法,该方法是以3倍标准偏差作为判别标准,所以也称为3倍标准偏差法,简称3S法。

取3S的理由是:根据随机变量的正态分布规律,在多次试验中,测量值落在$\bar{x}-3S$与$\bar{x}+3S$之间的概率为99.73%,出现在此范围之外的概率仅为0.27%,也就是说在近400次试验中才能遇到一次,这种事件为小概率事件,出现的可能性很小,几乎是不可能的,因而在实际试验中,一旦出现,就认为该测量数据是不可靠的,应将其舍弃。

另外,当测量值与平均值之差大于2倍标准偏差(即$|x_i - \bar{x}| > 2S$)时,则该测量值应保留,但需存疑。当发现生产(施工)、试验过程中有可疑的变异时,该测量值则应予舍弃。

【例2-13】 试验室进行同配比的混凝土强度试验,其试验结果为($n=10$):23.0MPa、24.5MPa、26.0MPa、25.0MPa、24.8MPa、27.0MPa、25.5MPa、31.0MPa、25.4MPa、25.8MPa,试用3S法判别其取舍。

解: 分析上述10个测量数据,$x_{min}=23.0$MPa和$x_{max}=31.0$MPa最可疑,故应首先判别x_{min}和x_{max}。

经计算:$\bar{x}=25.8$MPa,$S=2.1$MPa。由于

$$|x_{max} - \bar{x}| = |31.0 - 25.8| = 5.2 < 3S = 6.3(\text{MPa})$$
$$|x_{min} - \bar{x}| = |23.0 - 25.8| = 2.8 < 3S = 6.3(\text{MPa})$$

故上述测量数据均不能舍弃。

拉依达法简单方便,不需查表,但要求宽泛,当试验检测次数较多或要求不高时可以应用,试验检测次数较少时(如$n<10$),在一组测量值中即使混有异常值,也无法舍弃。

2. 肖维纳特法

进行n次试验,其测量值服从正态分布,以概率$1/(2n)$设定一判别范围$(-k_n S_k, k_n S)$,当偏差(测量值x_i与其算术平均值$\bar{x}$之差)超出该范围时,就意味着该测量值r_i是可疑的,应

予舍弃。判断范围由下式确定：

$$\frac{1}{2n} = 1 - \int_{-k_n}^{k_n} \frac{1}{\sqrt{2\pi}} e^{-\frac{t^2}{2}} dt \tag{2-11}$$

式中：k_n——肖维纳特系数，与试验次数 n 有关，可由正态分布系数表查得，见表2-4。

肖 维 纳 特 系 数　　　　表2-4

n	K_n	n	K_n	n	K_n	n	K_n	n	K_n	n	K_n
3	1.38	8	1.86	13	2.07	18	2.20	23	2.30	50	2.58
4	1.53	9	1.92	14	2.10	19	2.22	24	2.31	75	2.71
5	1.65	10	1.96	15	2.13	20	2.24	25	2.33	100	2.81
6	1.73	11	2.00	16	2.15	21	2.26	30	2.39	200	3.02
7	1.80	12	2.03	17	2.17	22	2.28	40	2.49	500	3.20

因此，肖维纳特法可疑数据舍弃的标准为：

$$\frac{|x_i - \bar{x}|}{S} \geqslant k_n \tag{2-12}$$

【例2-14】 试验室进行同配比的混凝土强度试验，其试验结果为（$n = 10$）：23.0MPa、24.5MPa、26.0MPa、25.0MPa、24.8MPa、27.0MPa、25.5MPa、31.0MPa、25.4MPa、25.8MPa，试用肖维纳特法进行判别。

解：查表2-4，当 $n = 10$ 时，$k_n = 1.96$。对于测量值31.0，则有：

$$\frac{|x_i - \bar{x}|}{S} = \frac{|31.0 - 25.8|}{2.1} = 2.48 > k_n = 1.96$$

说明测量数据31.0是异常的，应予舍弃。这一结论与拉依达法的结果是不一致的。

肖维纳特法改善了拉依达法，但从理论上分析，当 $n \to \infty$，$k_n \to \infty$，此时所有异常值都无法舍弃。此外，肖维纳特系数与置信水平之间无明确联系。

3. 格拉布斯法

格拉布斯法假定测量结果服从正态分布，根据顺序统计量来确定可疑数据的取舍。

进行 n 次重复试验，测得结果为 $x_1、x_2、\cdots、x_i、\cdots、x_n$，从而 x 服从正态分布。

为了检验 $x_i(i=1,2,\cdots,n)$ 中是否有可疑值，可将 x_i 按由小到大顺序重新排列，得：

$$x_{(1)} \leqslant x_{(2)} \leqslant \cdots \leqslant x_{(n)}$$

根据顺序统计原则，给出标准化顺序统计量 g：

$$\left. \begin{array}{l} \text{当最小值 } x_{(1)} \text{ 可疑时，则} \quad g_{(1)} = \dfrac{\bar{x} - x_{(1)}}{S} \\ \text{当最小值 } x_{(n)} \text{ 可疑时，则} \quad g_{(n)} = \dfrac{x_{(n)} - \bar{x}}{S} \end{array} \right\} \tag{2-13}$$

根据格拉布斯统计量的分布，在指定的显著性水平 β（一般 $\beta = 0.05$）下，求得判别可疑值的临界值 $g_0 = (\beta, n)$。格拉布斯法的判别标准为：

$$g \geqslant g_0(\beta, n) \tag{2-14}$$

当 $g \geqslant g_0(\beta, n)$ 时，该测量可疑值是异常的，应予舍弃。格拉布斯系数 $g_0 = (\beta, n)$ 列于表2-5。

格拉布斯系数 $g_0 = (\beta, n)$ 表 2-5

β \ n	0.01	0.05	β \ n	0.01	0.05	β \ n	0.01	0.05
3	1.15	1.15	13	2.61	2.33	23	2.96	2.62
4	1.49	1.46	14	2.66	2.37	24	2.99	2.64
5	1.75	1.67	15	2.70	2.41	25	3.01	2.74
6	1.94	1.82	16	2.74	2.44	30	3.10	2.74
7	2.10	1.94	17	2.78	2.47	35	3.18	2.81
8	2.22	2.03	18	2.82	2.50	40	3.24	2.87
9	2.32	2.11	19	2.85	2.53	50	3.34	2.96
10	2.41	2.18	20	2.88	2.56	100	3.59	3.17
11	2.48	2.24	21	2.91	2.58			
12	2.55	2.29	22	2.94	2.60			

利用格拉布斯法每次只能舍弃一个可疑值，若有两个以上的可疑数据，应该依次舍弃。舍弃第一个数据后，检测次数由 n 变为 $n-1$，以此为基础再判别第二个可疑数据，每次算数平均值和均方差都要重新计算，再决定取舍。

【例2-15】 试用格拉布斯法判别 23.0、24.5、26.0、25.0、24.8、27.0、25.5、31.0、25.4、25.8 的测量数据的真伪。

解：(1) 测量数据按从小到大次序排列如下：
23.0、24.5、24.8、25.0、25.4、25.5、25.8、26.0、27.0、31.0。

(2) 计算数据特征量：

$$\bar{x} = 25.8, S = 2.1$$

(3) 计算统计量：

$$g(1) = \frac{\bar{x} - x(1)}{S} = \frac{25.8 - 23.0}{2.1} = 1.33$$

$$g(n) = \frac{x(n) - \bar{x}}{S} = \frac{31.0 - 25.8}{2.1} = 2.48$$

由于 $g(10) > g(1)$，首先判别 $x(10) = 31.0$。

(4) 选定显著性水平 $\beta = 0.05$，并根据 $\beta = 0.05$ 和 $n = 10$，由表 2-5 查得 $g_0 = (0.05, 10) = 2.18$。

(5) 判别：
因为 $g(10) = 2.48 > g_0 = (0.05, 10) = 2.18$，所以 $x(10) = 31.0$ 为异常值，应予舍弃。按照上述方法继续对余下的 9 个数进行判别，经计算没有异常值。

 项目小结

本项目主要介绍了道路工程检测的目的和意义，检测所依据的规范、规程和细则，工程项目划分和质量评定的方法。道路工程检测结果的准确性与可靠性将直接影响检测机构的工作质量,为了确保数据的可靠性,要求质检人员在检测过程中严格按照有关试验规程进行检测,掌握检测评定的方法,以达到提高工程质量、降低工程造价、推动道路工程施工技术发展的目的。本部分以数理统计为基础,介绍试验检测抽样检验、试验检测数据的修约规则、试验检测数据的统计特征与分布。学生应学会运用试验检测数据的统计特征对公路工程质量进行评价,并掌握试验检测数据的处理方法和质量评定标准等。

复习思考题

1. 道路工程检测的意义是什么?
2. 一般建设项目是如何划分的?工程质量是如何评分的?
3. 工程质量评定分为哪几个等级?
4. 某段路实测压实度分别为:97.4、98.4、89.5、95.2、93.1、94.3、93.1、95.5、95.8(%),计算具有95%概率的代表值。
5. 实测弯沉值分别为:108、98、96、95、102、110、95、98、93、96、103、99(0.01mm),计算弯沉值的算术平均值、中位数、极差、标准偏差和变异系数以及具有95%概率的代表值。
6. 石灰粉煤灰稳定碎石试件的抗压强度分别为:6.32、7.65、7.50、6.81、8.45、7.84、6.98、7.36、8.35、7.59、6.87、7.19、6.63(MPa),用肖维纳特法鉴别其是否有特异值,并计算标准偏差和变异系数以及具有95%概率的代表值。
7. 将下列各数修约到一位小数:1.230、1.150、1.250、21.350、23.051、24.1513。

项目 3　常用混合料强度检测

项目描述

本项目主要介绍无机结合料无侧限抗压强度试验、水泥混凝土强度试验、水泥砂浆强度试验、结构混凝土强度的相关检测试验、沥青混合料热稳定性和水稳定性相关检测试验。通过本项目学习,学生能进行无侧限抗压强度检测;能采用标准试验法测定水泥混凝土强度及砂浆强度;能操作结构混凝土强度的相关检测试验;能对沥青混合料温度稳定性进行评定。

教学目标

1. 知识目标
(1)掌握无机结合料无侧限抗压强度检测试验。
(2)掌握水泥混凝土及砂浆检测方法。
(3)掌握结构混凝土强度的相关检测试验操作过程。
(4)掌握沥青混合料热稳定性和水稳定性相关检测试验操作规程。
2. 能力目标
(1)能进行无机结合料无侧限抗压强度检测试验。
(2)能采用标准试验法测定水泥混凝土强度及砂浆强度。
(3)能操作结构混凝土强度的相关检测试验。
(4)能对沥青混合料温度稳定性进行评定。

任务 3.1　无机结合料稳定材料检测

无机结合料稳定土,也称半刚性材料。它包括水泥稳定土、石灰稳定土、水泥石灰综合稳定土、石灰粉煤灰稳定土、水泥粉煤灰稳定土和水泥石灰粉煤灰稳定土等。

无机结合料稳定土材料结构层的强度是以规定温度下保湿养护 6d、浸水 1d 后的 7d 无侧限抗压强度为准。无机结合料稳定土材料的抗压强度应满足表 3-1 ~ 表 3-3 的规定。

石灰粉煤灰稳定材料的 7d 龄期无侧限抗压强度标准值(MPa)　　　　表 3-1

结构层	公路等级	极重、特重交通	重交通	中、轻交通
基层	高速公路和一级公路	≥1.1	≥1.0	≥0.9
基层	二级及二级以下公路	≥0.9	≥0.8	≥0.7
底基层	高速公路和一级公路	≥0.8	≥0.7	≥0.6
底基层	二级及二级以下公路	≥0.7	≥0.6	≥0.5

水泥粉煤灰稳定材料的 7d 龄期无侧限抗压强度标准值(MPa)　　　　表 3-2

结 构 层	公路等级	极重、特重交通	重　交　通	中、轻交通
基层	高速公路和一级公路	4.0~5.0	3.5~4.5	3.0~4.0
	二级及二级以下公路	3.5~4.5	3.0~4.0	2.5~3.5
底基层	高速公路和一级公路	2.5~3.5	2.0~3.0	1.5~2.5
	二级及二级以下公路	2.0~3.0	1.5~2.5	1.0~2.0

石灰稳定材料的 7d 龄期无侧限抗压强度标准值(MPa)　　　　表 3-3

结 构 层	高速公路和一级公路	二级及二级以下公路
基层		≥0.8[a]
底基层	≥0.8	0.5~0.7[b]

注:石灰土强度达不到表 3-3 规定的抗压强度标准值时,可添加部分水泥,或改用另一种土。塑性指数过小的土,不宜用石灰稳定,宜改用水泥稳定。

　　a. 在低塑性材料(塑性指数小于 7)地区,石灰稳定砾石土和碎石土的 7d 龄期无侧限抗压强度应大于 0.5MPa(100g 平衡锥测液限)。

　　b. 低限用于塑性指数小于 7 的黏性土,且低限值宜仅用于二级以下公路。高限用于塑性指数大于 7 的黏性土。

一、检测器具

(1)方孔筛:孔径 53mm、37.5mm、26.5mm、19mm、4.75mm、2.36mm 的筛各 1 个。

(2)试模:适用于下列不同土的试模尺寸。

细粒土(最大粒径不超过 10mm):试模的直径×高 = 50mm×50mm。

中粒土(最大粒径不超过 25mm):试模的直径×高 = 100mm×100mm。

粗粒土(最大粒径不超过 40mm):试模的直径×高 = 150mm×150mm。

(3)脱模器。

(4)反力框架:规格为 400kN 以上。

(5)液压千斤顶。

(6)夯锤和导管:击锤的底面直径 50mm,总质量 4.5kg,击锤在导管内的总行程为 450mm。

(7)密封湿气箱或湿气池:放在保持恒温的小房间内。

(8)水槽:深度应大于试件高度 50mm。

(9)路面材料强度试验仪,或其他合适的压力机。

(10)天平:感量 0.01g。

(11)台秤:称量 10kg,感量 5g。

(12)量筒、拌和工具、漏斗、大小铝盒、烘箱等。

二、试件制备与养护

1.试料准备

(1)将具有代表性的风干试料(必要时,可以在 50℃烘箱内烘干),用木槌捣碎或用木碾碾碎,但应避免破坏粒料的原粒径。按照公称最大粒径的大一级筛,将土过筛并进行分类。

(2)在预定做试验的前一天,取有代表性的试料测定其风干含水率。对于细粒土,试样应不少于100g;对于中粒土,试样应不少于1000g;对于粗粒土,试样应不少于2000g。

2. 混合料最佳含水率和最大干密度的确定

用击实试验法确定无机结合料混合料的最佳含水率和最大干密度。

3. 配制混合料

(1)根据击实试验结果,称取一定质量的风干土,其质量随试件大小而变。对 $\phi50mm \times 50mm$ 的试件,1个试件需干土 180~210g;对于 $\phi100mm \times 100mm$ 的试件,1个试件需干土 1700~1900g;对于 $\phi150mm \times 150mm$ 的试件,1个试件需干土 5700~6000g。

对于细粒土,一次称取6个试件的土;对于中粒土,可以一次称取1个试件的土;对于粗粒土,一次只称取1个试件的土。

(2)将准备好的试料分别装入塑料袋中备用。

(3)将称好的土放在长方盘(400mm×600mm×70mm)内,向土中加水。对于细粒土(特别是黏性土),其较最佳含水率小3%;对于中粒土和粗粒土,可按下式计算混合料的加水量:

$$Q_w \left(\frac{Q_n}{1+0.01w_n} + \frac{Q_c}{1+0.01w_c} \right) \times 0.01w - \frac{Q_n}{1+0.01w_n} \times 0.01w_n - \frac{Q_c}{1+0.01w_c} \times 0.01w_c$$

(3-1)

式中:Q_w——混合料中应加的水量(g);

Q_n——混合料中素土(或集料)的质量(g);

w_n——土风干含水率(%);

Q_c——混合料中水泥或石灰的质量(g);

w_c——土原始含水率(%),其中水泥的 w_c 通常很小,也可以忽略不计;

w——要求达到的混合料含水率(%)。

将土和水拌和均匀后放在密闭容器内浸润备用。如为石灰稳定土和水泥、石灰综合稳定土,可将石灰土一起拌匀后进行浸润。

浸润时间:黏性土,12~24h;粉性土、砂砾土、红土砂砾、级配砂砾等,可以缩短到4h左右;含土很少的未筛分碎石、砂砾及砂,可以缩短到2h。

(4)在浸润过的试料中,加入预定数量的水泥或石灰[水泥或石灰剂量按干土(即干集料)质量的百分率计],并拌和均匀。拌和均匀的加有水泥的混合料应在1h内按下述方法制成试件,超过1h的混合料应该废弃。其他结合料稳定土的混合料虽不受此限,但也应尽快制成试件。

4. 按预定的干密度制件

用反力框架和液压千斤顶制件。制备一个预定干密度的试件,需要的稳定土混合料数量 $m_1(g)$ 可按下式计算:

$$m_1 = \rho_d V(1+0.01w)$$

(3-2)

式中:V——试模的体积(cm³);

w——稳定土混合料的含水率(%);

ρ_d——稳定土试件的干密度(g/cm³)。

将试模的下压柱放入试模的下部,并外露2cm左右。将按规定数量称量的稳定土混合料 $m_1(g)$ 分2~3次灌入试模中(利用漏斗),每次灌入后用夯棒轻轻均匀插实。如制的是

50mm×50mm 的小试件,则可以将混合料一次倒入试模中,然后将上压柱放入试模内,同样使上压柱外露 2cm 左右(即上下压柱露出试模外的部分应该相等)。

将整个试模(连同上下压柱)放到反力框架内的千斤顶上(千斤顶下应放一扁球座),加压直到上下柱都压入试模为止。维持压力 2min,解除压力后,取下试模,拿去上压柱,并放到脱模器上将试件顶出(利用千斤顶和下压柱)。称试件的质量 m_2,中、小试件准确到 0.01g,大试件准确到 0.1g。然后用游标卡尺量试件的高度,准确到 0.1mm。用击锤制件,步骤同前,只是用击锤(可以利用做击实试件的锤,但压柱顶面需要垫一块牛皮或胶皮,以保护锤面和压柱顶面不受损伤)将上下压柱打入试模内。

5. 养护

试件从试模内脱出并称量后,应立即放到恒温恒湿箱内进行养护。但大、中试件应用塑料薄膜包覆;有条件时,也可采用蜡封保湿养护。养护时间视需要而定,作为工地控制,通常都只取 7d。整个养护期的温度,在北方地区应保持(20±2)℃,南方地区应保持在(25±2)℃。

养护期的最后一天,应该将试件浸泡在水中,水的深度应使水面在试件顶上约 2.5cm。在浸泡水中之前,应再次称试件的质量 m_3。在养护期间,试件质量的损失应该符合下列规定:小试件不超过 1g;中试件不超过 4g;大试件不超过 10g。损失超过此规定的试件,应该作废。

三、检测步骤

(1)将已浸水一昼夜的试件从水中取出,用软的旧布吸去试件表面的可见自由水,并称试件的质量 m_4。

(2)用游标卡尺量试件的高度 h_1,准确到 0.1mm。

(3)先将倒顺控制开关控制到停止位,接通电源,电源指示灯发亮,即可操作。

(4)将试件放到路面材料强度试验仪的升降台上(台上先放一扁球座),进行抗压试验。试验过程中,应使试件的形变等速增加,并保持速率约为 1mm/min(丝杠升降速度为 50mm/min,适用于沥青混凝土的马歇尔试验;丝杠升降速度为 1mm/min,适用于承载比试验等)。

(5)记录试件破坏时的最大压力 $P(N)$。

(6)从试件内部取有代表性的样品(经过打破),测定其含水率。

四、计算

1. 试件的无侧限抗压强度

试件的无侧限抗压强度用下列相应的公式计算:

对于小试件:

$$R_c = \frac{P}{A} = 0.00051P(\text{MPa}) \tag{3-3}$$

对于中试件:

$$R_c = \frac{P}{A} = 0.000127P(\text{MPa}) \tag{3-4}$$

对于大试件:

$$R_c = \frac{P}{A} = 0.000051P(\text{MPa}) \tag{3-5}$$

式中:P——试件破坏时的最大压力(N);

A——试件的截面积,$A=\pi D^2/4$,D为试件的直径(mm)。

2. 精密度或允许误差

若干次平行试验的偏差系数 C_v(%)应符合下列规定：

对于小试件,C_v不大于6%,制6个试件；

对于中试件,C_v不大于10%,制9个试件；

对于大试件,C_v不大于15%,制13个试件。

五、检测报告内容

检测报告应包括以下内容：

(1)材料的颗粒组成。

(2)水泥的种类和强度等级或石灰等级。

(3)确定最佳含水率时的结合料用量以及最佳含水率(%)和最大干密度(g/cm^3)。

(4)水泥(或石灰)剂量(%)或石灰(或水泥)、粉煤灰和集料的比例。

(5)试件干密度(准确到0.01g/cm^3)或压实度。

(6)吸水量以及测抗压强度时的含水率(%)。

(7)抗压强度小于2.0MPa时,采用2位小数,并用偶数表示；抗压强度大于2.0MPa时,采用1位小数。

(8)若干个试验结果的最小值、最大值、平均值$\bar{R}_c$、标准差S、偏差系数C_v和95%概率的值$R_{c0.95}=(\bar{R}_c-1.645S)$。

六、强度评定

如为现场检测,需按下述方法对无侧限抗压强度进行评定。

评定路段试样的平均强度,应满足下列要求：

$$\bar{R} \geqslant \frac{R_d}{1-Z_a C_v} \tag{3-6}$$

式中：R_d——设计抗压强度(MPa)；

C_v——试验结果的偏差系数(以小数计)；

Z_a——标准正态分布表中随保证率而变的系数,高速公路、一级公路：保证率95%,$Z_a=1.645$；其他公路：保证率90%,$Z_a=1.282$。

七、注意事项

(1)土的性质应符合设计要求,土块要经粉碎。

(2)石灰质量应符合设计要求,块灰需充分消解才能使用,未消解生石灰块必须剔除。

(3)水泥质量应符合设计要求。

(4)水泥、石灰、粉煤灰和土的用量按设计要求控制准确。

(5)在试验前应将所用的测试仪表(传感器、测力环)和需用的附件(压头)及试件各安其位加以固定或使位置平稳,对照两侧立柱上刻画的调平顶盘、顶平面的最低和最高极限位置线,满足要求方可,否则应采取加垫或其他措施加以调整。

(6)使用变速操作板把选择快速或慢速时,应开车变速,不要在停止状态下强行扳动,以防零件损坏。变速操作板把在手动位置时,可使用手摇把；停止使用时必须将手摇把拔掉,不得放在机上。

八、记录格式

记录格式可参照表3-4。

无侧限抗压强度试验 表3-4

工程名称:某公路　路段桩号:K1+000~K2+000　结构层次:基层　混合材料名称:水泥、石灰稳定土
结合料剂量(%):9(水泥:石灰=3:6)　试件尺寸:$\phi 100\times 100$　最大干密度(g/cm^2):2.22
试件压实度(%):97　加荷速度(mn/min):1　试验者____　计算者____　校核者____　试验日期____

试 件 号		1	2	3	4	5	6
养护前试件质量(m_2)	(g)	1835.8	1837.1	1821.0	1823.8	1821.2	1826.8
浸水前试件质量(m_3)	(g)	1834.0	1835.6	1819.5	1820.2	1819.2	1824.9
浸水后试件质量(m_4)	(g)	1836.0	1845.3	1829.3	1834.4	1829.3	1836.3
养护期间质量损失(m_2-m_3)	(g)	1.8	1.5	1.5	3.6	2.0	1.9
吸水量(m_4-m_3)	(g)	12.0	9.7	9.8	14.2	10.1	11.4
养护前试件高度(h)	(g)	10.0	10.0	10.0	10.0	10.0	10.0
浸水后试件高度(h_1)	(kN)	10.0	10.0	10.0	10.0	10.0	10.0
试件的最大压力(P)	(kN)	27.8	22.4	26.2	27.0	26.5	25.9
无侧限抗压强度(R_c)	(MPa)	3.5	2.8	3.3	3.4	3.4	3.3

任务3.2 水泥混凝土及水泥砂浆强度检测

一、水泥混凝土强度试验

混凝土是公路工程中主要的建筑材料之一。混凝土的质量将直接影响工程实体的质量。水泥混凝土面层的设计强度以抗折强度为设计标准,桥梁结构使用的混凝土及砂浆设计强度均以抗压强度为设计标准。在浇筑混凝土或砂浆时,需要评定其抗折强度或抗压强度。

(一)混凝土试件的制作及养护方法

混凝土抗折强度可用小梁法(标准试件尺寸为150mm×150mm×550mm)或劈裂法(标准试件尺寸为150mm×150mm×150mm),标准条件下养护龄期为28d。每3件为1组,制取组数应符合下列规定:

(1)高速公路和一级公路每工作班制作2~4组;日进度≥1000m取4组;日进度≥500m取3组;日进度<500m取2组。

(2)其他公路每工作班制作1~3组;日进度≥1000m取3组;日进度≥500m取2组;日进度<500m取1组。

评定水泥混凝土抗压强度时,以边长为150mm的立方体,标准养护龄期28d的试件为准。每3件为1组,制取组数应符合下列规定:

(1)不同强度等级及不同配合比的混凝土应在浇筑地点或拌和地点分别随机取样。

(2)浇筑一般体积的结构物(如基础、墩台等)时,每一单元结构物应制取2组。

(3)连续浇筑大体积结构物时,每80~200m^3或每一工作班应制取2组。

(4)上部构造,主要构件长在16m以下应制取1组;16~30m制取2组;31~50m制取3组;50m以上者不小于5组。小型构件每批或每工作班至少应制取2组。

(5)每根钻孔桩至少应制取2组;桩长20m以上者不少于3组;桩径大、浇筑时间很长时不少于4组。如换工作班,每工作班应制取2组试件。

(6)构造物(小桥涵、挡土墙)每座、每处或每工作班制取不少于2组。当原材料与配合比相同,并由同一拌和站拌制时,可几座或几处合并制取2组。

此外,还应根据施工需要,另制取几组与结构物同条件的试件,作为拆模、吊装、张拉预应力、承受荷载等施工阶段的强度依据。

1. 试件的制作器具

(1)试模:抗压150mm×150mm×150mm,抗折150mm×150mm×550mm。

(2)振动台。

(3)其他:料斗、拌板、平头铲、台秤、直尺、捣棒等。

2. 人工成型与养护

(1)将试模装配好,检查试模尺寸,避免使用变形试模。

(2)试模内壁涂抹一层矿物油脂,试模接缝处用硬黄油涂抹,避免漏浆。

(3)当坍落度小于70mm时,用标准振动台成型。将拌和物一次性装满试模并稍有富余,开动振动台,至混凝土表面出现乳状水泥浆为止,振动过程中随时添加混凝土使试模常满,记录振动时间(一般不超过90s)。

当坍落度大于70mm时,用人工成型,拌和物分成大致相等的两层装入试模,每层插捣次数为25次(150mm×150mm×150mm立方体试件),小梁试件100次。插捣时,从边缘到中心螺旋旋转,均匀地进行。插捣底层时,捣棒到达模底;插捣上层时,捣棒插入该层底面下2~3cm处。人工成型插捣次数的规定见表3-5。

人工成型插捣次数　　表3-5

试件尺寸 (mm×mm×mm)	所检强度	每层插捣次数	试件尺寸 (mm×mm×mm)	所检强度	每层插捣次数
100×100×100	抗压强度	12	200×200×200	抗压强度	50
100×100×400	抗压强度	50	150×150×150	轴心抗压强度	75
150×150×150	抗压强度	25	150×150×550	抗压强度	100

振动或捣实后,用金属直尺沿试模边缘刮去多余混凝土,用镘刀将表面初次抹平,2~4h后,再用镘刀将试件仔细抹平,表面与试模边缘的高低差不得超过0.5mm。

(4)试件成型后,用湿布覆盖表面,在室温(20±5)℃、相对湿度大于50%的情况下,静放1~2d,然后拆模并做第一次外观检查、编号,对有缺陷的试件应除去,或加工补平。

(5)拆去试模后,随即将试块放在标准养护室或水槽[温度(20±2)℃,相对湿度大于95%]进行养护,至试压龄期为止。在养护室内,试块应放在铁架或木架上,彼此间距至少为3~5cm。

(6)至试验龄期时,将试块从养护室取出后,先检查其规格、形状及相对两表面是否互相平行,表面倾斜偏差不应超过0.5mm,且无蜂窝和缺角现象,否则应在试验前3d用浓水泥浆填补平整。

(7)试验前应擦干试块,并精确量其各边长度(准确到1mm)。

(二)混凝土抗压强度、抗弯拉(折)强度检测

1. 混凝土抗压强度检测

混凝土抗压强度是以边长为150mm的标准立方体试件在温度为(20±2)℃及相对湿度95%以上的条件下,养护28d后,用标准方法测得的极限抗压强度,以确定混凝土强度等级,作为评定混凝土品质的主要指标。

混凝土"立方体抗压强度标准值",按照我国现行规范的定义是指按照标准方法制作和标准条件下养护的,用标准试验方法测定的具有95%保证率的抗压强度值,以MPa计。

混凝土"强度等级"是根据"立方体抗压强度标准值"来确定的。用符号"C"和"立方体抗压强度标准值"两项内容表示。例如,C60即表示混凝土立方体抗压强度标准值为60MPa。普通混凝土按立方体抗压强度标准值划分为:C15、C20、C25、C30、C35、C40、C45、C50、C55、C60、C65、C70、C75和C80共14个强度等级。

(1)检测器具

①试验机:2000kN压力机(图3-1),或万能试验机1台。

②球座:钢质坚硬,表面平整度要求在100mm距离内高低差值不超过0.05mm,球面及球窝粗糙度$Ra = 0.32\mu m$,研磨、转动灵活。

(2)检测步骤

①将养护到规定龄期的试件,以振捣面的侧面为上下受压面,将试件放置在压力机球座上,几何对称,以0.3~0.5MPa/s(强度等级$R<C30$时)、0.5~0.8MPa/s(强度等级$C30 \leq R < C60$时)或以0.8~1.0MPa/s(强度等级$R \geq C60$时)的速度均匀加荷。当试件接近破坏而开始迅速变形时,应停止调整试验机油阀,直至破坏,记录极限破坏荷载。

②混凝土抗压强度按下式计算:

$$R = \frac{P}{A} \tag{3-7}$$

式中:R——混凝土抗压强度(MPa);
P——极限破坏荷载(N);
A——受压面积(mm^2)。

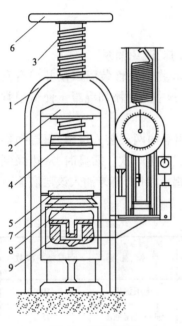

图3-1 压力试验机
1-机架;2-螺母;3-螺杆;4-上承压板;5-下承压板;6-转动手轮;7-球座;8-遮屏板;9-油缸

(3)注意事项

①使用压力机前必须检查储油箱的油是否加满,油管接头有无松动,以防漏油漏气。

②做抗压强度试验前,先检查压力机球座是否保持灵敏。

③试验前应合理地对所做试验的最大荷载有所估计,选用相应的测量范围;检查压力机度盘的吨数是否与摆锤一致;加荷应均匀,不要发生冲击和振动,否则会影响试验结果。

④开送油阀时,回油阀必须关死,不使油漏回;开回油阀时,送油阀不要拧得过紧,以免损伤油针尖梢。

⑤压力机一般每年校正一次,校正后不得随便更换摆杆上部压板的位置和角度,以免影响精度。

(4)检测记录及强度评定

①数据的处理。

若3个测值中最大值或最小值与中值的差超过中值的15%时,则取中值为测定值;若最大值和最小值与中值的差值均未超过中值的15%时,则取平均值为测定值;若最大值和最小值与中值的差值均超过15%,则该组试验结果无效。计算结果精确到0.1MPa,并应在报告中注明。记录格式见表3-6。

混凝土抗压强度检测记录　　　　　　　　　　　　　　　表3-6

工程名称_____　　结构名称_____　　设计强度　30MPa
检　验　者_____　　计　算　者_____　　校　核　者_____

制件日期	试验日期	龄期(d)	编号	试件尺寸(mm)			抗压面积(mm²)	极限荷载(kN)	抗压强度(MPa)		备注
				a	b	c			单值	平均	
		28	1				22500	780	34.7		
		28	2	150	150	150	22500	770	34.2	34.7	
		28	3				22500	790	35.1		

当混凝土抗压强度采用非标准试件时,其抗压强度应换算成标准试件时的抗压强度(即非标准试件抗压强度×混凝土抗压强度换算系数)。换算系数见表3-7。

混凝土抗压强度换算系数　　　　　　　　　　　　　　　表3-7

集料最大粒径(mm)	试件尺寸(mm)	尺寸换算系数
30	100×100×100	0.95
40	150×150×150	1.00
60	200×200×200	1.05

②水泥混凝土抗压强度评定。

a. 当试件组数 $n \geq 10$ 时,应用数理统计方法评定,并满足下述条件:

$$m_{f_{cu}} \geq f_{cu,k} + \lambda_1 S_n \tag{3-8}$$

$$f_{cu,min} \geq \lambda_2 f_{cu,k} \tag{3-9}$$

式中:$m_{f_{cu}}$——同批 n 组试件强度的平均值(MPa),精确到0.1MPa,n 为同批混凝土试件组数;

　　　S_n——同批 n 组试件强度的标准差(MPa),精确到0.01MPa,当 $S_n < 2.5$MPa 时,取 $S_n = 2.5$MPa;

　　　$f_{cu,k}$——混凝土设计强度等级(MPa);

　　　$f_{cu,min}$——n 组试件中强度最低一组的值(MPa),精确到0.1MPa;

　　　$\lambda_1 、\lambda_2$——合格判定系数,见表3-8。

合格判定系数 λ_1 与 λ_2　　　　　　　　　　　　表3-8

n	10~14	15~19	≥20
λ_1	1.15	1.05	0.95
λ_2	0.9	0.85	

b. 同批试件组数小于10组时,可用非数理统计方法评定,并满足下述条件:

$$m_{f_{cu}} \geq \lambda_3 f_{cu,k} \tag{3-10}$$

$$f_{cu,min} \geq \lambda_4 f_{cu,k} \tag{3-11}$$

式中：λ_3、λ_4——合格判定系数，见表3-9。

合格判定系数 λ_3 与 λ_4　　　　表3-9

混凝土强度等级	<C60	≥C60
λ_3	1.15	1.10
λ_4	0.95	

检查项目中，水泥混凝土抗压强度评为不合格时，相应分项工程为不合格。

2. 水泥混凝土抗弯拉(折)强度检测

水泥混凝土抗弯拉(折)强度是以150mm×150mm×550mm的梁形试件在标准养护条件下达到规定龄期后，净跨450mm，双支点荷载作用的弯拉破坏，并按规定的计算方法得到的强度值。根据该强度值提供水泥混凝土路面设计参数，检查水泥混凝土路面施工品质。

(1) 检测器具

抗折试验机或万能材料试验机(50~300kN)及抗折试验装置，即三分点处双点加荷和三支点自由支承式混凝土抗折强度装置，如图3-2所示。

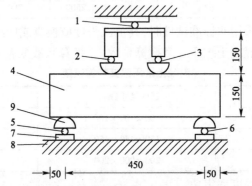

图3-2　抗折试验装置(尺寸单位：mm)
1、2、6-1个钢球；3、5-2个钢球；4-试件；7-活动支座；8-机台；9-活动船形垫块(共4块)

(2) 检测步骤

①检查标准养护到规定龄期的试件有无蜂窝，若试件中部1/3长度内有蜂窝(大于φ5mm×2mm)，则该试件应废弃，否则应在记录中注明。

②在试件中部量出宽度和高度，精确到1mm。

③调整两个可移动支座，使其与试验机下压头中心距离为225mm，并旋紧两支座，将试件安放在支座上，试件成型时的侧面朝上，缓缓加初荷载约1kN，而后以0.02~0.05MPa/s(强度等级 R <C30时)、0.05~0.08MPa/s(强度等级 C30≤R≤C60时)或0.08~0.10MPa/s(强度等级 R >C60时)的速度均匀加荷。当试件接近破坏而开始迅速变形时，应停止调整试验机油门，直至试件破坏，记下最大荷载和下边缘断裂的位置。

(3) 检测结果计算

①当断裂面发生在两个加荷点之间时(断面位置在试件断块短边一侧的底面中轴线上量得)，抗折强度 f_{cu} 按下式计算：

$$f_{cu} = \frac{PL}{Bh^2} \tag{3-12}$$

式中：f_{cu}——抗折强度(MPa)，精确至0.01MPa；
　　　P——极限荷载(N)；

L——支座间距离,450mm;
B——试件宽度(mm);
h——试件高度(mm)。

②3个试件中如有一个断裂面位于加荷点外侧,则混凝土抗折强度按另外两个试件的试验结果计算。如这两个测值的差值不大于这两个测值中较小值的15%,则以两个测值的平均值为测试结果,否则试验结果无效。

③如两个试件均出现在断裂面位于加荷点外侧,则该组试件结果无效。

④采用100mm×100mm×400mm非标准试件时,所取得的抗折强度值应乘以尺寸换算系数0.85。

(4)注意事项

①试件从养护水槽取出后应尽快擦干其表面水分进行试验,以免试件内部的湿度发生显著变化。

②试验前在试件表面准确画出支点及加荷位置,距端部分别为50mm、200mm、350mm、500mm。

③试验应按规定加荷速度连续均匀加荷,直至试件破坏。

④按试验规程要求评定试件的抗折强度。

(5)检测记录及强度评定

①数据处理。抗折强度值的计算及异常数据取舍同抗压强度试验。计算结果精确到0.01MPa。记录格式见表3-10。

混凝土抗折强度检测记录　　　　　　表3-10

工程名称_____　　结构名称_____　　设计强度 4.0MPa
检 验 者_____　　计 算 者_____　　校 核 者_____

制件日期	试验日期	龄期(d)	编号	试件尺寸(mm×mm)		支座间距离(m)	极限荷载(kN)	抗压强度(MPa)		备注
				b	h			单值	平均	
		28	1	150.2	150.3	450	35740	4.74		
		28	2	150.0	150.1	450	35145	4.68	4.71	
		28	3	150.3	150.1	450	35440	4.71		

②混凝土抗弯拉(折)强度评定。当试件组数 $n>10$ 时,应用数理统计方法评定。

$$f_{cu} \geq f_t + K\sigma \quad (3\text{-}13)$$

式中:f_{cu}——同批门组试件平均弯拉强度值(MPa);
　　　f_t——混凝土设计弯拉强度标准值(MPa);
　　　K——合格判定系数,见表3-11;
　　　σ——同批 n 组试件强度的标准差(MPa)。

合格判定系数 K 值　　　　　　表3-11

n	11~14	15~19	≥20
k	0.75	0.70	0.65

当试件组数为11~19组时,允许有1组最小弯拉强度小于 $0.85f_t$,但不得小于 $0.80f_t$。

当试件组数大于或等于20组时,高速公路、一级公路均不得小于 $0.85f_t$;其他公路允许有1组最小弯拉强度小于 $0.85f_t$,但不得小于 $0.80f_t$。

当试件组数小于或等于10组时,试件平均强度不得小于$1.15f_t$,任一组强度均不得小于$0.85f_t$。

实测弯拉强度统计变异系数C_v值应符合设计要求。

当标准小梁合格判定平均弯拉强度f_{cs}、最小弯拉强度f_{min}和统计变异系数C_v值中有1个不符合上述要求时,应在不合格路段每公里每车道钻取3个以上$\phi150mm$的芯样,实测劈裂强度,通过各自工程的经验统计公式换算弯拉强度,其合格判定平均弯拉强度f_{cs}和最小弯拉强度f_{min}必须合格,否则,应返工重铺。

路段内水泥混凝土弯拉强度评为不合格时,相应分项工程应评为不合格。

二、水泥砂浆强度试验

水泥砂浆强度以强度等级表示。它是以边长为70.7mm的正立方体标准试件,在标准养护条件下,养护28d的极限抗压强度值来确定的。在桥涵工程中,砂浆按结构物类型要求的最低强度见《道路建筑材料》教材。试件3件为1组,所取组数应符合下列规定:

(1)不同强度等级及不同配合比的水泥砂浆,应按随机取样方法分别制取试件。
(2)重要及主体砌筑物,每工作班制取2组。
(3)一般及次要砌筑物,每工作班制取1组。
(4)拱圈砂浆应同时与砌体同条件养护试件,以检查各施工阶段强度。

1.检测器具

(1)砂浆试模:70.7mm×70.7mm×70.7mm。

①无底试模,适用于稠度大于4cm的砂浆。

②有底试模,适用于稠度小于或等于4cm的砂浆。

(2)捣棒:砂浆稠度大于4cm时,用直径10~12mm的铁棒;稠度小于或等于4cm时,用特制捣棒。

2.检测步骤

(1)当采用无底试模时,将涂好油的试模置于衬有润湿纸的红砖上,砖的吸水率不大于16%,含水率不小于2%。将新拌砂浆填入试模内使稍高出试模,插捣25次至砂浆表面出现麻斑后,将多余砂浆刮平。

当采用有底试模时,砂浆分两层装入,顺着立方体一边的方向插捣6次,然后朝垂直方向插捣6次。砂浆装好15~20min后,将多余砂浆刮去。

(2)将试件置于(20±5)℃的室温内放置(24±2)h,然后对试件进行编号并拆模。试件拆模后,应在标准养护条件下继续养护至28d后,再进行抗压强度试验。

(3)标准养护的条件是:水泥混合砂浆应为温度(20±3)℃,相对湿度60%~80%;水泥砂浆应为温度(20±3)℃,相对湿度90%以上;养护期间试件彼此间隔不少于10mm。

(4)试件从养护地点取出后,应尽快进行试验,以免试件内部的湿度发生显著变化。试验前先将试件擦拭干净,测量尺寸并检查其外观。试件尺寸精确至1mm,并据此计算试件的受压面积。

(5)将试件的振捣面侧面作承压面,置于压力机上进行抗压。加荷速度为0.5~1.5kN/s(砂浆强度≤5MPa时,取下限为宜;砂浆强度>5MPa时,取上限为宜)。记录试件的破坏荷载。

3.结果计算

砂浆的极限抗压强度$R_{m,28}$按下式计算:

$$R_{\mathrm{m.28}} = \frac{P}{A} \tag{3-14}$$

式中：$R_{\mathrm{m.28}}$——砂浆立方体抗压强度(MPa)；

P——极限破坏荷载(N)；

A——受压面积(mm^2)。

4．检测记录与强度评定

(1)检测记录

格式参照表3-12。

砂浆抗压强度检测记录　　　　　　　　　表3-12

工程名称_____　　结构名称_____　　设计强度　5MPa

检验者_____　　计算者_____　　校核者_____

试样编号					试样来源			
试样名称					试样用途			
试样编号	拌制日期	试样日期	龄期(d)	最大荷载(kN)	试件尺寸(mm)	受压面积(mm^2)	抗压强度(MPa)	
							单值	平均值
①	②	③	④	⑤	⑥	⑦	⑧	⑨
			28	41.5	70.7	4998	8.3	7.4
				36.9	70.7	4998	7.3	
				37.2	70.7	4998	7.4	
				33.7	70.7	4998	6.8	
				36.5	70.7	4998	7.3	
				36.7	70.7	4998	7.3	

(2)数据处理

①以6个试件的算术平均值作为该组试件的抗压强度值，精确至0.1MPa。

②当6个试件的最大值或最小值与平均值之差超过20%时，以中间4个试件的算术平均值作为该组试件的抗压强度值。

(3)水泥砂浆强度评定

①同强度等级试件的平均强度不低于设计强度等级的1.1倍。

②任一组试件的强度最低值不低于设计强度等级的85%。

实测项目中，水泥砂浆强度评为不合格时，相应分项工程为不合格。

任务3.3　结构混凝土强度检测

对混凝土质量的监测和控制，作为结构工程质量检测手段之一，其主要的内容是现场检测混凝土的强度。

测定混凝土强度的方法按其对混凝土结构的影响程度分为破损法和非破损法。破损法以不影响结构或构件的承载能力为前提，在结构或构件上直接进行局部破坏性试验，或直接钻芯取样进行破坏性试验。主要方法有：钻芯法、拔出法、射击法等。此类方法较直观可靠，测试结果易为人们接受，但对混凝土结构会造成局部破坏，不宜大范围检测且费用较高，因而受到种种限制。本节只介绍钻孔取芯法。非破损(无损)法以混凝土强度与某些物理量之间的相关性为基础,检测时在不影响结构或构件混凝土任何性能的前提下测试这些物理量,然后根据相关关系推算被测混凝土的强度推定值。其主要方法有回弹法、超声法、超声回弹综合法、射线法、成熟度法等。此类方法所用仪器简单,操作方便,费用低廉,同时便于大范围检测,在有严格的测强曲线的条件下,其测试精度较高。

本节只介绍回弹法和超声回弹综合法。

一、回弹法测定混凝土抗压强度

回弹法是用一弹簧驱动的重锤,通过弹击杆弹击混凝土表面,并测出重锤被反弹回来的距离,以回弹值作为与强度相关的指标来推定混凝土强度的一种方法。所检测的水泥混凝土厚度不得小于100mm,温度不应低于10℃。检测结果可作为试块强度的参考,不宜作为仲裁试验或工程验收的最终依据。

水泥混凝土的回弹值是用回弹仪在混凝土表面测得,并将碳化深度修正后的回弹值,无量纲。

1. 技术规定和一般要求

(1) 只有当下列情况之一时,方可用回弹法评定混凝土强度:

①缺乏同条件试块或标准试块数量不足。

②试块的质量缺乏代表性。

③试块的试压结果不符合现行标准、规范、规程所规定的要求,并对该结果持有怀疑。

(2) 混凝土有下列情况之一时,方可按本法评定其强度:

①测试前表层遭受短期湿润的混凝土,应经风干后测试。

②遭受冻结的混凝土,应待解冻后再测试。

③蒸汽养护的混凝土,应在构件出池经自然养护14d后再测试。

④体积小、刚度差或测试部位厚度小于100mm的构件,当测试中不能确保其无颤动时,均应设置支撑加以可靠的固定后再测试。

2. 主要检测器具

(1) 混凝土回弹仪(图3-3)。

(2) 酚酞酒精溶液,浓度为1%。

(3) 钢砧。

(4) 手提式砂轮。

(5) 其他:卷尺、钢尺、凿子锤、毛刷等。

3. 回弹仪的检定与保养

(1) 回弹仪有下列情况之一时,应进行常规保养:

①弹击超过2000次。

②对检测值有怀疑时。

③在钢砧上的率定值不合格。

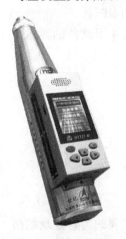

图3-3 混凝土回弹仪

(2) 回弹仪有下列情况之一时,应送检定单位检定:

①新回弹仪启用前。

②超过检定有效期限(有效期为半年)。

③累计弹击次数超过6000次。

④经常规保养后钢砧率定值不合格。

⑤遭受严重撞击或其他损害。

(3)回弹仪有下列情况之一时,应在钢砧上进行率定试验:
①进行构件测试前后,如连续数天测试,可在每天测试完毕后率定一次。
②测定过程中对回弹值有怀疑时。

率定试验宜在室温(25±5)℃条件下进行。率定时,钢砧应稳定地平放在刚度大的混凝土地坪上。回弹仪向下弹击时,弹击杆应分4次旋转90°,取连续弹击3次的稳定回弹值进行平均,弹击杆每旋转1次的率定平均值应符合80±2的要求。

(4)常规养护应符合下列要求:

使弹击锤脱钩后,取出机芯,然后卸下弹击杆、缓冲压簧、弹击锤(连同弹击拉簧和拉簧座)、刻度尺、指针轴和指针。

用清洗剂清洗机芯的中心导杆、弹击拉簧、拉簧座弹击杆及其内孔、缓冲压簧、弹击锤及其内孔和冲击面、指针块及其内孔、指针片、指针轴、刻度尺、卡环以及机壳的内壁和指针导槽等。经过清洗后的零部件,除中心导杆薄薄地抹上一层钟表油或其他无腐蚀性的轻油外,其他零部件均不得抹油。应保持弹击拉簧前端钩入拉簧座的孔位。不得旋转尾盖上已定位紧固的调零螺钉。不得自制或更换机芯部位的零件和指针轴、指针片、指针块挂钩及调零螺钉等。

4.测试技术

(1)资料准备

需进行非破损法测试的结构或构件,在检测前,应具备下列有关资料:
①工程名称及设计、施工、监理和建设单位名称。
②结构或构件名称、编号、施工图(或平面图)及混凝土强度等级。
③水泥品种、强度等级、用量、出厂厂名,砂石品种、粒径,外加剂或掺和料品种、掺量,以及混凝土配合比等。
④模板类型,混凝土灌注和养护情况,以及成型日期。
⑤结构或构件存在的质量问题,混凝土试块抗压强度试验报告等。

(2)被测结构或构件准备

①检测结构或构件时,需要布置测区,因为测区是进行测试的单元。测区布置应符合下列规定:

a.按单个构件测试时,应在构件上均匀布置测区,且不少于10个。

b.当对同批构件抽样检测时,构件抽样数不小于同批构件的30%,且不少于10件;每个构件测区数不少于10个。

c.对长度小于3m且高度低于0.6m的构件,其测区数量可适当减少,但不应少于5个。

②当按批抽样检测时,凡符合下列条件的构件,才可作为同批构件:

a.混凝土强度等级相同。

b.混凝土原材料、配合比、成型工艺、养护条件及龄期基本相同。

c.构件种类相同。

d.在施工阶段所处状态相同。

③每个构件的测区,应满足以下要求:

a.测区的布置应在构件混凝土浇灌方向的侧面。

b.测区应均匀分布,相邻两测区的间距不宜大于2m;测区离构件边缘的距离宜大于0.5m。

c.测区宜避开钢筋密集区和预埋铁件。

d.测区尺寸宜为20cm×20cm,每一测区宜测16个测点,相邻两测点间距离不宜小于3cm。

e.测试面应清洁、平整、干燥,不应有接缝、饰面层、粉刷层、浮浆、油垢、蜂窝和麻面等。必要时,可用砂轮片清除杂物和磨平不平整处,并擦净残留粉尘。

结构或构件上的测区应注明编号,并记录测区所处的位置和外观质量情况。梁、柱、墙测区布置示意如图3-4所示。

(3)回弹值的测试

用回弹仪测试时,宜使仪器处于水平方向测试混凝土浇筑的侧面,该情况下测试修正值为0。如不能满足这一要求,也可以在非水平状态测试或测试混凝土的浇筑顶面或底面,但其回弹值应进行修正。

使用时,将弹击杆顶住混凝土的表面,轻压仪器,松开按钮,弹击杆徐徐伸出,使仪器对混凝土表面缓慢均匀施压,待弹击锤脱钩冲击弹杆后即回弹,带动指针向后移动并停留在某一位置上,即为回弹值。继续顶住混凝土表面并在读取和记录回弹值后,逐渐对仪器减压,使弹击杆自仪器内伸出。改变测点重复上述操作,即可测得被测构件或结构的若干回弹值。操作中注意仪器的轴线应始终垂直于构件混凝土表面,如图3-5所示。

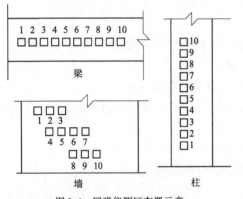

图3-4 回弹仪测区布置示意

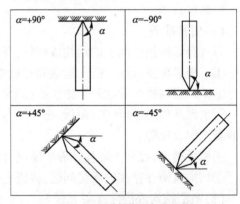

图3-5 回弹仪修正角度示意

同一测区的两个测面用回弹仪弹击8点;若一个测区只有一个测面,则需要测16点,每一测点的回弹值读数准确至1个单位。回弹测点宜在测区均匀分布,但不得打在气孔或外露石子上。同一测点只允许弹击1次。回弹仪的轴线方向应与测试面垂直。

(4)混凝土碳化深度的测试

回弹后即测量构件的碳化深度,用合适的工具在测区的表面形成直径约为15mm的孔洞(其深度略大于混凝土的碳化深度),清除洞中粉末和碎屑后(注意不能用液体冲洗孔洞),立即用酚酞酒精溶液滴在混凝土孔洞内壁的边缘处,垂直测量未变色部分的深度(未碳化部分变成玫瑰红色),该距离即为混凝土的碳化深度值,准确至0.5mm。

一个测区选择1~3处测量混凝土的碳化深度值。当相邻测区的混凝土质量或回弹值与本测区基本相同时,本测区的碳化深度值也可以代表相邻测区的碳化深度值。

(5)检测数据的处理

①测区回弹值的计算。

当回弹仪水平方向测试混凝土浇筑侧面时,应从每一测区的16个回弹值中剔除3个最大值和3个最小值,取余下的10个回弹值的平均值作为该测区的平均回弹值,取一位小数。计算公式为:

$$\overline{N}_s = \frac{\sum N_i}{10} \tag{3-15}$$

式中：$\overline{N}_s$——测区平均回弹值，计算至 0.1；

N_i——第 i 个测点的回弹值。

②测试角度修正。

当回弹仪非水平方向测试混凝土浇筑测面时，应将测得的数据按式(3-16)进行修正，计算非水平方向测定的修正回弹值，见表 3-13。

$$\overline{N} = \overline{N}_s + \Delta N \tag{3-16}$$

式中：$\overline{N}$——经非水平测定修正的测区平均回弹值；

$\overline{N}_s$——回弹仪实测的测区平均回弹值；

ΔN——由表 3-13 查出的不同测试角度的回弹修正值，准确至 0.1。

非水平方向测定的回弹修正值　　表 3-13

$\overline{N}_s$	检测角度（°）							
	+90	+60	+45	+30	-30	-45	-60	-90
20	-6.0	-5.0	-4.0	-3.0	+2.5	+3.0	+3.5	+4.0
30	-5.0	-4.0	-3.5	-2.5	+2.5	+3.0	+3.5	+4.0
40	-4.0	-3.5	-3.0	-2.0	+1.5	+2.0	+2.5	+3.0
50	-3.5	-3.0	-2.5	-1.5	+1.0	+1.5	+2.0	+2.5

③测试面修正。

当回弹仪水平方向测试混凝土浇筑表面或底面时，应将测得的数据参照式(3-15)求出测区平均回弹值 $\overline{N}_s$ 后，按下式进行修正：

$$\overline{N} = \overline{N}_s + \Delta N \tag{3-17}$$

式中：$\overline{N}_s$——回弹仪测混凝土浇筑表面或底面时测区的平均回弹值；

ΔN——按表 3-14 查出的不同浇筑面的回弹修正值。

不同浇筑面的回弹修正值　　表 3-14

$\overline{N}_s$	ΔN	
	表　面	底　面
20	+2.5	-3.0
25	+2.0	-2.5
30	+1.5	-2.0
35	+1.0	-1.5
40	+0.5	-1.0
45	0	-0.5
50	0	0

如果测试时既非水平方向，又非混凝土浇筑侧面，则应对回弹值先进行角度修正，然后进行浇筑面修正。

④碳化深度的计算。

每一测区的平均碳化深度值，按下式计算：

$$\overline{L} = \sum_{i=1}^{n} \frac{L_i}{n} \tag{3-18}$$

式中：$\overline{L}$——测区的平均碳化深度值，计算至 0.5mm；

L_i——第 i 次测量的碳化深度值(mm)；

n——测区的碳化深度值测点数。

如平均碳化深度值小于或等于0.4mm,按无碳化深度处理(即平均碳化深度为0);如大于或等于6mm,取6mm;对于龄期不超过3个月的新浇混凝土,可视为无碳化。

⑤测区混凝土强度值的确定。

根据每一测区的回弹平均值及碳化深度值,查阅专用曲线,或地区曲线,或统一曲线编制的测区混凝土强度换算表(表3-15),所查出的强度值即为该测区混凝土的强度。当强度高于50MPa或低于10MPa时,表中未列入的测区强度值,可用内插法求得。

⑥混凝土强度推算。

当需要将回弹值换算为混凝土强度时,宜采用下列方法:

a. 有试验条件时,宜通过试验建立实际的测强曲线,但测强曲线仅适用于材料质量、成型、养护和龄期等条件基本相同的混凝土。混凝土标准试块为150mm×150mm×150mm,采用1.5、1.75、2.0、2.25、2.50五个灰水比,以便得到不少于30对数据。试件与被测对象有相同的养护条件,到达龄期后,将试块用压力机加压至30~50kN稳住,用回弹仪在两侧面分别测定8个测点,按式(3-15)计算平均回弹值,然后进行抗压强度试验,建立两者关系的推定式,推定式可为直线式或其他适当的形式,但相关系数不得小于0.90。然后根据测区平均回弹值,利用测强曲线推定混凝土抗压强度。

b. 当无足够的试验数据或相关关系的推定式不够满意时,可按下式推算混凝土抗压强度:

$$R = 0.025\overline{N}^2 \tag{3-19}$$

式中:R——水泥混凝土抗压强度的推定值(MPa);

$\overline{N}$——测区混凝土平均回弹值。

c. 在没有条件通过试验建立实际的测强曲线时,每个测区混凝土的抗压强度R_{ni}按平均回弹值$\overline{N}$及平均碳化深度$\overline{L}$由表3-15查出。

⑦结构(或构件)混凝土抗压强度的推定。

a. 结构(或构件)混凝土的平均强度按下式计算:

$$\overline{R}_n = \frac{\sum R_{ni}}{n} \tag{3-20}$$

式中:$\overline{R}_n$——结构(或构件)混凝土强度的平均值(MPa),精确至0.1MPa;

R_{ni}——第i个测区结构混凝土的抗压强度(MPa);

n——测区数,对于单个评定的结构或构件,取一个试件的测区数;对于抽样评定的结构或构件,取抽检试样测区数之和。

b. 当测区数$n \geq 10$时,按下式计算标准差:

$$S_n = \sqrt{\frac{\sum_{i=1}^{n}(R_{ni} - \overline{R}_n)^2}{n-1}} \tag{3-21}$$

式中:S_n——构件混凝土强度标准差(MPa),精确至0.01MPa;

$\overline{R}_n$——同式(3-20);

R_{ni}——同式(3-20)。

⑧检测报告。

检测报告应包括:测区混凝土平均回弹值,测强曲线,回弹值与抗压强度的相关关系式、相关系数,各测区的抗压强度推定结果,推定的混凝土抗压强度平均值、标准差、变异系数。

测区混凝土抗压强度值查表3-15确定。

测区混凝土抗压强度换算

表 3-15

平均回弹值 $\bar{N}$	测区混凝土抗压强度值 R_{ni} (MPa) 平均碳化深度值 $\bar{L}$ (mm)												
	0	0.5	1	1.5	2	2.5	3	3.5	4	4.5	5.0	5.5	6
20	10.3	9.9											
21	11.4	10.0	10.5	10.1									
22	12.5	12	11.5	11	10.6								
23	13.7	13.1	12.6	12.1	11.6	10.2	9.8						
24	14.9	14.3	13.7	13.2	12.6	11.1	10.7	10.2	9.8				
25	16.2	15.5	14.9	14.3	13.7	12.1	11.6	11.2	10.7	10.3	9.8		
26	17.5	16.8	16.1	15.4	14.8	13.1	12.6	12.1	11.6	11.1	10.7	10.3	9.9
27	18.9	18.1	17.4	16.7	16	14.2	13.7	13.1	12.6	12.1	11.6	11.1	10.7
28	20.3	19.5	18.7	17.9	17.2	15.8	14.7	14.1	13.6	13	12.5	12	11.5
29	21.8	20.9	20.1	19.2	18	16.5	15.8	15.2	14.6	14	13.4	12.9	12.4
30	23.3	22.4	21.5	20.6	19.8	17.7	17	16.3	15.7	15	14.4	13.8	13.3
31	24.9	23.9	22.9	22	21.1	19	18.2	17.5	16.8	16.1	15.4	14.8	14.2
32	26.5	25.5	24.4	23.5	22.5	20.3	19.4	18.7	17.9	17.2	16.5	15.8	15.2
33	28.2	27.1	26	25	23.9	21.6	20.7	19.9	19.1	18.3	17.6	16.9	16.2
34	30	28.8	27.6	26.5	25.4	23	22	21.2	20.3	19.5	18.7	17.9	17.2
35	31.8	30.5	29.2	28.1	27	24.4	23.4	22.5	21.6	20.7	19.9	19.1	18.3
36	33.6	32.3	31	29.7	28.5	25.9	24.9	25.8	22.9	21.9	21	20.2	19.4
37	35.5	34.1	32.7	31.4	30.1	27.4	26.3	25.2	24.2	23.2	22.3	21.4	20.5
						28.9	27.8	26.6	25.6	24.5	23.5	22.6	21.7

续上表

平均回弹值 $\bar{N}$	测区混凝土抗压强度值 R_{ni} (MPa) 平均碳化深度值 $\bar{L}$ (mm)												
	0	0.5	1	1.5	2	2.5	3	3.5	4	4.5	5.0	5.5	6
38	37.5	36	34.5	33.1	31.8	30	29.3	28.1	27	25.9	24.8	23.8	22.9
39	39.5	37.9	36.4	34.9	33.5	32.2	30.9	29.6	28.4	27.8	26.2	25.1	24.1
40	41.6	39.9	38.3	36.7	35.3	33.8	32.5	31.2	29.9	28.7	27.5	26.4	25.4
41	43.7	41.9	40.2	38.6	37	35.6	34.1	32.7	31.4	30.1	28.9	27.8	26.6
42	45.9	44	42.2	40.5	38.9	37.8	35.8	34.4	33	31.6	30.4	29.1	28
43	48.1	46.1	44.3	42.5	40.8	39.1	37.5	36	34.6	33.2	31.8	30.6	29.3
44		48.3	46.4	44.5	42.7	41.1	39.5	37.9	36.4	34.9	33.3	32	30.7
45			48.5	46.6	44.7	42.9	41.1	39.5	37.9	36.4	34.9	33.5	32.1
46				48.7	46.7	44.8	43	41.3	39.6	38	36.5	35	33.6
47					48.8	46.8	44.9	43.1	41.3	39.7	38.1	36.5	35.1
48						48.8	46.8	44.9	43.1	41.4	39.7	38.1	36.6
49							48.8	46.9	45	43.1	41.4	39.7	38.1
50								48.8	46.8	44.9	43.1	41.4	39.7
51									48.7	46.8	44.9	43.1	41.8
52										48.6	46.8	44.8	43
53											48.6	46.5	44.6
54												48.3	46.4
55													48.1

二、超声回弹综合法测定水泥混凝土抗折强度

综合法测定混凝土强度的方法较多,研究与应用较广的是超声回弹综合法(非检测专业只作一般了解)。超声回弹综合法是指采用超声仪和回弹仪,在结构混凝土同一测区分别测量声时值及回弹值 N,推算该测区混凝土强度 R_n 的一种方法。与单一测试方法(如回弹法)相比,综合法具有如下优点:①减少龄期和含水率的影响;②弥补互相(指单一回弹法或超声法)不足;③提高测试精度。

采用综合法测定混凝土强度时应符合以下几个原则:

(1)单一法的仪器性能、测试技术和测试误差都应满足规定的要求。

(2)在已查明单一法测强影响因素的基础上,应当采取对测强影响较大且相反的单一法进行综合,以便抵消或减少一些影响因素。

(3)综合法应比单一法具有较小的测试误差和较宽的适用范围。

(4)综合法适用于确定内部无缺陷部位的混凝土强度。

(一)仪器设备

1. 主要仪器设备简介

(1)回弹仪、钢砧、钢尺。

(2)混凝土超声仪。其主要由电脉冲发生器、一对换能器、一个放大器和测量由发射换能器发出电脉冲的始点起到接收换能器接收到脉冲始点止的时间间隔的电子计时装置等组成。发射换能器发射的超声波经耦合进入混凝土,在混凝土中传播后,被接收换能器所接收并转换成电信号,电信号被送至超声波仪,经放大后显示在示波屏上,同时测量超声波有关参数,如声传播时间(声时)、接收波振幅(波幅)、频率等。

不论哪一种型号的超声仪,都应满足以下要求:

①具有波形清晰、显示稳定的示波装置。声时可测量范围应为 $0.5 \sim 9999\mu s$,测试精度为 $0.1\mu s$。

②数字显示稳定,声时显示调节在 $20 \sim 30\mu s$ 范围内时,2h 内声时显示漂移不得大于 $\pm 0.2\mu s$。

③仪器接收放大频率响应范围(频率)应有足够的宽度,一般应不小于 $10 \sim 200kHz$。

④仪器宜具有示波屏显示波形和游标测读功能,以便较准确地测读声时、振幅及频率等参数。采用整形自动测读时,检测混凝土测距不宜超过 $1m$(以软件判别方法自动测读的智能超声仪除外)。

⑤适用于一般现场测试情况下的温度、电源变化条件。

2. 超声仪的使用与保养

(1)使用前务必了解仪器特性,仔细阅读使用说明书后再开机。

(2)注意使用环境。在潮湿、烈日、灰尘环境中使用时,应采取保护措施。

(3)环境温度不能太高或太低,一般在温度为 $10 \sim 40℃$ 范围内使用。

(4)超声仪使用时应避开干扰源,如电焊机、电锯、电台及其他强磁场。

(5)仪器应放置在通风、干燥、阴凉的环境中保存。长期不用时,应定期开机驱潮,尤其是在南方梅雨季节。

(6)仪器发射插座有脉冲高压,接换发射换能器应将发射击电压旋至在零伏挡或关机后进行。

(7)换能器内压电陶瓷易碎、易粘接脱落,切忌敲打。

(8)普通换能器不防水,不能在水中使用。孔中用换能器虽有防水层,但连接处常因扰动而损坏,使用中应注意。

(二)检测技术

1. 资料准备

回弹法中已介绍。

2. 测区测点的布置

(1)按规定随机选择的水泥混凝土板,将每一块水泥混凝土路面板作为一个试样,均匀布置10个测区,每个测区不宜小于150mm×550mm,测试面应清洁、干净、平整,不得有蜂窝、麻面,对浮浆和油垢以及粗糙处应清洗或用砂轮片磨平,并擦净残留粉尘。

(2)每个测区的测点宜在测区范围内均匀分布,但不得布置在气孔或外露石子上,相邻两测点的距离不宜小于30mm。

3. 测试技术

(1)回弹值及碳化深度值的测量与计算,在回弹法测定混凝土抗压强度中已介绍。

(2)声学参数测摄。

①声时值的测量。测量前应视测距大小将仪器的发射电压器调在某一挡。将仪器"增益"调至较大位置保持不动。仪器接通电源前应检查电压,接上电源后,仪器宜预热10min对仪器进行标定。换能器与标定棒应耦合良好,对于有示波器的应将首波波幅调节至30～40mm,并将游标调至首波起始位置后测读声时值。对于有调零装置的仪器,应调节零电位器以扣除初读数。

声时值测量时,测点布置在回弹测试的同一测区内。先在测点处涂少许耦合剂(如黄油、凡士林等),再将发射与接收换能器分别耦合在测区同一测点对应位置上,且发射与接收换能器应在同一轴线上(即对测),如图3-6a)所示;或发射与接收换能器轴线互相平行,且两换能器间隔为定值(即平测),如图3-6b)所示。每个测区内的相对测试面上,应各布置3个测点。每测点测试时均应将接收信号的首波波幅调整好,并将游标调至首波前沿基线弯曲的起始位置,可读取声时值(精确到0.1μs),并记录该测点的声时值。对特殊构件应准确量取两换能器间的距离以确定测距。具体步骤如下:

a. 在进行回弹测试的同一测区内布置三条轴线,见图3-7,作为换能器布置区。

b. 在换能器放置处抹上耦合剂。

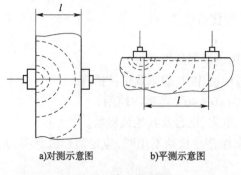

图3-6 声时值测量
a)对测示意图　b)平测示意图

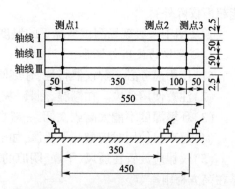

图3-7 换能器布置(尺寸单位:mm)

c. 将换能器分别放置轴线Ⅰ的1点及2点处,换能器与路面混凝土应充分接触,耦合良好,发射和接收两换能器直径与测轴线重合,边缘与测距相切。超声波振幅应调到规定振幅。测读声时 t_{11},准确至 $0.1\mu s$。

d. 1 点处的换能器不动,将放置在 2 点处的换能器移至 3 点处,再测读声时为 t_{12},准确至 $0.1\mu s$。

e. 按上述方法测量轴线 Ⅱ、Ⅲ,分别得声时 t_{21}、t_{22}、t_{31}、t_{32}。

②波幅测量。波幅测量时,应在保持换能器良好耦合状态下采用下列两种方法之一进行读取:

a. 刻度法:将衰减固定在某一衰减位置,从仪器示波屏上读取首波幅度(格数)。

b. 衰减值法:采用衰减器将波幅调至一定高度(如 5mm 或刻度一格),读取衰减器上的 dB 值。

③频率测量。频率测量时,应先将游标脉冲调至首波前半个周期的波谷(或波峰),读取声时值 t_1(μs),再将游标脉冲调至相邻的波谷(或波峰),读取声时值 t_2(μs),由此即可按下式计算出第 i 点第一周期波的频率:

$$f_i = \frac{1000}{t_1 - t_2} \tag{3-22}$$

④波形观察。主要观察接收信号的波形是否畸变或包络线的形状,必要时可描绘或拍照。仪器使用完毕,应及时做好清理工作,换能器应擦拭干净单独存放。换能器的耦合面应避免磨损。

4. 计算

(1)声速值按下式计算:

$$v_{i1} = \frac{350}{t_{i1}} \tag{3-23}$$

$$v_{i2} = \frac{450}{t_{i2}} \tag{3-24}$$

$$v_i = \frac{v_{i1} + v_{i2}}{2} \tag{3-25}$$

$$v = \frac{v_1 + v_2 + v_3}{3} \tag{3-26}$$

式中:v_{i1}——第 i 条轴线 1 点与 2 点 350mm 测距声速(km/s),$i = 1 \sim 3$;

v_{i2}——第 i 条轴线 1 点与 3 点 450mm 测距声速(km/s),$i = 1 \sim 3$;

v_i——第 i 条轴线平均声速(km/s),$i = 1 \sim 3$;

v——测区平均声速(km/s),精确至 0.01;

t_{i1}——第 i 条轴线 350mm 测距声时(μs);

t_{i2}——第 i 条轴线 450mm 测距声时(μs)。

当三条测轴线平均声速中有两条测轴线平均声速与测的平均声速之差不超过测区平均声速的 15% 时,该测区检测结果无效。

(2)测区回弹值按前面所述方法计算,并按下式对实测回弹值进行碳化深度修正计算:

$$N' = 0.8795\overline{N} - 1.4443L + 4.48 \tag{3-27}$$

式中:N'——修正后的测区回弹值,当 $L = 0$ 时,$N' = \overline{N}$;

$\overline{N}$——实测的测区平均回弹值;

L——碳化深度(mm)。

5.混凝土抗折强度推算

(1)测强曲线方程的确定

建立专用测强曲线方程。取用与路面混凝土相同的原材料,设计几种不同水灰比的混凝土配合比(一般设计 4 种配合比,其中包括路面施工时的配合比),对每种配合比制成 150mm×150mm×550mm 的梁式试件(不少于 6 个),在标准条件下养护 28d 后,按上述方法进行超声及回弹检测,并按水泥混凝土试验规程进行抗折强度试验,再用二元非线性方程按下式确定回归系数,得出测强曲线方程,相对标准误差 e 应不大于 12%。

$$R_f = av^b e^c N \tag{3-28}$$

式中:R_f——混凝土抗折强度(MPa);

v——超声声速(km/s);

N——修正后的回弹值;

$a、b、c$——回归系数;

e——相对标准误差(%),可按下式计算:

$$e = \sqrt{\frac{\sum (R'_{fi}/R_{fi} - 1)^2}{n-1}} \times 100\% \tag{3-29}$$

式中:R'_{fi}——第 i 块试件实测抗折强度(MPa);

R_{fi}——第 i 块试件由超声—回弹推算的抗折强度(MPa);

n——试件数(按块计)。

(2)混凝土路面抗弯强度推定

每一段中每一幅为一个单位作为抗折强度评定对象;评定抗弯强度第一条件和第二条件值按下两式计算:

$$R_{n1} = 1.18(\bar{R}_n - K \cdot S_n) \tag{3-30}$$

$$R_{n2} = 1.18(R_{fi})_{min} \tag{3-31}$$

以第一条件值和第二条件值中的较小者作为混凝土抗弯强度评定值 R_n。

$$R_n = \{R_{n1}, R_{n2}\} \tag{3-32}$$

上述式中:R_{n1}——抗弯强度第一条件值(MPa),准确至 0.1MPa;

R_{n2}——抗弯强度第二条件值(MPa),准确至 0.1MPa;

S_n——抗弯强度标准差(MPa),准确至 0.1MPa,可按下式计算;

$$S_n = \sqrt{\frac{\sum (R_{fi})^2 - n(\bar{R}_n)^2}{n-1}} \tag{3-33}$$

K——合格率判定系数,当 $n = 10 \sim 14$,$K = 1.7$;当 $n = 15 \sim 24$ 时,$K = 1.65$;当 $n \geq 25$ 时,$K = 1.60$;

$\bar{R}_n$——抗弯强度平均值(MPa),可按下式计算,准确至 0.1MPa;

$$\bar{R}_n = \frac{1}{n} \sum R_{fi} \tag{3-34}$$

$(R_{fi})_{min}$——所有推算的抗折强度中的最小值;

n——测区数。

6.检测结果记录

检测结果见表 3-16 和表 3-17。

水泥混凝土抗折强度检测记录　　　　　　　　　　　　　　　　　　　　　表 3-16

施工单位_____　　施工日期_____　　工程名称_____　　检测单位_____
检测日期_____　　检 验 者_____　　记 录 者_____　　校 核 者_____

项目桩号	回弹值 N_i	实测回弹值	碳化深度（mm）	平均碳化深度（mm）	修正后回弹值 N	测距声时	v_{i1}（km/s）	v_{i2}（km/s）	v_i（km/s）	v（km/s）	折算抗折强度

水泥混凝土抗折强度实测表　　　　　　　　　　　　　　　　　　　　　　　表 3-17

序 号	回归波速（km/s）	回 弹 值	破坏强度（MPa）	计算强度（MPa）	误 差
1	4.738	41.4	5.85	5.81	0.006
2	4.568	37.2	5.18	4.96	0.044
3	4.448	39.1	5.08	4.95	0.026
4	4.566	27.2	4.44	4.95	−0.103
5	4.555	40.7	6.12	5.36	0.142
6	4.83	42.2	6.15	6.09	0.010
7	4.693	44.4	5.72	6.09	−0.061

以上实测表为一级公路某段水泥混凝土路面（普通硅酸盐水泥与石灰岩粗集料碎石结构，设计抗折强度为 4.5MPa），用超声回弹综合法（平测法）进行检测的摘录，仅供学生对该方法进行了解。

三、钻孔取芯法测定混凝土强度

钻孔取芯法是利用钻机，从结构混凝土中钻取芯样以检测混凝土强度或观察混凝土内部质量的方法。它对结构混凝土造成局部损伤，因此它是一种半破损的现场检测手段。

利用钻芯法检测混凝土抗压强度，无须进行某种物理量与强度之间的换算，普遍认为它是一种直观、可靠和准确的方法，但由于在检测时总是对结构混凝土造成局部损伤，而且成本较高，大量取芯往往受到一定限制。近年来，国内外都主张把钻芯法与其他非破损检测方法综合使用，一方面利用非破损法可以大量测试而不损伤结构，另一方面又可利用钻芯法提高非破损测强的精度，使两者相辅相成。

用钻芯法检测混凝土的强度、裂缝、接缝、分层、孔洞或离析等缺陷，具有直观、精度高等特点，但也有一定的局限性：

（1）钻芯时结构造成局部损伤，因而对钻芯位置的选择及钻芯数量等均受到一定限制，而且它所代表的区域也是有限的。

（2）钻芯机及芯样加工配套机具与非破损测试仪器相比，比较笨重，移动不方便，测试成本较高。

（3）钻芯后的孔洞要修补，尤其当钻断钢筋时，增加了修补工作的难度。

在正常生产情况下，混凝土结构应按《公路水泥混凝土路面施工技术细则》（JTG/T F30—2014）的要求，制作立方体标准养护试块进行混凝土强度评定和验收。只有在下列情况下才可以进行钻取芯样检测其强度，并作为处理混凝土质量事故的主要技术依据。

(1)对立方体试块的抗压强度产生怀疑。试块强度很高,而结构混凝土的外观质量很差;试块强度较低而结构混凝土外观质量较好;或者因为试块形状、尺寸、养护等不符合要求,而影响了试验结果的准确性。

(2)混凝土结构因水泥、砂石质量较差或因施工、养护不良发生质量事故。

(3)检测部位的表层与内部的质量有明显差异,或者在使用期限间遭受冻害的混凝土均可采用钻芯法测其强度。

(4)使用多年的老混凝土结构,如需加固或因工艺流程的改变导致荷载发生了变化,需要了解某些部位的混凝土强度。

(5)对施工有特殊要求的结构和构件,如路面测厚等。

(一)检测器具

1. 钻芯机

常见的钻芯机有:轻便型取芯机(钻芯直径12~75mm)、轻型钻机(钻芯直径12~200mm)、重型钻机(钻芯直径200~450mm)和超重型钻机(钻芯直径330~700mm)。为了满足钻孔和取芯工作的需要,不论哪种钻芯机都应具备以下5个基本功能:

(1)向钻芯头传递压力,推动钻头前进或后退。

(2)驱动钻头旋转,并应具有一定范围的转速,以便保证所需要的线速度。

(3)为了冷却钻头及冲洗钻孔过程中产生的磨削碎屑,应不断供给冷却水。

(4)钻机应具有足够的刚性和稳定性。

(5)钻机移动、安装和拆卸方便。

2. 芯样切割机

当检测混凝土强度时,应将芯样用切割机加工成具有一定尺寸的抗压试件。切割方式可分为两种类型,一种是圆锯片不移动,但工作台可以移动;另一种是锯片平行移动,工作台不动。

3. 人造金刚石空心薄壁钻头

空心薄壁钻头主要由钢体和胎环部分组成。钢体一般由无缝钢管车制而成。钻头的胎环是由钢系、青铜系、钨系等冶金粉末和适量的人造金刚石浇铸成型。在胎环上加工若干排水槽(一般称"水口")。钻头与钻孔机的连接方式,主要由钻头的直径和钻机的构造决定。一般可分为柄式连接式、螺纹连接式和卡连接式三种。

4. 压力试验机

压力试验机应能够满足试件破坏吨位要求。

(二)钻芯前的准备

1. 调查了解工程质量情况

(1)工程名称或代号,以及设计、施工、建设单位名称。

(2)结构或构件种类、外形尺寸及数量。

(3)混凝土强度等级、混凝土的成型日期、所用的水泥品种、粗集料粒径、砂石产地及配合比等。

(4)混凝土试块的抗压强度。

(5)结构或构件的现场质量状况以及施工或使用中存在的质量问题。

(6)有关的结构设计图和施工图。

2. 钻芯机具准备及钻头直径的选择

一般根据被测构件的体积及钻取部位确定钻芯的深度。据此选择合适的钻机及钻头。

应根据检测的目的选择适宜尺寸的钻头。当钻取的芯样是为了进行抗压强度试验时,则芯样的直径与混凝土粗集料粒径之间应保持一定的比例关系。一般情况下,芯样直径为粗集料的 3 倍。在钢筋过密或因取芯位置不允许钻取较大芯样的特殊情况下,钻芯直径可为粗集料的 2 倍。在工程中的梁、柱、板、基础等现浇混凝土结构中,一般使用粗集料的最大粒径为 32mm 或 40mm,这样采用内径为 100mm 或 150mm 的钻头已可满足要求。

3. 芯样数量的确定

取芯的数量,应视检测的要求而定。进行强度检测时,一般可分为以下两种情况:

(1)单个构件进行强度检测时,在构件上的取芯个数一般不少于 3 个;当构件的体积或截面积较小时,取芯过多会影响结构承载能力,这时可取 2 个。

(2)对构件某一指定局部区域的质量进行检测时,取芯数量应视这一区域的大小而定,如某一区域遭受冻害、火灾、化学腐蚀或质量可疑等情况,这时检测结果仅代表取芯位置的质量,而不能据此对整个构件或结构物强度作出整体评价。至于检查内部缺陷的取芯试验,更应视具体情况而定。

4. 取芯位置的选择

取芯时会对结构混凝土造成局部损伤,因此在选择芯样位置时要特别慎重。其原则是:应尽量选择在结构受力较小的部位。对于一些重要构件或者一些构件的重要区域,尽量不在这些部位取芯,以免对结构安全造成不利影响。

在一个混凝土构件中由于施工条件、养护情况及不同位置的影响,各部分的强度并不是均匀一致的。在选择钻芯位置时,应考虑这些因素,以使取芯位置混凝土的强度具有代表性。如有条件时,应首先对结构混凝土进行超声或超声回弹综合法测试,然后根据检测目的与要求来确定钻芯位置。

(三)检测技术

1. 芯样钻取

混凝土芯样的钻取是钻芯测强过程的首要环节,是技术性很强的工作。芯样质量的好坏、钻头和钻机的使用寿命以及工作效率,都与操作者的熟练程度和经验有关。因此,熟练的操作,合理调节各部位装置,将会获得较好的钻取效果。

先将钻机安放稳固(钻机的稳固定方法有配重法、真空吸附法、顶杆支撑法和膨胀螺栓法等)并调至水平后,安装好钻头,接通水源,起动电动机,然后操作加压手柄,使钻头慢慢接触混凝土表面。当混凝土表面不平时,下钻更应特别小心,待钻头入槽稳定后,方可适当加压进钻。

在进钻过程中,应保持冷却水的畅通,水流量宜为 3~5L/min,出口水温不宜过高。冷却水的作用:一是防止金刚石温度升高烧毁钻头,二是及时排除钻孔中产生的大量混凝土碎屑,以利钻头不断切削新的工作面和减少钻头的磨损。水流量的大小与进钻速度和直径成正比,以达到料屑能快速排出又不致四处飞溅为宜。当钻头钻至芯样要求长度后,退钻至离混凝土表面 20~30mm 时停电停水,然后将钻头全部退出混凝土表面。如停电停水过早,则容易发生卡钻现象,尤其在深孔作业时更应特别注意。

移开钻机后,用带弧度的钢钎插入圆形槽并用锤敲击,此时由于弯矩的作用,芯样在底部与结构断离,然后将芯样提出。取出的芯样应及时编号,并检查外观质量情况,做好记录后,妥善保管,以备割成标准尺寸的芯样试件。

为了保证安全操作,取芯机操作人员必须穿戴绝缘鞋及其他防护用品。

2. 芯样加工

(1)芯样尺寸要求及测量方法

①平均直径。在钻芯过程中,由于受到钻机振动钻头偏摆等因素的影响,沿芯样高度的任一直径并不是均匀一致的,也就是说同一芯样其直径有的部位大、有的部位小。为了方便计算芯样的截面积,以平均直径计算。测量平均直径[图3-8d)]用游标卡尺测量芯样中部,在互相垂直的两个位置上取其两次测量的算术平均值作为平均直径。测量精度为0.5mm。对于直径为φ100mm的芯样,当直径测量误差为0.5mm时,芯样的截面积误差只有0.89%,对抗压强度的计算影响不大。当沿芯样高度任一直径与平均直径相差达2mm以上时,由于对抗压强度的影响难以估计,故这样的芯样不能作为抗压试件使用。

②芯样高度[图3-8a)]。通常采用高径比为2的圆柱体作为混凝土抗压试验的标准圆试件,其他尺寸或高径比的芯样统称为非标准圆试件。由于芯样尺寸(主要指高度)对抗压强有较大影响,当采用非标准圆试件时,其抗压强度必须乘以相应的修正系数(表3-18)后才能换算成标准圆试件的强度。

抗压强度尺寸修正系数　　　　表3-18

高径比(h/d)	修正系数	说明
2.00	1.00	当h/d为表列中间值时,修正系数可用内插法求得
1.75	0.98	
1.50	0.96	

③端面平整度。芯样端面与立面方体试块的侧面一样,是进行抗压强度试验时的承压面,其平整度对抗压强度影响很大。端面不平时,向上引起的应力集中比向下更为剧烈,如同劈裂抗拉强度破坏一样,强度下降更大。当中间凸出1mm时,其抗压强度只有平整试件的1/2左右,因此国内外标准对芯样端面平整度有严格要求。测量端面平整度[图3-8b)]是用钢板尺紧靠在芯样端面上,一面转动钢板尺,一面用塞尺测量与芯样之间的缝隙,在100mm长度范围内不超过0.05mm为合格。

④垂直度。芯样两个端面应互相平行且应垂直于轴线。芯样端面与轴线间垂直度偏差过大,抗压时会降低强度,其影响程度还与试验机的球座及试件的尺寸有关。大部分的规定是垂直度偏差不得超过±1°。垂直度测量[图3-8c)]方法是,用游标量角器分别测量两个端面与轴线间的夹角,在(90±2)°时为合格,测量精度为0.1°。承压线凹凸不应大于0.25mm。

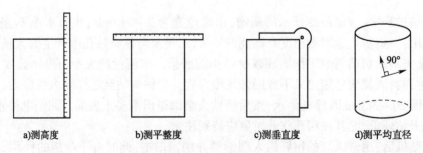

a)测高度　　b)测平整度　　c)测垂直度　　d)测平均直径

图3-8 芯样尺寸测量示意图

(2）芯样切割加工与端面修整

①芯样切割。采用切割机和人造金刚石圆锯片进行切割加工。芯样切割部位的选择和切割机操作正确与否,是保证芯样切割质量的重要环节。芯样加工时切除部分和保留部分应根据检测的目的确定。一般情况下,应将影响强度试验的缺边、掉角、孔洞、疏松层、钢筋等部分切除,但是,在一些特殊情况下,如为了检测混凝土受冻或疏松层的强度时,在切割加工中要注意保留这一部分混凝土。为了抗压强度试验的方便,在满足试件尺寸要求的前提下,同一批试件应尽可能切割成同样的高度。

②芯样端面修整。芯样在锯切过程中,由于受到振动,因夹持不紧或圆锯片偏斜等因素的影响,芯样端面的平整度及垂直度很难完全满足试件尺寸的要求。此时,需采用专用机具进行磨平或补平处理。芯样端面修整基本可分为:磨平法和补平法两种方法。磨平法是在磨平机的磨盘上撒上金刚石砂粒(或直接用金刚石磨轮)对芯样两端进行磨平处理,或采用金刚石车刀在车床上对芯样端面进行车光处理,直到平整度及垂直度达到要求时为止。补平法是用补平材料对芯样端面进行修整,补平材料可采用硫黄、硫黄胶泥、硫黄砂浆、水泥净浆、水泥砂浆等。

芯样直径两端侧面测定钻取后芯样的高度及端面加工或端面加工后的高度,其尺寸差应在 0.25mm 之内。

(四)抗压强度试验

芯样在进行抗压强度试验时,可分潮湿状态和干燥状态两种试验状态。在干燥状态下试验的试件,通常比经过浸湿的芯样强度高。为了使芯样试件与被测结构混凝土的湿度基本一致,在钻芯法规程中,规定了芯样试件可在两种湿度状态下进行试验:如被测结构工作条件比较干燥,芯样试件应以自然干燥状态进行试验;如被测结构工作条件比较潮湿,芯样试件应以潮湿状态进行试验。此外,统一了试验标准并规定了试验状态条件;在干燥状态进行试验时,芯样试件在受压前,应在室内自然干燥3d;潮湿状态进行试验时,芯样试件应在 (20 ± 2)℃ 的清水中浸泡 40~48h。抗压试验用的试件长度(端面加工后)不应少于直径的 0.95 倍,也不应大于直径2.1倍。芯样端面必须平整,必要时,应磨平或用抹顶补平等方法处理。

1. 抗压强度试验步骤

(1)取出试件,清除表面污垢,擦去表面水分,仔细检查后,在其中部量出高度和宽度,精确至1mm。在准备过程中,要求保持试件温度无变化。

(2)在压力机下、压板上放好试件,几何对中球座,试件最好放在试件顶面并凸面朝上。

(3)加荷速度:强度等级低于C30的混凝土,取 0.3~0.5MPa/s;强度等级不低于C30的混凝土,则取 0.5~0.8MPa/s。当试件接近而开始迅速变形时,应停止调整试验机油门,直至试件破坏,记下最大荷载。

2. 记录计算

混凝土芯样抗压强度 R_c 按下式计算：

$$R_c = \frac{P}{A} = \frac{4P}{\pi d_m^2} \tag{3-35}$$

式中:R_c——混凝土芯样抗压强度(MPa),精确至0.1MPa;

P——极限荷载(N);

A——受压面积(mm^2);

d_m——芯样截面的平均直径(mm)。

圆柱体试件与方块试件抗压强度关系见表3-19。

圆柱体试件与方块试件抗压强度关系 　　　　　表3-19

混凝土强度等级	28d 抗压强度(MPa)	
	圆柱体 φ150mm×300mm	方块 150mm×150mm×150mm
C2/2.5	2.0	2.5
C4/5	4.0	5.0
C6/7.5	6.0	7.5
C8/10	8.0	10.0
C10/12.5	10.0	12.5
C16/20	10.0	20
C20/25	20.0	25.0
C25/30	25.0	30.0
C30/35	30.0	35.0
C35/40	35.0	40.0
C40/45	40.0	45.0
C45/50	45.0	50.0
C50/55	50.0	55.0

注：本表遇中间值换算时，可直线插入。

(五)钻孔取芯法测定水泥混凝土路面劈裂抗拉强度

用钻孔取芯法测定混凝土路面劈裂抗拉强度的仪器设备有：压力机、钻孔取芯机、切割机、磨平机、劈裂夹具、木质三合板热条。试验装置示意见图3-9。

1. 芯样钻取及试件加工

要求及方法同前所述，但芯样长度应与路面厚度相等。

2. 检查

(1)外观检查：每个芯样应详细描述有关裂缝、接缝、分层、麻面或离析等不均匀性，必要时应记录以下事项。

①集料情况：估计集料的最大粒径、形状及种类，粗、细集料的比例和级配。

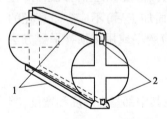

图3-9　芯样劈裂试验装置示意
1-定位架；2-垫条

②密实性：检查并记录存在的气孔，气孔的位置、尺寸与分布情况，必要时应拍下照片。

(2)测量：同前所述。

3. 劈裂抗拉强度检测步骤

(1)试件制作、试件湿度控制均同前所述。

(2)检测步骤如下：

①将试件、劈裂夹具、垫条和垫层(图3-9)放在压力机上，借助夹具两侧杆，将试件对中。

②开动压力机，当压力机压板与夹具垫条接近时，调整球座，使压力均匀接触试件。当压力加到5kN时，将夹具的侧杆抽出，以60N/s左右的速度连续、均匀加荷，直至试件劈裂为止，记下破坏荷载，精确至0.01kN。

4.检测结果计算

芯样劈裂抗拉强度 R_{ct} 按下式计算:

$$R_{ct} = \frac{2P}{A\pi} = \frac{2P}{\pi d_m \times L_m} \tag{3-36}$$

式中:R_{ct}——芯样劈裂抗拉强度(MPa),精确至 0.1MPa;

P——极限荷载(N);

A——芯样劈裂面面积(mm^2);

d_m——芯样截面的平均直径(mm);

L_m——芯样平均长度(mm)。

任务3.4 沥青混合料稳定性检测

沥青混合料是一典型的流变性材料,它的强度和劲度模量随温度升高而降低,所以沥青路面在夏季高温时,在重交通荷载重复作用下,由于交通的渠化,在轮迹带逐渐形成中间下凹、两侧鼓起的变形,称为"车辙"。这是现代高等级沥青路面常见的病害。

沥青混合料高温稳定性是指沥青混合料夏季高温(通常为60℃)条件下,经车辆荷载长期重复作用后,不产生车辙和波浪等病害的性能。

我国现行规范规定,用马歇尔稳定度试验进行沥青混合料级配设计。对高速公路、一级公路、城市快速路、主干路用沥青混合料,还应通过车辙试验动稳定度指标检验其抗车辙性能。

一、沥青混合料热稳定性检测

(一)车辙试验用试件制作

1.试件

车辙试验用的试件是采用轮碾法制成的尺寸为 300mm×300mm×50mm 的板块试件。

2.试件制作器具

(1)轮碾成型机:轮碾成型机具有圆弧形碾压轮,轮宽300mm,压实线荷载300N/cm,碾压行程等于试件长度,碾压后试件可达到马歇尔试验标准击实密度的(100±1)%。

当无轮碾成型机时,可用手动碾代替,手动碾轮宽与试件宽相等。备有10kg砝码5个,以调整载重(手动碾成型的试件厚度不大于50mm)。

(2)试验室用沥青混合料拌和机:能保证拌和温度并充分拌和均匀,可控制拌和时间,宜采用容量大于30L的大型沥青混合料拌和机,也可采用容量大于10L的小型拌和机。

(3)试模:由高碳钢或工具钢制成,内部平面尺寸为300mm×300mm,高50mm。根据需要,试模深度及平面尺寸可以调整,以制备不同尺寸的板块状试件。

(4)手动碾压成型车辙试件的试模框:钢板制,内部尺寸平面能与试模边缘齐平。

(5)烘箱:大、中型各一台,装有温度调节器。

(6)台秤、天平或电子秤:称量5kg以上的分度值1g;称量5kg以下时,用于称量矿料的分度值不大于0.5g,用于称量沥青的分度值不大于0.1g。

(7)沥青运动黏度测定设备:毛细管黏度计或赛波特黏度计。

(8)小型击实锤:钢制,端部断面80mm×80mm,厚10mm,带手柄,总质量0.5kg左右。

(9)温度计:分度值不大于1℃。用于测量沥青混合料温度的温度计宜采用金属插杆的热电偶沥青温度计,金属插杆不小于300mm,量程0~300℃,数字显示或度盘指针的分度1℃,宜有留置读数功能。

(10)其他:电炉或煤气炉、沥青熔化锅、拌和铲、标准筛、滤纸、胶布、卡尺、秒表、粉笔、垫木、棉纱等。

3. 制作方法

(1)按马歇尔稳定度试件成型方法,确定沥青混合料的拌和温度和压实温度。

(2)将金属试模及小型击实锤等置于约100℃的烘箱中加热1h备用。

(3)称出制作一块试件所需要的各种材料的用量。先按试件体积(V)乘以马歇尔稳定度击实密度ρ_0,再乘以系数1.03,即得材料总用量($m = V \cdot \rho_0 \times 1.03$),再按配合比计算出各种材料用量,分别将各种材料放入烘箱中预热备用。

(4)将预热的试模从烘箱中取出,装上试模框架。在试模中铺一张普通纸(可用报纸),使底面及侧面均被纸隔离。将拌和好的全部沥青混合料,用小铲稍加拌和后均匀地沿试模由边至中按顺序装入试模,中部要略高于四周。

(5)取下试模框架,用预热的小型击料锤由边至中压实一遍,整平成凸圆弧形。

(6)插入温度计,待混合料冷却至规定的压实温度(为使冷却均匀,试模底下可用垫木支起)时,在表面铺一张普通纸。

(7)当用轮碾机碾压时,宜先将碾压轮预热至100℃左右(如不加热,应铺牛皮纸)。然后,将盛有沥青混合料的试模置于轮碾机的平台上,轻轻放下碾压轮,调整总荷载为9kN(线荷载300N/cm)。

(8)起动轮碾机,先在一个方向碾压2个往返(4次),卸荷,再抬起碾压轮,将试件调转方向,再加相同荷载碾压至马歇尔标准密实度(100±1)%为止。试件正式压实前,应经试压,确定碾压次数,一般12个往返(24次)左右可达要求。如试件厚度大于100mm,必须分层碾压。

(9)当用手动碾碾压时,先用空碾碾压,然后逐渐增加砝码荷载,直至将5个砝码全部加上,压实至马歇尔标准密实度(100±1)%为止。碾压方法及次数应由试压决定,并压至无轮迹为止。

(10)压实成型后,揭去表面的纸,用粉笔在试件表面标明碾压方向。

(11)盛有压料试件的试模,置室温下冷却,至少12h后方可脱模。

(二)沥青混合料车辙试验

沥青混合料车辙试验是用一块碾压成型的板块试件(通常尺寸为300mm×300mm×50mm),在规定温度条件(通常为60℃)下,以一个轮压为0.7MPa的实心橡胶轮胎在其上行走;测量试件变形稳定期时,每增加1mm变形需要行走的次数,即称为"动稳定度",以"次/mm"表示。

动稳定度是评价沥青混凝土路面高温稳定性的一个指标,也是沥青混合料配合比设计时的一个辅助性检验指标。

1. 试验仪具

(1)车辙试验机。其主要由以下部分组成:

①试件台。可牢固地安装两种宽度(300mm和150mm)的规定尺寸试件的试模。

②试验轮。橡胶制的实心轮胎,外径ϕ200mm,轮宽50mm,橡胶层厚15mm。橡胶硬度

(国标标准硬度)20℃时为84±4,60℃时为78±2。试验轮行走距离为(230±10)mm,往返碾压速度为(42±1)次/min(21次往返/min)。允许采用曲柄连杆驱动试验台运动(或试验台不动)的任一种方法。

③加载装置。使试验轮与试件的接触压强在60℃时为(0.7±0.05)MPa,施加的总荷载约为780kN,可以根据需要调整。

④试模。钢板制成,由底板及侧板组成,试模内侧尺寸为300mm×300mm,厚为50mm。

⑤变形测量装置。自动检测车辙变形并记录曲线的装置,通常用LVDT、电测百分表或非接触位移计。

⑥温度检测装置。自动控制检测并记录试件表面及恒温室内温度的温度传感器、温度计(精度0.5℃)。

(2)恒温室。车辙试验机安放在恒温室内,装有加热器、气流循环装置及自动温度控制设备,能保持恒温室温度(60±1)℃[试件内部温度(60±0.5)℃],根据需要亦可调成其他需要的温度。用于保温试件并进行检验,温度应能自动连续记录。

(3)台秤。称量15kg,分度值不大于5g。

2. 试验方法

(1)测定试验轮压强[应符合(0.7±0.05)MPa],将试件装于原试模中。

(2)将试件连同试模一起,置于达到试验温度(60±1)℃的恒温室中,保温时间不少于5h,也不得多于24h。在试件的试验轮不行走的部位上,粘贴一个热电偶温度计,控制试件温度稳定在(60±0.5)℃。

(3)将试件连同试模置于车辙试验机的试件台上,试验轮在中央部位,其行走方向需与试件碾压方向一致。打开车辙变形自动记录仪,然后起动试验机,使试验轮往返行走,时间约1h,或最大变形达到25mm为止。试验时,记录仪自动记录变形曲线(图3-10)及试件温度。

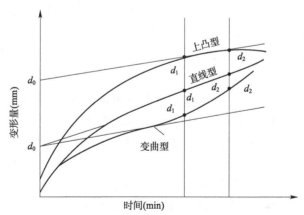

图3-10 车辙试验变形曲线

对300mm宽且试验时变形较小的试件,也可对一块试件相邻两侧1/3位置处进行两次试验取平均值。

(4)计算结果。

①从图3-10上读取45min(t_1)及60min(t_2)时的车辙变形d_1及d_2,精确至0.01mm。如变形过大,在未到60min变形已达25mm时,则以达到25mm(d_2)时的时间为t_2,将其前15min为t_1,此时的变形量为d_1。

②沥青混合料试件的动稳定度按下式计算：

$$D_s = \frac{(t_1 - t_2) \times 42}{d_1 - d_2} \times c_1 \times c_2 \tag{3-37}$$

式中：D_s——沥青混合料的动稳定度（次/mm）；
　　d_1——时间 t_1（一般为 45min）的变形量（mm）；
　　d_2——时间 t_2（一般 60min）的变形量（mm）；
　　42——试验轮每分钟行走次数（次/min）；
　　c_1——试验机类型修正系数，曲柄连杆驱动试件的变速行走方式为 1.0，链驱动试验轮的等速行车方式为 1.5；
　　c_2——试件系数，试验室制备的宽 300mm 的试件为 1.0，从路面切割的宽 150mm 的试件为 0.8。

（5）数据处理。

①同一沥青混合料或同一段的路面，至少取 3 个试件。当 3 个试件动稳定变异系数小于 20% 时，取其平均值作为试验结果。变异系数大于 20% 时应分析原因，并追加试验。如计算动稳定值大于 6000 次/mm 时，记作 ">6000 次/mm"。

②试验报告应注明试验温度、试验轮接地压强、试件密度、空隙率及试件制作方法等。重复性试验动稳定变异系数的允许值为 20%。

二、沥青混合料水稳定性检测

由水引起的沥青路面损坏通称水损坏。就评价沥青路面水稳性方面，通常采用的方法分为两大类：第一类是沥青与矿料的黏附性试验，这类试验方法主要是用于判断沥青与粗集料（不包含矿粉）的黏附性，属于这类试验方法的有水煮法和静态浸水法；第二类是沥青混合料的水稳性试验，这类试验方法适用于级配矿料与适量沥青拌和成混合料、制成试样后，测定沥青混合料在水的作用下力学性质发生变化的程度，这类试验方法模拟沥青在路面实际使用过程中的状态。测试方法有浸水马歇尔试验、真空饱水马歇尔试验以及冻融劈裂试验。

（一）沥青与矿料的黏附性检测

1. 目的和适用范围

（1）沥青与矿料黏附性试验是根据沥青黏附在粗集料表面的薄膜在一定温度下，受水的作用产生剥离的程度，以判断沥青与集料表面的黏附性能。

（2）本方法适用于测定沥青与矿料的黏附性及评定集料的抗水剥离能力。根据沥青混合料的最大集料粒径，对于大于 13.2mm 及小于（或等于）13.2mm 的集料分别选用水煮法或水浸法进行试验。对同一种料源既有大于又有小于 13.2mm 不同粒径的集料时，取大于 13.2mm 水煮法试验为标准，对细粒式沥青混合料以水浸法试验为标准。

2. 仪具与材料

（1）天平：称量 500，精度不大于 0.01g。
（2）恒温水槽：能保持温度（80±1）℃。
（3）拌和用小型容器 5mL。
（4）烧杯：100mL。
（5）试验架。
（6）细线：尼龙线或棉线、铜丝线。

(7)铁丝网。

(8)标准筛:9.5mm、13.2mm、19mm 各1个(也可用圆孔筛10mm、15mm、25mm代替)。

(9)烘箱:装有自动温度调节器。

(10)电炉、燃气炉。

(11)玻璃板:200mm×200mm 左右。

(12)搪瓷盘:300mm×400mm 左右。

(13)其他:拌和铲、石棉网、纱布、手套等。

3. 适用于大于13.2mm 粗集料的检测方法(水煮法)

(1)准备工作

①将集料用13.2mm、19mm(或圆孔筛15mm、25mm)过筛,取粒径13.2~19mm(圆孔筛15~25mm)形状接近立方体的规则集料5个,用洁净水洗净,置于温度为(105±5)℃的烘箱中烘干,然后放在干燥器中备用。

②将大烧杯中盛水,并置于加热炉的石棉网上煮沸。

(2)检测步骤

①将集料逐个用细线在中部系牢,再置于(105±5)℃烘箱内1h。准备沥青试样。

②逐个取出加热的矿料颗粒用线提起,浸入预先加热的沥青(石油沥青130~150℃、煤沥青100~110℃)试样中45s后,轻轻拿出,使集料颗粒完全为沥青膜所裹覆。

③将裹覆沥青的集料颗粒悬挂于试验架上,下面垫一张纸,使多余的沥青流掉,并在室温下冷却15min。

④待集料颗粒冷却后,逐个用线提起,浸入装有沸水的大烧杯中央,调整加热炉,使烧杯与水保持微沸状态,但不允许有沸开的泡沫。

⑤浸煮3min 后,将集料从水中取出,观察矿料颗粒上沥青膜的剥落程度,并按表3-20评定其黏附性等级。

沥青与集料黏附性的等级评定 表3-20

试验后石料表面沥青膜剥落情况	黏附性等级
沥青膜充全保存剥离面积百分率接近于0	5
沥青膜少部分被水所移动,厚度不均匀,剥离面积百分率小于10%	4
沥青膜局部明显地被水所移动,基本保留在石料表面上,剥离面积百分率小于30%	3
沥青膜大部分被水移动,局部保留在石料上,剥离面积百分率小于30%	2
沥青膜完全被水移动,石料基本裸露,沥青全浮于水面上	1

⑥同一试样应平行试验5个集料颗粒,并由两名以上经验丰富的试验人员分别评定后,取平均等级作为试验结果。

4. 适用于小于(或等于)13.2mm 粗集料的检测方法(水浸法)

(1)准备工作

①将集料用9.5mm、13.2mm(或圆孔筛10mm、15mm)过筛。取粒径9.5~13.2mm(圆孔筛10~15mm)形状规则的集料200g,用洁净水洗净,置于温度为(105±5)℃的烘箱中烘干,然后放在干燥器中备用。

②准备沥青试样,加热至与矿料的拌和温度。

③将煮沸过的热水注入恒温水浴中,维持(80±1)℃恒温。

(2)检测步骤

①按四分法称取集料颗粒(9.5mm、13.2mm)100g 置于搪瓷盘中,连同搪瓷盘一起放入已升至沥青拌和温度以上 5℃的烘箱中持续加热 1h。

②按每 100g 矿料加入沥青(5.5±0.2)g 的比例称取沥青,准确至 0.1g,放入小型拌和容器中,一起置入同一烘箱中加热 15min。

③将搪瓷盘中的集料倒入拌和容器的沥青中后,从烘箱中取出拌和容器,立即用金属铲均匀拌和 1~1.5min,使集料完全被沥青膜裹覆。然后,立即将裹有沥青的集料取 20 个,用小铲移至玻璃板上摊开,并置于室温下冷却 1h。

④将放有集料的玻璃板浸入温度为(80±2)℃的恒温水槽中,保持 30min,并将剥离及浮于水面的沥青用纸片捞出。

⑤从水中小心取出玻璃板,浸入水槽内的冷水中,仔细观察裹覆集料的沥青薄膜的剥落情况。由两名以上经验丰富的试验人员目测,评定剥离面积的百分率,评定后取平均值表示。

为使估计的剥离面积百分率较为正确,宜先制取若干个不同剥离率的样本,用比照法目测评定。不同剥离率的样本,可用加不同比例抗剥离剂的改性沥青与酸性集料拌和后浸水得到,也可由同一种沥青与不同集料品种拌和后浸水得到,样本的剥离面积百分率逐个仔细计算得出。

⑥由剥离面积百分率按表 3-20 评定沥青与集料黏附性的等级。

试验结果应报告采用的方法及集料粒径。

(二)浸水马歇尔试验方法

(1)浸水马歇尔试验方法是沥青混合料试件在规定温度[黏稠沥青混合料为(60±1)℃]的恒温水槽中保温 48h,然后测定其稳定度。其余步骤与标准马歇尔试验方法相同。

(2)根据试件的浸水马歇尔稳定度和标准马歇尔稳定度,可按下式求得试件浸水残留稳定度:

$$MS_0 = \frac{MS_1}{MS} \times 100 \tag{3-38}$$

式中:MS_0——试件的浸水残留稳定度(%);

MS_1——试件真空浸水 48h 后的稳定度(kN);

MS——试件按标准试验方法测得的稳定度(kN)。

(三)真空饱和马歇尔试验方法

(1)真空饱和马歇尔试验方法是将试件先放入真空干燥器中,关闭进水胶管,开动真空泵,使干燥器的真空度达到 97.3kPa(730mmHg)以上并维持 15min,然后打开进水胶管,靠负压导入冷水流使试件全部浸入水中。浸水 15min 后恢复常压,取出试件再放入规定稳定度[黏稠沥青混合料为(60±1)℃]的恒温水槽中保温 48h,进行马歇尔试验。其余步骤与标准马歇尔试验方法相同。

(2)根据试件的真空饱水稳定度和标准稳定度,可按下式求得试件真空饱水残留稳定度:

$$MS_0' = \frac{MS_2}{MS} \times 100 \tag{3-39}$$

式中：MS_0'——试件的真空饱水残留稳定度(%)；
　　MS_2——试件真空饱水后浸水48h的稳定度(kN)；
　　MS——试件按标准试验方法测得稳定度(kN)。

(四)冻融劈裂试验方法

冻融劈裂试验方法是将标准件马歇尔试件分为两组：一组在25℃水温中浸泡2h后，测定劈裂抗拉强度；第二组饱水过程如下：常温下(约25℃)浸水20min，0.09MPa真空下浸水15mim后恢复常压，-18℃冰箱中放置16h，60℃水浴中恒定24h，25℃水温中浸泡2h后，测定劈裂抗拉强度。测试劈裂抗拉强度时可在马歇尔仪上各安装一根压条，压条宽度为12.7mm，内侧曲率半径为50.8mm，压条两端均应磨平。将两压条对齐进行劈裂试验，然后按下式计算劈裂抗拉强度：

$$R_{T1} = 0.006287 \frac{P_{T1}}{h_1} \qquad (3-40)$$

$$R_{T2} = 0.006287 \frac{P_{T2}}{h_2} \qquad (3-41)$$

式中：R_{T1}——第一组试件的试验荷载的最大值(N)；
　　R_{T2}——第二组试件的试验荷载的最大值(N)；
　　h_1——第一组试件的高度(mm)；
　　h_2——第二组试件的高度(mm)；
　　P_{T1}——未进行冻融循环的第一组试件的劈裂抗拉强度(MPa)；
　　P_{T2}——经受冻融循环的第二组试件的劈裂抗拉强度(MPa)。

冻融劈裂抗拉强度比 R_0，按下式计算：

$$R_0(\%) = \frac{R_2}{R_1} \times 100 \qquad (3-42)$$

其值越大，表示抗水害性能越好。

项目小结

本项目主要介绍了无机结合料无侧限抗压强度试验、水泥混凝土强度试验、水泥砂浆强度试验、结构混凝土强度的相关检测试验、沥青混合料热稳定性和水稳定性相关检测试验。它们在公路工程施工所用的材料中占很大比重，对该部分混合料的性能和质量进行控制和评价是十分必要的。

复习思考题

1. 无机结合料稳定土的无侧限抗压强度试验主要采用哪些检测器具？
2. 进行水泥混凝土强度试验时，试验机的加荷速度如何规定？
3. 水泥混凝土抗压抗折强度试验结果如何处理？
4. 简述砂浆强度检测方法。
5. 沥青混合料的热稳定性和水稳定性的检测指标是哪些？
6. 试验室常用的万能材料试验机和压力机为什么要定期标定？使用中应注意哪些问题？

7. 何谓无损测强法？哪些属于无损测强法？
8. 简述用回弹法和超声、回弹综合法测定结构混凝土强度的基本原理及强度评定方法。
9. 如何测定结构混凝土的碳化深度？
10. 试验室进行同配比的混凝土强度试验，其试验结果为($n=10$)：23.2、24.3、25.0、26.3、25.1、27.0、24.9、25.5、25.6、25.3(MPa)。若混凝土的设计强度为25MPa，该批混凝土强度是否合格？

项目4　路基路面几何尺寸及路面厚度检测

> **项目描述**

本项目主要介绍路基路面现场测试随机选点方法,路基路面几何尺寸检测,路面结构层厚度的检测。通过本项目学习,学生能正确进行路基路面现场测试随机选点;能进行路基路面几何尺寸检测;能运用挖坑法和钻孔取样法测定路面厚度,并能对测试结果进行分析和处理。

> **教学目标**

1. 知识目标
(1)熟悉路基路面现场测试随机选点的方法。
(2)掌握路基路面几何尺寸检测。
(3)掌握路面结构层厚度检测。
2. 能力目标
(1)掌握确定测定断面和测点的位置的方法。
(2)能够进行路基路面几何尺寸检测。
(3)能够进行路面结构层厚度检测。

任务4.1　路基路面现场测试随机选点

对公路路基路面各个层次进行各种测定时,未采取代表性实验数据,通常采用随机取样选点法。随机取样选点是按照数理统计原理,在路基路面现场测定时决定测定区间、测定断面、测点位置的方法。

随机选点法需要的仪具和材料有钢尺、皮尺、硬纸片共28张(每块大小为2.5cm×2.5cm)并编号放入布袋里。用到的其他工具有骰子、毛刷、粉笔等。

一、测定断面或测定区间的确定方法

检测路段是一个作业段、一天完成的路段或路线全程。在路基、路面工程检查验收时,通常取1000m为一个检测路段。下面主要介绍测定断面的确定步骤(检测路段的确定与此相同)。

(1)将检测路段按桩号以20m为间距分成若干个断面,依次编号为1、2、3、…、T,总的断面个数为T个。
(2)从布袋中随机摸出一块硬纸片,纸片上的数字为表4-1的栏号,选出该栏号对应的一栏。
(3)按照检测频度的要求,确定断面的取样总数n。依次找出与A列01、02、03、…、n对

应的 B 列中值,共 n 对对应 A、B 值。当 $n>30$ 时,应分次进行。

(4)将 n 个 B 值与总的断面数 T 相乘,四舍五入成整数,即得到 n 个断面的编号。

(5)查断面编号对应的桩号,即为拟检测的断面。

【例 4-1】 从 K18+000~K19+000 的检测路段中选择 20 个断面,测定路面宽度、高程、横坡度等外形尺寸,断面桩号决定方法如下:

(1)1000m 总的断面数 $T=1000/20=50$,编号 1~50。

(2)从布袋中摸出一块硬纸片,其编号为 5,栏号 5。

(3)采用表 4-1 中的第 5 栏。从第 5 栏中 A 列中挑出小于 20 所对应的 B 列数值,将 B 与 T 相乘,取整,四舍五入得到 20 个编号,并得到 20 个断面的桩号,见表 4-2。

一般取样的随机数　　　　　　　　　　表 4-1

栏号 1			栏号 2			栏号 3			栏号 4			栏号 5		
A	B	C	A	B	C	A	B	C	A	B	C	A	B	C
15	0.033	0.578	05	0.048	0.879	21	0.013	0.220	18	0.089	0.716	17	0.024	0.863
21	0.101	0.300	17	0.074	0.156	30	0.036	0.853	10	0.102	0.330	24	0.060	0.032
23	0.129	0.916	18	0.102	0.191	10	0.052	0.746	14	0.111	0.925	26	0.074	0.639
30	0.158	0.434	06	0.105	0.257	25	0.061	0.954	28	0.127	0.840	07	0.167	0.512
24	0.177	0.397	28	0.179	0.447	29	0.062	0.507	24	0.132	0.271	28	0.194	0.776
11	0.202	0.271	26	0.187	0.844	18	0.087	0.887	19	0.285	0.089	03	0.219	0.166
16	0.204	0.012	04	0.188	0.482	24	0.105	0.849	01	0.326	0.037	29	0.264	0.284
08	0.208	0.418	02	0.208	0.577	07	0.139	0.159	30	0.344	0.938	11	0.282	0.262
19	0.211	0.798	03	0.218	0.402	01	0.175	0.647	22	0.405	0.295	14	0.739	0.994
29	0.233	0.070	07	0.245	0.808	23	0.196	0.873	05	0.421	0.282	13	0.394	0.405
07	0.260	0.073	15	0.248	0.831	26	0.240	0.981	13	0.451	0.212	06	0.410	0.157
17	0.262	0.308	29	0.261	0.037	14	0.255	0.374	02	0.461	0.023	15	0.438	0.700
25	0.271	0.180	30	0.302	0.883	06	0.310	0.043	06	0.487	0.539	22	0.453	0.635
06	0.302	0.672	21	0.318	0.088	11	0.316	0.653	08	0.497	0.396	21	0.472	0.824
01	0.409	0.406	11	0.376	0.936	13	0.324	0.585	25	0.503	0.893	05	0.488	0.118
13	0.507	0.693	14	0.430	0.814	12	0.351	0.275	15	0.594	0.603	01	0.525	0.222
02	0.575	0.654	27	0.438	0.676	20	0.371	0.535	27	0.620	0.894	12	0.561	0.980
18	0.591	0.318	08	0.467	0.205	08	0.409	0.495	21	0.629	0.841	08	0.652	0.508
20	0.610	0.821	09	0.474	0.138	16	0.445	0.740	17	0.691	0.583	18	0.668	0.271
12	0.631	0.597	10	0.492	0.474	03	0.494	0.929	09	0.708	0.689	30	0.736	0.634
27	0.651	0.281	13	0.498	0.892	27	0.543	0.387	07	0.709	0.012	02	0.763	0.253
04	0.661	0.953	19	0.511	0.520	17	0.625	0.171	11	0.714	0.049	23	0.804	0.140
22	0.692	0.089	23	0.591	0.770	02	0.699	0.073	23	0.720	0.695	25	0.828	0.425
05	0.779	0.346	20	0.604	0.730	19	0.702	0.934	03	0.748	0.413	10	0.843	0.849
09	0.787	0.173	24	0.654	0.330	22	0.816	0.802	20	0.781	0.603	16	0.858	0.849

续上表

栏号 1			栏号 2			栏号 3			栏号 4			栏号 5		
A	B	C	A	B	C	A	B	C	A	B	C	A	B	C
13	0.818	0.837	12	0.728	0.523	04	0.838	0.166	26	0.830	0.384	04	0.903	0.327
14	0.905	0.631	16	0.753	0.344	15	0.904	0.116	04	0.843	0.002	09	0.912	0.382
26	0.912	0.376	01	0.806	0.134	28	0.969	0.742	12	0.884	0.582	27	0.935	0.162
28	0.920	0.163	22	0.878	0.884	09	0.974	0.046	29	0.926	0.700	20	0.970	0.582
03	0.945	0.140	25	0.930	0.162	05	0.977	0.494	16	0.951	0.601	19	0.975	0.327

路面宽度、高程、横坡度检测断面随机选点计算　　　　表 4-2

断面序号	A	B	B×T	断面编号	桩　号
1	17	0.024	1.20	1	K18+020
2	07	0.167	8.35	8	K18+160
3	03	0.219	10.95	11	K18+220
4	11	0.282	14.10	14	K18+280
5	14	0.739	36.95	19	K18+380
6	13	0.394	19.70	20	K18+400
7	06	0.410	20.50	21	K18+420
8	15	0.438	21.90	22	K18+440
9	05	0.488	24.40	24	K18+480
10	01	0.525	26.25	26	K18+520
11	12	0.561	28.05	28	K18+560
12	08	0.652	32.60	33	K18+660
13	18	0.668	33.40	33	K18+660
14	02	0.763	38.15	38	K18+760
15	10	0.843	42.15	42	K18+840
16	16	0.858	42.90	43	K18+860
17	04	0.903	45.15	42	K18+840
18	09	0.912	45.60	46	K18+920
19	20	0.970	48.50	49	K18+980
20	19	0.975	48.75	49	K18+000

二、测点位置的确定方法

(1) 从布袋中任意取出一个纸片,纸片上的号即为表 4-1 中的栏号。从 1～28 栏中选出该栏号的一栏。

(2) 按照测点数的频率要求,依次查 A 列值,即为取样位置数。如 01、02、03、…、n。

(3) 确定取样纵向距离。找出与 A 列对应的 B 列数值,并乘以总长度,再加上起点桩号,即得距起点的距离和桩号。

(4) 确定取样位置的横向距离。找出与 A 列对应的 C 列值,乘以检测路段的宽度,减去路宽的一半,即为取样点距中线的距离。正值为中线的右侧,负值为中线的左侧。

【例 4-2】 拟从 K18+000~K19+000 的检测路段中选择 6 个测点进行钻孔取样,检测压实度、结构层的厚度等,钻孔位置决定方法如下:

(1)选定随机数编号为 3,即采用表 4-1 中的第 3 栏。

(2)从第 3 栏 A 列中选小于 6 的数为:01、06、03、02、04、05。

(3)从 B 列中挑出与 A 列中 6 个数对应的数,见表 4-3。

(4)取样路段长为 1000m,乘以 B 列的 6 个数列于表中,加上起点的桩号即为测点纵向距离。

(5)从 C 列中挑出与 A 列对应的数值列于表 4-3 中,乘以路面宽 10m,再减去路宽的一半即为测点的横向位置。计算结果见表 4-3。

钻孔位置取样选点计算　　　　　　　　　　表 4-3

测点编号	A	B	距测点距离	桩号	C	两边缘距离	距中线距离
1	01	0.175	175	K18+175	0.647	6.47	1.47
2	06	0.310	310	K18+310	0.043	0.43	-4.57
3	03	0.494	494	K18+494	0.929	9.29	4.29
4	02	0.699	699	K18+699	0.073	0.73	-4.27
5	04	0.838	838	K18+838	0.166	1.66	-3.34
6	05	0.977	977	K18+977	0.494	4.94	-0.06

任务 4.2　路基路面几何尺寸检测

一、目的、适用范围和要求

本方法适用于路基路面各部分的宽度、高程、横坡及中线偏位等几何尺寸的检测,供道路施工过程、路面交工验收及旧路调查使用。在路基路面施工、交工验收及旧路调查中,都需要检测路基路面各部分的几何尺寸,以保证其符合规定的要求。检测所使用的仪器与工具有:钢尺、经纬仪、全站仪、水准仪、塔尺、粉笔等。几种结构层的检测项目有:纵断面高程、中线偏位、宽度、横坡等,要求见表 4-4。其他检测项目见《公路工程质量检验评定标准》(JTG F80/1—2017)。

几何尺寸检测要求　　　　　　　　　　表 4-4

结构名称	检查项目	规定值或容许偏差		检查方法和频率
		高速公路、一级公路	其他公路	
土方路基	纵断面高程(mm)	+10、-15	+10、-20	水准仪:中线位置每 200m 测 2 点
	中线偏位(mm)	50	100	全站仪:每 200m 测 2 点,弯道加 HY、YH 两点
	宽度(mm)	满足设计要求		尺量:每 200m 测 4 点
	横坡(%)	±3	±5	水准仪:每 200m 测 2 个断面
	边坡(mm)	满足设计要求		尺量:每 200m 测 4 点

续上表

结构名称	检查项目		规定值或容许偏差		检查方法和频率
			高速公路、一级公路	其他公路	
水泥混凝土层面	中线偏位(mm)		20		全站仪:每200m测2点
	厚度(mm)		代表值-5,合格值-10,极值-15		钻芯法:每200m测2点
	宽度(mm)		±20		尺量:每200m测4点
	纵断面高程(mm)		±10	±15	水准仪:每200m测2个断面
	横坡(%)		±0.15	±0.25	水准仪:每200m测2个断面
沥青混凝土和沥青碎石面层	中线偏位(mm)		20	30	全站仪:每200m测2点
	宽度(mm)	有侧石	±20	±30	尺量:每200m测4个断面
		无侧石	不小于设计值		
	横坡(%)		±0.3	±0.5	水准仪:每200m测2个断面

二、仪具与材料

(1)长度量具:钢尺。
(2)测量仪器:经纬仪、全站仪、精密水准仪、塔尺,见图4-1。

a)水准仪

b)经伟仪

c)全站仪

d)塔尺

图4-1 测量仪器

(3)其他:粉笔等。

三、方法与步骤

(1)准备工作。
①在路基或路面上准确恢复桩号。
②根据有关施工规范或工程质量检验评定标准的要求,按随机取样的方法,在一个检测路段内选取测定的断面位置及里程桩号,在测定断面做上标记。通常将路面宽度、横坡、高程及中线偏位选取在同一断面位置,且宜在整数桩号上测定。
③根据道路设计的要求,确定路基路面各部分设计宽度的边界位置,在测定位置上用粉笔做上记号。
④根据道路设计的要求,确定设计高程的纵断面位置,在测定位置上用粉笔做上记号。
⑤根据道路设计的要求,在与中线垂直的横断面上确定成型后路面的实际中线位置。

⑥根据道路设计的路拱形状,确定曲线与直线部分的交界位置及路面与路肩(或硬路肩)的交界位置,作为横坡检验的基准;当有路缘石或中央分隔带时,以两侧路缘石边缘为横坡测定的基准点,用粉笔做上记号。

(2)路基路面各部分的宽度及总宽度测定应按下列步骤执行:

用钢尺沿道路中心线垂直方向上水平量取路基路面各部分的宽度,以米(m)表示。对高速公路及一级公路,准确至0.005m;对其他等级公路,准确至0.01m。测量时量尺应保持水平,不得将尺紧贴路面量取,也不得使用皮尺。

(3)纵断面高程测定应按下列步骤执行:

①将精密水平仪架设在路面平顺处调平,将塔尺竖立在中线的测定位置上,以路线附近的水准点高程作为基准,测记测定点的高程读数,以米(m)表示,准确至0.001m。

②连续测定全部测点,并与水准点闭合。

(4)路面横坡测定应按下列步骤执行:

①对于设有中央分隔带的路面,将精密水准仪架设在路面平顺处调平,将塔尺分别竖立在路面与中央分隔带分界的路缘带边缘 d_1 及路面与路肩交界处(或外侧路缘石边缘)的标记 d_2 处,d_1 与 d_2 两测点必须在同一横断面上,测量 d_1 与 d_2 处的高程,记录高程读数,以米(m)表示,准确至0.001m。

②对于无中央分隔带的路面,将精密水平仪架设在路面平顺处调平,将塔尺分别竖立在路拱曲线与直线部分的交界位置 d_1 及路面与路肩(或硬路肩)的交界位置 d_2 处,d_1 与 d_2 两测点必须在同一横断面上,测量 d_1 与 d_2 处的高程,记录高程读数,以米(m)表示,准确至0.001m。

③用钢尺测量两测点的水平距离,以米(m)表示。对于高速公路及一级公路,准确至0.005m;对其他等级公路,准确至0.01m。

(5)测量实际路面中心线与设计路面中心线的距离作为中心偏位 ΔC_1,以厘米(cm)表示。对高速公路及一级公路,准确至0.5cm;对其他等级公路,准确至1.0cm。

四、计算

(1)按下式计算各个断面的实测宽度 B_{1i} 与设计宽度 B_{0i} 之差。总宽度为路基路面各部分宽度之和:

$$\Delta B_i = B_{1i} + B_{0i} \tag{4-1}$$

式中:B_{1i}——各断面的实测定(m);

B_{0i}——各断面的设计宽度(m);

ΔB_i——各断面的实测宽度和设计宽度的差值(m)。

(2)按下式计算各个断面的实测高程 h_{1i} 与设计高程 h_{0i} 之差:

$$\Delta h_i = h_{1i} - h_{0i} \tag{4-2}$$

式中:h_{1i}——各个断面的纵断面实测高程(m);

h_{0i}——各个断面的纵断面设计高程(m);

Δh_i——各个断面的纵断面实测高程和设计高程的差值(m)。

(3)各测点断面的路面横坡按式(4-3)计算,准确至一位小数,按式(4-4)计算实测横坡 i_i 与设计横坡 i_{0i} 之差:

$$i_i = \frac{h_{d1} - h_{d2}}{B_i} \times 100 \tag{4-3}$$

$$\Delta i_i = i_i - i_{0i} \tag{4-4}$$

式中：i_i——各测点断面的横坡(%)；
h_{d1}、h_{d2}——各断面测点 d_1 与 d_2 处的高程读数(m)；
B_i——各断面测点 d_1 与 d_2 之间的水平距离(m)；
i_{0i}——各断面的设计横坡(%)；
Δi_i——各个断面的横坡和设计横坡的差值(%)。

(4)根据规程方法计算一个评定路段内各测定断面的宽度、高程、横坡以及中线偏位的平均值、标准差、变异系数,加宽及超高部分的测定值不参加计算。

五、检测报告

(1)以评定路段为单位列出桩号及宽度、高程、横坡以及中线偏位测定的记录表,记录平均值、标准差、变异系数,注明不符合规范要求的断面。

(2)纵断面高程测试报告中应报告实测高程与设计高程的差值,低于设计高程为负,高于设计高程为正。

(3)路面横坡测试报告中应报告实测横坡与设计横坡的差值,小平设计横坡为负,大于设计横坡为正。

任务4.3 路面结构层厚度的检测

一、目的与适用范围

本方法适用于路面各层施工完成后的厚度检验及工程交工验收检查。

二、仪具与材料

本方法根据需要选用下列仪具与材料：
(1)挖坑用镐、铲、凿子、小铲、毛刷(图4-2)。
(2)取样用路面取芯钻机及钻头(图4-3)、冷却水。钻头的标准直径为 φ100mm,如芯样仅供测量厚度,不做其他试验时,对沥青面层与水泥混凝土板也可用直径 φ50mm 的钻头;当基层材料有可能损坏试件时,也可用直径 φ150mm 的钻头,但钻孔深度均必须达到层厚。

图4-2 挖坑用凿子　　　　图4-3 取芯钻机及钻头

(3)量尺:钢板尺、钢卷尺、卡尺。
(4)补坑材料:与检查层位的材料相同。
(5)补坑用具:夯、热夯、水等。
(6)其他:搪瓷盘、棉纱等。

三、方法与步骤

基层或砂石路面的厚度可用挖坑法测定,沥青面层及水泥混凝土路面板的厚度应用钻孔法测定。

(1)用挖坑法测定厚度应按下列步骤执行:

①根据《公路工程质量检验评定标准》(JTG F80/1—2017)的规定,随机取样决定挖坑检查的位置。如为旧路,该点有坑洞等显著缺陷或接缝时,可在其旁边检测。

②选一块约 40cm×40cm 的平坦表面作为试验地点,用毛刷清扫干净。

③根据材料坚硬程度,选择镐、铲、凿子等适当的工具,开挖这一层材料,直至层位底面。在便于开挖的前提下,开挖面积应尽量缩小,坑洞大体呈圆形,边开挖边将材料铲出,置于搪瓷盘中。

④用毛刷将坑底清扫干净,确认为下一层的顶面。

⑤将钢尺横跨于坑的两边,用另一把钢尺或卡尺等量具在坑的中部位置垂直伸至坑底,测量坑底至钢板尺底距离,即为检查层的厚度,以厘米(cm)计,准确至 0.1cm。

(2)用钻孔取样法测定厚度应按下列步骤执行:

①根据《公路工程质量检验评定标准》(JTG F80/1—2017)的规定,随机取样决定挖坑检查的位置。如为旧路,该点有坑洞等显著缺陷或接缝时,可在其旁边检测。

②用路面取芯钻机钻孔,芯样的直径应符合相关要求。

③仔细取出芯样,清除底面灰土,找出与下层的分界面。

④用钢板尺或卡尺沿圆周对称的十字方向量四处表面至上下层界面的高度,取其平均值,即为该层的厚度,准确至 0.1cm。

(3)在施工过程中,当沥青混合料尚未冷却时,可根据需要,随机选择测点,用大改锥插入量取或挖坑量取沥青层的厚度(必要时用小锤轻轻敲打),但不得使用铁镐等以免扰动四周的沥青层。挖坑后清扫坑边,架上钢板尺,用另一钢板尺量取层厚,或用改锥插入坑内量取深度后用尺读数,即为层厚,以厘米(cm)计,准确至 0.1cm。

(4)按下列步骤用取样层的相同材料填补试坑或钻孔:

①适当清理坑中残留物,钻孔时留下的积水应用棉纱吸干。

②对无机结合料稳定层及水泥混凝土路面板,应按相同配比用新拌的材料分层填补,并用小锤压实。水泥混凝土中宜掺加少量快凝早强的外掺剂。

③对无结合料粒料基层,可用挖坑时取出的材料,适当加水拌和后分层填补,并用小锤压实。

④对正在施工的沥青路面,用相同级配的热拌沥青混合料分层填补,并用加热的铁锤或热夯压实。旧路钻孔也可用乳化沥青混合料修补。

⑤所有补坑结束时,宜比原面层略鼓出少许,用重锤或压路机压实平整。

四、计算

按下式计算实测厚度 T_{1i} 与设计厚度 T_{0i} 之差:

$$\Delta T_i = T_{1i} - T_{0i} \tag{4-5}$$

式中：T_{1i}——路面的实测厚度（cm）；

T_{0i}——路面的设计厚度（cm）；

ΔT_i——路面实测厚度与设计厚度的差值（cm）。

按《公路工程质量检验评定标准》（JTG F80/1—2017）规定的方法，计算一个评定路段检测厚度的平均值、标准差、变异系数，并计算代表厚度。

当检查路面总厚度时，则将各层平均厚度相加即为路面总厚度。

五、路面结构层厚度评定

（1）评定路段内路面结构层厚度按代表值和单个合格的允许偏差进行评定。

（2）按规定频率，采用挖验或钻取芯样测定厚度。

（3）厚度代表值为厚度的算术平均值的下置信界限值，即：

$$X_L = X - \frac{t_a S}{\sqrt{n}} \tag{4-6}$$

式中：X_L——厚度代表值（算术平均值的下置信界限）；

X——厚度平均值；

S——标准差；

n——监测点数；

t_a——t 分布表中随测点数和保证率而变化的系数（查附录）；其中，采用的保证率：对于高速公路、一级公路，基层、底基层为99%，面层为95%；对于其他公路，基层、底基层为95%，面层为90%。

（4）当厚度代表值大于等于设计厚度减去代表值允许偏差时，则按单个检查值的偏差不超过单点合格值来计算合格率；当厚度代表值小于设计厚度减去代表值允许偏差时，相应分项工程评为不合格。

（5）沥青面层一般按沥青铺筑层总厚度进行评定，高速公路和一级公路分2～3层铺筑时，还应进行上面层厚度检查和评定。

六、检测报告

路面厚度检测报告应列表填写，并记录与设计厚度之差，小于设计厚度为负，大于设计厚度为正。

项目小结

随机取样选点是按照数理统计原理，在路基路面现场测定时确定测定区间、测定断面、测点位置的方法。熟悉路基路面现场测试随机选点方法。掌握路基路面几何尺寸检测和路面结构层厚度检测。

复习思考题

1. 拟从 K11+000～K12+000 的检测路段中选择9个点检测压实度、结构层厚度，试确定测点的位置(假定随机号为5,路面宽度为10m)。

2. 水泥稳定碎石基层、砂石路面、沥青混凝土面层及水泥混凝土板的厚度分别用什么方法检测?

3. 某高速公路水泥稳定碎石基层厚度检测值分别为 21.5、22.6、20.3、19.7、18.2、20.6、21.3、21.8、22.0、20.3、23.1、22.4、19.0、19.2、17.6、22.6(cm),请按照保证率为99%计算厚度代表值。

4. 某二级公路级配碎石基层设计厚度为20cm,该评定路段的检测值为 21、22、19、19、20、21、21、22、19(cm),试评定其厚度是否满足要求(已知厚度代表值允许偏差为 $-8mm$,单值允许偏差为 $-15mm$, $t_{0.99}/\sqrt{10}=0.892$)。

5. 简述用挖坑法测定路面基层厚度的试验步骤。

项目 5　路基路面压实度检测

📖 项目描述

本项目主要介绍环刀法、灌砂法、钻芯法检测压实度及压实度评定。通过本项目学习，使学生能运用电动取土器、灌砂筒、钻芯机测定现场密度；能掌握各方法的测试要点；能进行数据的处理与分析工作。

✏️ 教学目标

1. 知识目标
(1) 掌握灌砂法的基本原理及适用范围。
(2) 掌握钻芯法的基本原理及适用范围。
2. 能力目标
(1) 知道检测压实度的目的，能分析影响压实的因素。
(2) 知道标准密度的确定方法。
(3) 能描述路基路面检测压实度方法原理、特点及适用范围。
(4) 能采用灌砂法、钻芯法测定压实度。
(5) 计算评定压实度。

任务 5.1　压实度认识

一、概述

随着我国公路建设的快速发展，许多高等级公路都处于正在建设或准备建设中。众所周知，在公路施工中，压实是至关重要的一道工序，压实度是否合格也是判定工程质量优劣的重要指标之一。无论路基工程还是路面工程都需要很好的压实，以使其达到一定的密度，从而提高道路的承载能力，同时还可预防沉陷和水分渗入等。据统计，在道路工程建设中，压实工作的费用占施工项目费用的 2%，设备费占工程造价的 0.2%，而密度每提高 1%，对应结构层承载能力就提高 10%，特别是沥青混凝土，密度每提高 1%，承载能力和寿命就可提高 10% ~ 15%，由此可见压实工作的重要性。

国内外的工程实践和试验研究都早已证明，在路基路面结构层施工时，必须采用施工机械进行认真压实，这样才能提高路基、路面结构层和路面整体的强度，增加其稳定性，减少甚至避免路面可能产生的多种早期损坏现象，从而大大提高路面的使用性能和使用寿命。如果从工程质量角度看，由于压实度不足，路面达不到设计的强度，在车辆荷载作用下就会产生剪切破坏，如辙槽、裂缝、沉陷等，从而使路面达不到设计的使用寿命，路面早期破坏的事情时有发生。公路路面的投资费用往往占工程总投资的 30% ~ 50%，特别是高等级公路，其路面的投资比重更大。因此，路面过早破坏在经济上造成的损失是非常巨大的。除了加强路面工程的管理,在技术上按标准要求控制路基、路面的压实度是保证路面质量最经济有效的措施之一。

二、压实度的概念

压实度是指土或路面材料压实后的干密度与该土或材料的最大干密度之比,常用百分数表示。压实度值是反映施工质量的一个重要指标,通过对颗粒的压实,确保道路的使用寿命,使之发挥最大的经济效益。对于土基、基层和垫层材料,其室内标准密度可通过击实试验取得;对于无黏聚性且粒径较大的砂砾、碎石材料,可用振动台法或表面振实仪法进行量测;对于沥青混合料(尤指沥青混凝土)则通过马歇尔试验、试验路段密度或最大理论密度得到;对于级配碎石和填隙碎石基层,则可用固体体积率来反映压实程度。

由于工地实测干密度很难达到试验室的标准密度,所以,在实际工作中用压实度 $K(\%)$ 来表示:

$$K = \frac{\rho_d}{\rho_m} \times 100 \tag{5-1}$$

式中:ρ_d——工地实测干密度;

ρ_m——试验室得到的最大干密度。

影响压实效果的因素主要有:含水率、土类和级配、击实功以及振动压路机的振幅、频率、工作速度和行驶方向等。

压实度测定的方法有很多种,归纳起来有两大类。一类是无破损检测法,即用放射性同位素(核子、中子、超声波)在土基和路面材料中的吸收和折射原理制成的各种仪器进行检测,如核子湿度密度仪。另一类是破损检测法,这类方法很多,有环刀法、灌砂法、钻芯法、表干法、蜡封法等。本项目主要讲述环刀法、灌砂法、钻芯法。

三、确定标准密度(最大干密度)

(1)路基土的最大干密度和最佳含水率的确定

由于土的性质和颗粒的差别,确定最大干密度的方法也有所区别,除了一般土的"击实法"以外,还有粗粒土和巨粒土密度的确定方法。不同性质的土,其最大干密度确定方法及各方法的适用范围见表5-1。各试验方法的仪器设备、试验步骤等详见《公路土工试验规程》(JTG E40)。

土的最大干密度确定方法及适用范围　　　　表5-1

试验方法	使用范围	土的粒组
轻型、重型击实法	小试筒适用于粒径不大于25mm的土;大试筒适用于粒径不大于38mm的土	细粒土 粗粒土
振动台法	本试验规定采用振动台法测定无黏性自由排水粗粒土和巨粒土(包括堆石料)的最大干密度; 本试验方法适用于通过0.074mm标准筛的土颗粒质量百分数不大于15%的无黏性自由排水粗粒土和巨粒土; 对于最大颗粒大于60mm的巨粒土,因受试筒允许最大粒径的限制,宜按相似级配法的规定处理	粗粒土 巨粒土
表面振动压实仪法	同上	粗粒土 巨粒土

(2)路面基层材料最大干密度和最佳含水率的确定

常见的路面基层材料有半刚性基层及粒料类基层,粒料类基层最大干密度的确定方法可参照粗粒料和巨粒料的振动法。半刚性材料基层材料按照《公路工程无机结合料稳定材料试验规程》(JTG E51—2009)的规定,用标准击实法求得。但当粒料含量大于50%时,需采用理论计算法求得。

(3)沥青混合料标准密度的确定

沥青混合料标准密度以沥青拌和厂取样试验的马歇尔密度或试验路密度为准。可采用表5-2中的方法进行密度试验,具体的试验方法见《公路工程沥青及沥青混合料试验规程》(JTG E20—2011)。

压实沥青混合料标准密度试验方法及适用范围　　　表5-2

试验方法	适 用 范 围
水中重法	仅适用于密实的Ⅰ型沥青混合料,不适用于吸水性大的沥青混合料试件
表干法	适用于表面较粗但较密实的Ⅰ型或Ⅱ型沥青混凝土试件,但不适用于吸水率大于2%的沥青混合料试件
蜡封法	适用于吸水率大于2%的Ⅰ型或Ⅱ型沥青混凝土试件以及沥青碎石混合料试件,不能用水中重法或表干法测密度的试件
体积法	适用于孔隙率较大的沥青碎石混合料及大孔隙透水开级配沥青混凝土试件

四、现场密度试验检测方法

传统的检测方法有灌砂法、环刀法及核子密度仪法等。一般情况下,采用传统方法检测,在压实过程中不能测量和评估压实状态,只能在压实结束后采取少量的试样材料进行试验,代表性差,描述粗糙,而且试验过程中有时需要做大量的工作,费用昂贵,时间较长。此外,上述传统方法均属于抽样检测方法,很难反映道路上每一点的压实情况。在具体施工中,可能在部分区段,由于材料级配不合理,材料内水分含量过高或过低而产生材料压实度的"薄弱点"。采用这些传统的检测方法通常会造成"薄弱点"漏检现象,形成道路质量的内在隐患。现场密度主要检测方法及各方法的适用范围见表5-3。

现场密度主要检测方法及各方法的适用范围　　　表5-3

试验方法	适 用 范 围
灌砂法	适用于在现场测定基层(或底基层)、砂石路面及路基土的各种材料的密度和压实度,也适用于沥青表面处治、沥青灌入式面层的密度和压实度检测,但不适用于填石路堤等有大孔隙材料的压实度检测
环刀法	适用于细粒土及无机结合料稳定细粒土的密度测试,但对无机结合料稳定细粒土,养护龄期不超过2d,且适用于施工过程中的压实度检测
核子法	适用于现场用核子密度仪以散射法测定路基或直接透射法测定路基路面材料的密度和含水率,并计算施工压实度,适用于施工质量的现场快速评定,不宜用作仲裁试验或评定验收试验
钻芯法	适用于检验从压实的沥青路面上钻取的芯样试件的密度,以评定沥青面层的施工压实度,同时适用于龄期较长的无机结合料稳定类基层的密度检测

任务5.2 环刀法检测压实度

一、适用范围与条件

对无机混合料,环刀法适用于细粒土且龄期不大于2d的稳定细粒土。

二、检测器具与材料

(1)人工或电动取土器,图5-1。
(2)环刀。内径6~8cm,高2~3cm,壁厚1.5~2mm。
(3)天平。感量0.1g。
(4)其他。如修土刀、钢丝锯、凡士林等。

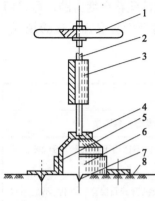

图5-1 人工取土器
1-手柄;2-导杆;3-落锤;4-环盖;
5-环刀;6-定向器;7-定向筒齿钉;
8-试验地面

三、检测步骤

对检测试样用同种材料进行击实试验,得到最大干密度及最佳含水率。

1. 用人工取土器测定黏性土及无机结合料稳定细粒土密度的步骤

(1)擦净环刀,称取环刀质量 m_2,准确至1g。

(2)在试验地点,将面积约30cm×30cm的地面清扫干净。将压实层表面浮动及不平整的部分铲去,达到一定深度,使环刀垂直打下后,能达到要求的取土深度,但不得扰动下层土。

(3)将定向筒齿钉固定于铲平的地面上,顺次将环刀、环盖放入筒内与地面垂直。

(4)将导杆保持垂直状态,用取土器落锤将环刀打入压实层中,至环盖顶面与定向筒上口齐平为止。

(5)去掉击实锤和定向筒,用镐将环刀及试样挖出。

(6)轻轻取下环盖,用修土刀从边至中削去环刀两端余土,用直尺检测,直到修平为止。

(7)擦净环刀外壁,用天平称取环刀及试样合计质量 m_1,准确至0.1g。

(8)从环刀中取出具有代表性的试样,测定其含水率 w。

2. 用人工取土器测定砂土或砂层密度的步骤

(1)如为湿润的砂土,试验时不需使用击实锤和定向筒。在铲平的地面上细心挖出一个直径较环刀外径略大的砂土柱,将环刀刃口向下,平置于砂土柱上,用两手平稳地将环刀垂直压下,直至砂土柱突出环刀上端约2cm为止。

(2)削掉环刀口上多余砂土,并用直尺刮平。

(3)在环刀上口盖一块平滑的木板,一手按住木板,另一手用小铁锹将试样从环刀底部切断,然后将装满试样的环刀反过来,削去环刀刃口上部的多余砂土,并用直尺刮平。

(4)擦净环刀外壁,称环刀与试样合计质量 m_1,准确至0.1g。

(5)从环刀中取具有代表性的试样,测定其含水率。

(6)干燥的砂土不能挖成砂土柱时,可直接将环刀压入或打入土中。

3. 用电动取土器测定无机结合料稳定细粒土和硬塑土密度的步骤

(1)装上所需规格的取芯头,在施工现场取芯前,选择一块平整的路段,将4支车轮收起,4根定位销钉采用人工加压的方法,压入路基土层中,松开锁紧手柄,旋动升降手轮,使取芯头刚好与土层接触,锁紧手柄。

(2)将电瓶与调速器接通,调速器的输出端接入电源插口。指示灯亮,显示电已通;启动开关,电动机工作,带动取芯机转动。根据土层含水率调节转速,操作升降手柄,提升取芯机构,停机,移开机器。由于取芯头圆筒外表有几条螺旋状突起,切下的土屑排在筒外螺纹上旋,抛出试样表面。因此,将取芯套筒在切削好的土芯立柱上,摇动即可取出样品。

(3)取出样品,取芯套筒长度,用修土刀或钢丝锯修平两端,制成所需规格土芯,如拟进行其他试验项目,需装入铝盒,送试验室外备用。

(4)用天平称量土芯加套筒质量 m_1,从土芯中心部分取试样测其含水率。

本试验进行两次平行测定,其平行差值不得大于 0.03g/cm^3,求其算术平均值。

四、检测结果计算

(1)试样的湿密度和干密度的计算公式如下:

$$\rho = \frac{4(m_1 - m_2)}{\pi \cdot d^2 \cdot h} \tag{5-2}$$

$$\rho_d = \frac{\rho}{1 + 0.01w} \tag{5-3}$$

式中:ρ——试样的湿密度(g/cm^3);

ρ_d——试样的干密度(g/cm^3);

m_1——环刀或取芯套筒与试样合计质量(g);

m_2——环刀或取芯套筒质量(g);

d——环刀或取芯套筒直径(cm),定期校正;

h——环刀或取芯套筒高度(cm),定期校正;

w——试样的含水率(%)。

(2)压实度的计算公式如下:

$$K = \frac{\rho_d}{\rho_m} \times 100 \tag{5-4}$$

式中:K——测试地点的施工压实度(%);

ρ_d——试样的干密度(g/cm^3);

ρ_m——由击实试验得到的试样的最大干密度(g/cm^3)。

五、检测报告

检测报告内容包括土的鉴别分类、土的含水率、湿密度、最大干密度、压实度等,见表5-4。

压实度检测(环刀法)					表5-4

工程名称_____ 结构层次_____ 最大干密度_____ 检测日期_____
试 验 者_____ 计 算 者_____ 校 核 者_____

测点桩号					
环刀号或取芯筒编号					
$V(\text{cm}^3)$					
$m_2(\text{g})$					
$m_1(\text{g})$					
试样质量(g)					
$\rho(\text{g/cm}^3)$					
$w(\%)$					
$\rho_d(\text{g/cm}^3)$					
平均干密度(g/cm³)					
压实度(%)					

任务 5.3 灌砂法检测压实度

一、适用范围

灌砂法是测定压实度的标准方法。在现场检测过程中,基层、垫层要求采用灌砂法。它的特点是可以测定各种土和各种路面材料的密度,而且得到的是整个碾压层的平均密度。

用灌砂法测定密度和压实度时,应符合下列规定:

(1)当集料的最大粒径小于 13.2mm,测定层的厚度不超过 150mm 时,宜采用直径为 100mm 的小型灌砂筒测试。

(2)当集料的最大粒径等于或大于 13.2mm,但不大于 31.5mm,测定层的厚度不超过 200mm 时,应用直径为 150mm 的大型灌砂筒测试。

二、检测仪器和材料

(1)灌砂筒。其见图 5-2,金属圆筒可用白铁皮制作,内径为 150mm,筒高约 360mm。
灌砂筒主要分为两个部分:上部为储砂筒,筒深 270mm,筒底中心有一个直径 10mm 的圆孔;下部装一倒置的圆锥形漏斗,漏斗上端开口的直径为 10mm,并焊接在一块直径 150mm 的铁板上。铁板中心有一直径 10mm 的圆孔与漏斗相接。在储砂筒底与漏斗顶端铁板之间有开关,开关为一薄铁板,一端与筒底及漏斗铁板铰接在一起,另一端伸出筒身外。开关铁板上也有一个直径 10mm 的圆孔,将开关向左移动时,开关铁板上的圆孔恰好与筒底圆孔及漏斗上开口相对(即 3 个圆孔重叠在一起),砂就可以通过圆孔自由落下,将开关向右移动时,开关将筒底堵塞,砂即停止下落。

图 5-2 灌砂筒和标定罐

(2)金属标定罐。内径150mm、高150mm和200mm的金属罐(可用铁板制作)各一个,上端周围有一罐缘,见图5-2。

(3)基板。一个边长350mm、深40mm的金属方盘(可用铁板制作),盘的中心有一个直径150mm的圆孔。

(4)适用于打洞及从洞中取料的工具。如凿子、铁锤、长把勺、带把小簸箕、毛刷等。

(5)玻璃板。边长约500mm的正方形玻璃板。

(6)饭盒(存放挖出的试料)若干。

(7)台秤。称量10~15kg,感量5g。

(8)用于测定含水率的铝盒、感量0.1g的天平、烘箱等。

(9)量砂。粒径0.25~0.5mm(或0.3~0.6mm),清洁干燥的均匀砂,20~40kg。应该先将砂烘干,并放置足够的时间,使其与空气湿度达到平衡。

灌砂仪主要尺寸见表5-5。

灌砂仪主要尺寸　　　　　　　表5-5

结　构		小型灌砂筒	大型灌砂筒
储砂筒	直径(mm)	100	150
	体积(mm³)	2120	1600
流砂孔	直径(mm)	10	15
金属标定罐	内径(mm)	100	150
	外径(mm)	150	200
金属方向基板	边长(mm)	350	400
	深(mm)	40	50
中孔	直径(mm)	100	150

三、仪器标定

1. 确定灌砂筒下部圆锥体内砂的质量

(1)在灌砂筒内装满砂,筒内砂的高度与筒顶的距离不超过15mm,称取筒内砂的质量 m_1,准确至1g,每次标定及后面的试验都应维持这个质量不变。

(2)将开关打开,让砂流出,并使流出的砂的体积与工地所挖试洞的体积相当(或等于标定罐的体积)然后关上开关,并称量筒内砂的质量 m_2,准确至1g。

(3)将灌砂筒放在玻璃板上,将开关打开,让砂流出,直到灌砂筒内砂不再下流时,将开关关上,并细心地取走灌砂筒。

(4)收集并称量留在玻璃上的砂或称量筒内的砂,准确到1g,玻璃板上的砂就是填满灌砂筒下部锥体的砂。

(5)重复上述测量至少3次,最后取其平均值 m_2,准确至1g。

2. 确定量砂的密度 ρ_s

(1)用水确定标定罐的容积 $V(\text{cm}^3)$,方法如下:

将空罐放在台秤上,使罐的上口处于水平位置,读记罐的质量 m_7,准确至1g。向标定罐中灌水,注意不要将水弄到台秤上或罐的外壁。将一直尺放在罐顶,当罐中水面快要接近直尺时,用滴管往罐中加水,直到水面接触直尺。移去直尺,读记罐和水的总质量 m_8。重复测

量时,仅需用吸管从罐中取出少量水,并用滴管重新将水加满到接触直尺。标定罐的体积按下式计算:

$$V = m_8 - m_7 \tag{5-5}$$

(2)在灌砂筒中装入质量为 m_1 的砂,将灌砂筒放在标定罐上,将开关打开,让砂流出(在整个流砂过程中,不要碰动灌砂筒)。直到灌砂筒的砂不再流出时,将开关关闭。拿下灌砂筒,称量筒内余砂的质量,准确至1g。

(3)重复上述测量至少3次。最后取其平均 m_3,准确至1g。

(4)由下式计算填满标定罐所需砂的质量 m_a:

$$m_a = m_1 - m_2 - m_3 \tag{5-6}$$

式中:m_1——灌砂流入标定罐前,筒内砂的质量(g);
 m_2——灌砂筒下部锥体内砂的平均质量(g);
 m_3——灌砂流入标定罐后,筒内剩余砂的质量(g)。

(5)用下式计算砂的密度 ρ_s(g/cm³):

$$\rho_s = \frac{m_a}{V} \tag{5-7}$$

式中:V——标定罐的体积(cm³)。

四、操作步骤

(1)在试验地点选取一块约40cm×40cm的平坦表面,并将其清扫干净。

(2)将基板放在此平坦表面上,再将盛有量砂 m_5 的灌砂筒放在基板中间的圆孔上。将灌砂筒的开关打开,让砂流入基板的中孔内,直到灌砂筒内的砂不再流出时关闭开关。取下灌砂筒,并称量筒内砂的质量 m_6,准确至1g。

(3)取走基板,并将留在试验地点的量砂收回,重新将表面清扫干净。

(4)将基板放在清扫干净的表面上,沿基板中孔凿洞。凿洞过程中,应注意不使凿出的材料丢失,并随时将凿松的材料取出放入已知质量的塑料袋内并密封。试洞的深度应等于碾压层厚度(应尽可能使试洞下部的尺寸与上部的尺寸相同,否则会影响试验的结果。在挖洞的过程中,应注意勿使洞壁松动,或过分挤压洞壁)。凿洞完毕,称此塑料袋中全部试样质量,准确至1g。减去已知塑料袋质量,即为试样的总质量 m_t。

(5)从挖出的全部材料中取出代表性的样品,放在铝盒内,测定其含水率 w_0。样品的数量,对于细粒土,不少于100g;对于各种粗粒土,不少于500g。(如试验测定水泥稳定土或石灰稳定土的密度,可将全部取出的材料烘干并称量,准确至1g。)

(6)将灌砂筒安放在基板中间(灌砂筒内放满砂到恒重 m_1),使灌砂筒的下口对准基板的中孔及试洞。打开灌砂筒的开关,让砂流入试洞内。在此期间,应注意勿碰动灌砂筒。直到灌砂筒内的砂不再流出时,关闭开关,仔细取走灌砂筒,并称量筒内余砂的质量 m_4,准确至1g。

(7)如清扫干净的平坦表面的粗糙度不大(一般碾压完的路基或路面结构属于这种情况),则不需要进行步骤(2)和(3)的操作。在试洞挖好后,将灌砂筒直接对准在洞口上,中间不需要放基板。打开筒的开关,让砂流入试洞内。在此期间,应注意勿碰动灌砂筒。直到灌砂筒内的砂不再流出时,关闭开关。仔细取走灌砂筒,并称量筒内余砂的质量 m_4,准确至 1g。

(8)取出试筒内的量砂,过筛,以备下次试验时再用。若量砂的湿度已发生变化或量砂中混有杂质,则应重新烘干、过筛,并放置一段时间,使其与空气湿度达到平衡后再用。

(9)如试洞中有较大孔隙,量砂可能进入孔隙时,则应按试洞外形,松弛地放入一层柔软的纱布,然后再进行灌砂作业。

五、结果整理

(1)计算填满试洞所需的量砂质量 m_b:

灌砂时,试洞上放有基板的情况:

$$m_b = m_1 - m_4 - (m_5 - m_6) \tag{5-8}$$

灌砂时,试洞上不放基板的情况:

$$m_b = m_1 - m_4' - m_2 \tag{5-9}$$

上两式中:m_1——灌砂入试洞前筒内砂的质量(g);
m_2——灌砂筒下部圆锥体内入砂的平均质量(g);
m_4、m_4'——灌砂入试洞后,筒内剩余砂的质量(g);
$m_5 - m_6$——灌砂筒下部圆锥内及基板和粗糙表面间砂的总质量(g)。

(2)计算试验地点或稳定土的湿密度 ρ:

$$\rho = \frac{m_1}{m_b} \times \rho_s \tag{5-10}$$

式中:m_1——试洞中取出的全部土样的质量(g);
m_b——填满试洞所需的砂的质量(g);
ρ_s——量砂的密度(g/cm³)。

(3)计算土的干密度:

$$\rho_d = \frac{\rho}{1 + 0.01w} \tag{5-11}$$

(4)计算压实度:

$$K = \frac{\rho_d}{\rho_m} \times 100\% \tag{5-12}$$

式中:K——测试地点的施工压实度(%);
ρ_d——试样的干密度(g/cm³);
ρ_m——由击实试验得到的试样的最大干密度(g/cm³)。

当试坑材料与击实试验的材料有较大差异时,可用试坑材料做标准击实试验,求取实际最大干密度。

六、报告与记录

各种土或稳定土干密度均应取到 0.01g/cm³。试验记录见表5-6。

密实度试验记录(灌砂法)　　　　　　　表5-6

试验日期：＿＿＿　试验员＿＿＿　复核：＿＿＿　质检：＿＿＿　工长：＿＿＿　负责人：＿＿＿

工程名称	××工程	结构层		级配碎石底基层	最大干密度ρ_a (g/cm³)		2.3	
取样地点(桩号)					K38+200	K38+240	K38+340	K38+540
灌入试筒前筒内砂质量		g	m_1		6500	6500	6500	6500
灌砂筒下部圆锥体内砂的平均质量		g	m_2		770	770	770	770
灌砂入试筒后筒内剩余砂质量		g	$m_4、m_4'$		3146	2879	2657	2754
灌砂筒下部圆锥体及基板和地面粗糙表面间砂的合计质量		g	m_5-m_6					
填满试筒所需砂质量		g	$m_6=m_1'-m_4-m_2$		2584	2851	3073	2985
试筒中湿土质量		g	m		4210	4665	5	4835
湿密度		g/cm³	ρ		2.36	2.37	2.36	2.35
含水率		%	w		4	4.1	4.2	4.3
干密度		g/cm³	ρ_d		2.27	2.28	2.26	2.25
压实度		%	K		98.7	99.1	98.3	97.8

七、操作注意事项

(1)灌砂筒内的量砂重复使用时,应烘干,处理一致,否则影响量砂的松方密度。若更换量砂,必须重测其松方密度。

(2)在进行罐容积标定时,罐外的水一定要擦干。

(3)在挖坑时试坑周壁应笔直,避免出现上大下小或上小下大的情形,且不得使凿出的试坑材料丢失,以免检测密度偏大或偏小。

任务5.4　钻芯法检测压实度

一、适用条件与范围

沥青混凝土路面密度试验是检验从路面上挖(钻)取试件的密度,用以检查路面的压实度。钻芯法适用于试验室测定从沥青混凝土路面上挖(钻)取试件的密度,也可以测定沥青混合料试件的毛体积密度。对于吸水率小于2%的沥青混合料(包括密级配、抗滑表层和SMA沥青玛琋脂碎石混合料)用表干法测定;水中重法适用于几乎不吸水的密级配混合料;对于吸水率>2%的沥青混凝土或沥青碎石混合料,试件的毛体积密度可用蜡封法测定;对于不能用表干法和蜡封法测定的大孔隙透水性开级配的沥青混合料,其毛体积密度可用体积法测定。测定的基本原理是先称量试件在空气中的质量,再称量试件(或封蜡后)在水中的质量。在工地上检查沥青路面的密实度可采用钻芯法、核子密度仪法等。

二、仪器与用具

(1)浸水天平或电子秤。当最大称量在3kg以下时,感量不大于0.1g;最大称量在3kg

以上时,感量不大于 0.5g;最大称量在 10kg 以上时,感量不大于 5g。应有测量水中重的挂钩。

(2)网篮。

(3)溢流水箱。其见图 5-3,使用水位溢流装置,保持试件和网篮浸入水中后的水位一定。

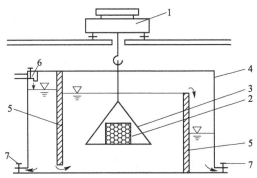

图 5-3　溢流水箱及下挂法水中称重方法示意图
1-浸水天平或电子秤;2-试件;3-网篮;4-溢流水箱;5-水位搁板;6-注水口;7-放水阀门

(4)试件悬吊装置。天平下方悬吊网篮及试件的装置,吊线应采用不吸水的细尼龙线,并有足够的长度。对轮碾成型机成型的板块状试件可用铁线悬挂。

(5)石蜡、毛刷及溶化石蜡的仪器等。

(6)秒表。

(7)电风扇或烘箱。

三、试验步骤

(1)准备工作。将挖(钻)取试件用毛刷轻轻刷净黏附的粉尘。如试件边角有浮松颗粒,应仔细清除。

(2)用天平称量试件在空气中的质量 m,准确至 0.1g。

(3)用静水天平称量试件在水中的质量 m_1,准确至 0.1g。

四、结果计算

1. 路面试件的密度

(1)对于未封蜡的试件,水中重法按下式计算其表观密度:

$$\rho = \frac{m}{m-m_1}\gamma_w \tag{5-13}$$

(2)表干法按下式计算其密度:

$$\rho = \frac{m}{m_f-m_1}\gamma_w \tag{5-14}$$

(3)对于封蜡后的试件(蜡封法),其毛体积密度按下式计算:

$$\rho = \frac{m}{m_2-m_3-\dfrac{m_2-m}{\gamma_p}}\gamma_w \tag{5-15}$$

式中:m——路面试件在空气中质量(g);

m_1——未封蜡路面试件在水中的质量(g);

m_f——试件的表干质量(g);

m_2——封蜡后的试件在空气中质量(g);

m_3——封蜡后的试件在水中质量(g);

γ_p——蜡的密度(g/cm³);

γ_w——水的密度($\gamma_w \approx 1$g/cm³)。

2.沥青标准密度和压实度计算

钻孔取样应在路面完全冷却后进行,对普通沥青路面通常在第二天取样,对改性沥青及SMA路面宜在第三天以后取样。沥青路面的压实度按下式计算。

$$K = \frac{D}{D_0} \times 100\% \tag{5-16}$$

式中:K——沥青层某一测定部位的压实度(%);

D——由试验测定的压实沥青混合料试件实际密度(g/cm³);

D_0——沥青混合料的标准密度(g/cm³)。

五、试验过程中的注意事项

(1)电子天平必须校准后才能进行称量。

(2)钻取试件应将黏附层刮干净,再进行称量。

(3)在称试件在水中的质量时,水面不晃动,数据稳定后再读取读数。

(4)测定试件的表干质量时,将试件在25℃的水中泡3~5min称水中重,取出后用干毛巾擦干表面,称表干质量。

(5)蜡封法将试件冷冻后再封蜡,防止蜡进入试件内部。

任务5.5 压实度评定

路基、路面基层、底基层的压实度以重型击实标准为准。沥青层压实度以《公路沥青路面施工技术规范》(JTG F40—2004)的规定为准。

对于干旱、潮湿地区或过湿土,以路基设计规范规定的压实度标准进行评定。

测量标准密度应做平行试验,求其平均值作为现场检验的标准值。对于均匀性差的路基土质和路面结构层材料,应根据实际情况增补标准密度试验,求得相应的标准值,以控制和检验施工质量。

路基、路面压实度1~3km作为评定单元,按要求的检测频率及方法进行现场压实度抽样检查,求算每一测点的压实度K_i。

压实度评定要点是:

(1)控制置信下限,保证总体施工水平。

(2)规定单点极限值不小于给定值,防止局部隐患。

(3)规定扣分界限以区分质量优劣。

计算检测路段内压实度K的代表值:

$$K = \overline{K} - S \cdot \frac{t_\alpha}{\sqrt{n}} \geq K_0 \tag{5-17}$$

式中：$\overline{K}$——检验评定段内各测点压实度的平均值；

　　t_α——f 分布表中随测点数和保证率（或置信度）而变的系数（查附录）；对于高速公路、一级公路，基层、底基层为 99%，路基、路面面层为 95%；对于其他公路，基层、底基层为 95%，路基、路面面层为 90%；

　　S——检测值的均方差；

　　n——检测点数；

　　K_0——压实度标准值。

1. 路基、路面基层、底基层

（1）$K \geq K_0$，且单点压实度 K_i 全部大于等于规定值减 2 个百分点，该评定路段压实度合格率为 100%。

（2）$K \geq K_0$，且单点压实度 K_i 全部大于等于规定值时，按测定值低于规定值减 2 个百分点的测点数计算合格率。

（3）当 $K < K_0$ 或某一单点值小于规定极值时，该评定路段压实度为不合格，相应分项工程评为不合格。

（4）路堤施工段落短时，分层压实度要每一点符合要求，且实际样本数不小于 6 个。

2. 沥青面层

（1）$K \geq K_0$，且全部测点 K_i 大于等于规定值减 1 个百分点时，该评定路段压实度合格率为 100%。

（2）$K \geq K_0$，按测定值不低于规定值减 1 个百分点的测点数计算合格率。

（3）当 $K < K_0$ 时，该评定路段压实度为不合格，相应分项工程评为不合格。

【例 5-1】 某新建公路路基施工中，对其中的一段压实质量进行检查，压实度检测结果见表 5-7，压实度标准为 95%。请按保证率为 95% 计算该路段压实度的代表值，并进行质量评定。

压实度检测结果　　　　　　　　　　　　　表 5-7

序号	1	2	3	4	5	6	7	8	9	10
压实度(%)	96.4	95.4	93.5	97.3	96.3	95.8	95.9	96.7	95.3	95.6
序号	11	12	13	14	15	16	17	18	19	20
压实度(%)	97.6	95.8	96.8	95.7	96.1	96.3	95.1	95.5	97	95.3

解：经计算，$\overline{K} = 95.97\%$，$S = 0.91$，$t_\alpha/\sqrt{n} = 0.387$。

$$K = \overline{K} - S \frac{t_\alpha}{\sqrt{n}} = 95.62 \geq K_0$$

且单点检验都符合要求，所以该路段压实度评为合格。

项目小结

压实度是路基路面施工质量检测的关键指标之一，表征路基路面现场压实后的密实状况。所以，对压实度要进行经常不断的检测。本项目主要阐述了环刀法、灌砂法、钻芯法检测压实度及压实度评定。

复习思考题

1. 压实的作用是什么？现场压实质量用什么指标来衡量？

2. 何谓压实度？简述路基路面压实度常见检测方法、适用范围。

3. 简述灌砂法测现场压实度的要点。

4. 沥青混凝土面层施工压实度质量采用什么方法检测？

5. 某湖北二级公路路基工程竣工验收时，测得其中一段压实度分别为 93.6、95.5、94.5、93.5、94.0、95.5、90.5、92.5、93.5、95.0(%)，请对该路段压实度检测结果进行评定。

项目6 路基路面强度和承载能力检测

项目描述

土基回弹模量是公路设计中必不可少的参数。我国现有规范给出不同自然区划和土质回弹模量的推荐值,但是因为土基回弹模量的改变将会影响路面厚度的设计,所以建议有条件时最好直接测定。随着施工质量的提高,回弹模量值的检验将会作为控制施工质量的一个重要指标。测定回弹模量的方法有承载板法、贝克曼梁法和其他间接测试方法(如贯入仪测定法和 CBR 测定法)。

教学目标

1. 知识目标
(1)掌握弯沉的概念及用贝克曼梁法测定路基路面回弹弯沉的测试步骤。
(2)掌握 CBR 的概念和试验步骤。
(3)熟悉路基路面施工或验收时回弹模量检测步骤。
2. 能力目标
(1)会运用贝克曼梁法测定路基路面回弹弯沉。
(2)能够进行回弹弯沉值修正。
(3)会进行回弹弯沉值评定。
(4)能够进行回弹模量检测。
(5)会进行 CBR 试验。

任务6.1 土基现场 CBR 值测试

承载比值是指规定贯入量时荷载压强的比值,最早由美国加利福尼亚公路局提出,又称为加州承载比(California Bearing Ratio,CBR),用于评定路基土和路面材料的强度指标。土基现场 CBR 值与土工试验的室内 CBR 值有所区别。首先是试验条件不同,前者是在公路现场条件下测定,土基含水率、压实度与室内试验不同,也未经泡水,故应通过试验寻找两者之间的关系,换算为室内试验 CBR 值后,用于路基施工强度检测或评定。其次是试验的出发点不同,路基填料的 CBR 试验是为了评定路用材料的强度,而本方法更多是为了衡量土基的整体承载力。其测试原理是在公路路基施工现场,用载重汽车作为反力架,通过千斤顶连续加载,使贯入杆匀速压入土基。为了模拟路面结构对土基的附加压力,在贯入杆位置安装承载板。路基强度越高,贯入量为 2.5mm 或 5.0mm 时荷载越大,即 CBR 值越大。路基填料最小强度要求见表6-1。

路基填料最小强度 表6-1

项目分类		路面底面以下深度（cm）	填料最小强度 CBR(%)		填料最大粒径（mm）
			高速公路、一级公路	其他等级公路	
填料	上路床	0~30	8	6	10
	下路床	30~80	5	4	10
	上路堤	80~150	4	3	15
	下路堤	150以下	3	2	15
零填及路堑路床		0~30	8	6	10

一、室内 CBR 值试验

1. 备料

(1)试验采用风干试料,按四分法取样,一次备足击实 CBR 试验所需试样,试样的制取应有代表性并尽量与施工实际相符。《公路土工试验规程》(JTG E40—2007)中的承载比(CBR)试验规定:"试样的最大粒径宜控制在20mm 以内,最大不得超过40mm"。

(2)将具有代表性的风干试料用木碾捣碎,但应尽量注意不使土或粒料的单个颗粒破碎。土团均应捣碎至能通过5mm 的筛孔。

(3)土样制备中应注意:

①用最佳含水率进行 CBR 土样制备时,最好用干土法,因为湿土法也要先风干土,再取样测定土的天然含水率,这样相对干土法的制备多了一步工序,在一定程度上增加了人为误差。

②如果试验室没有控制湿度和温度的条件,要视室内的空气湿度和温度情况而采取相应措施。如果在温度很高或者空气很干燥的情况下,应在闷料的场地周围洒水降温和增加空气湿度,最好不要开风扇。

③闷料前应将闷土的工具先润湿,避免工具在拌土的过程中带走水分,但应掌握好润湿工具的程度,既不能太湿也不能太干。拌和时最好用喷雾洒水器,使水分均匀地喷洒在土的表面(对于黏性土尤为重要),从而保证所拌和的土样水分均匀且不成团。同时应掌握好拌和时间,并注意切勿使水分在拌和的过程中散失,确保同组试件含水率的偏差在容许的范围内。

2. 通过击实试验,求解试料的最大干密度和最佳含水率

(1)试样制备。将代表性土样风干或在低于50℃温度下烘干,放在橡皮板上用木碾碾散(应尽量注意不使土或粒料的单个颗粒破碎,改变土的性质),过筛拌匀备用。测定土样风干含水率 w_0,按土的塑限估计最佳含水率,并依次按相差2%的含水率制备一组试样(不小于5个),其中有两个大于和两个小于最佳含水率。将称好质量 m_0 的土平铺于不吸水的平板上,用喷水设备往土样上均匀喷洒预定 m_w 的水量,静置一段时间后,装入塑料袋内静置备用。静置时间对高液限黏土不得少于24h,对低液限黏土不得小于12h。

(2)试样击实。电动击实仪见图6-1。将击实筒放在坚硬的地面上,取制备好的土样按所选击实方法分3~5次倒入筒内。每层按规定的击实次数进行击实,注意每层之间的拉毛,要求击实后余土高度不超过筒顶面5~6mm。用修土刀齐筒顶削平试

图6-1 电动击实仪

样,称筒和击实样土重后用推土器推出筒内试样,测定击实试样的含水率和推算击实后土样的湿密度。依次重复上述过程将所备不同预定含水率的土样击实完。

(3)结果整理。按下式计算击实后各点的干密度:

$$\rho_d = \frac{\rho}{1+0.01w} = \frac{\rho}{1+0.01w} \tag{6-1}$$

3. 按击实所得最佳含水率制备 CBR 试件

(1)称量试筒本身质量(m_1),将试筒固定在底板上,放入垫块、滤纸,安上套环。

(2)将试料按规定的层数和每层击数击实,求试料的最大干密度和最佳含水率。

(3)将其余3份试料按最佳含水率制备3个试件。试料加水浸润时间为:重黏土不少于24h,轻黏土12h,砂土1h,天然砂砾2h,取料测定每个试件的含水率。

(4)将取备好的试料分3~5次倒入筒内(视最大粒径而定),按五层法时每层试样900(细粒土)~1100g(粗粒土);按三层法,每层试样1700g左右(其量应使击实后试件高出1/3筒高1~2mm)。击实时锤应自由垂直落下,锤迹均匀分布于试样表面。击实时每层表面应"拉毛"。大试筒击实后,试样不宜高出筒高5mm。

(5)修平击实试件,称取试筒和试样的质量(m_2)。

4. 试件顶面加承载板浸水4昼夜

试件加了承载板以后,试筒的顶面离水面的高度应保持在大约25mm。泡水测算膨胀量步骤:

(1)在试件表面放一张好滤纸,安装多孔板和荷载板,试件放入干水槽中,用拉杆将模具拉紧,安装百分表,读取初读数。

(2)向槽内放水,浸没试件顶部,保持水面在试件顶上约25mm,泡水4昼夜。

(3)泡水终了,读取百分表终读数,计算膨胀量。

(4)取出试件,静置15min排水,卸去附加荷载、多孔板、底板、滤纸,并称量(m_3)。

5. 贯入试验

室内 CBR 测定仪见图 6-2。

(1)试件放在路强仪升降台上,使贯入杆与试件顶面全面接触,放上荷载板。

(2)先在贯入杆上施加45N荷载,然后将测力和测变形的百分表的指针调至零点。

(3)加荷使贯入杆以1~1.25mm/min的速度压入试件,记录测力计内百分表某些整读数(如20、40、60)时的贯入量,使贯入量为250×10^{-2}mm时有5个以上读数。总贯入量应超过7mm。

6. 绘制单位压力 p 与贯入量 L 间的关系曲线

(1)以单位压力 p(kPa)为横坐标、贯入量 L(mm)为纵坐标,绘制 p-L 关系曲线。当贯入曲线起点处的凹向与主体曲线相反时要进行修正,修正的方法是在变曲率点引一切线与纵坐标交于 O 点,并以 O 为坐标系的原点。要注意的是,原点改变以后,单位压力应平移到新原点,压力应随着平移后的原点变化。

图 6-2 室内 CBR 测定仪

(2)从 p-L 关系曲线上读取贯入量为 2.5mm 及 5mm 时的单位压力 $p2.5$(MPa)、$p5$(MPa),则 $CBR2.5 = p2.5/7 \times 100\%$,$CBR5 = p5/105 \times 100\%$。一般采用 CBR 2.5 值作为材料承载比,如 CBR5 > CBR 2.5,则试验重做;如果重做的结果仍然如此,则采用 CBR5 值作

为材料承载比。

(3)如根据3个平行试验结果计算得到的承载比变异系数大于12%,则去掉一个偏离大的值,取其余2个结果平均值;如 C_v 小于12%,且3个平行试验结果计算的干密度偏差小于 $0.03 g/cm^3$,取3个结果平均值;如3个平行试验结果计算的干密度偏差超过 $0.03 g/cm^3$,则去掉1个偏离大的值,取其余2个结果的平均值。

7. 结果整理

(1)以单位压力(p)为横坐标,贯入量(L)为纵坐标,绘制 p-L 关系曲线。

(2)一般采用贯入量为2.5mm时的压力与标准压力之比作为材料的承载比(CBR)。

(3)如贯入量为5mm时的承载比大于2.5mm时的承载比,则试验要重做;如结果仍然如此,则用5mm时的承载比。

8. 精度要求

如根据3个平行试验结果计算得到的承载比变异系数 C_v 大于12%,则去掉一个偏离大的值,取其余2个结果的平均值。如 C_v 小于12%,且3个平行试验结果计算的干密度偏差小于 $0.03 g/cm^3$,则取3个结果的平均值。

9. 报告

报告应包括:材料的颗粒组成;最佳含水率(%)和最大干密度(g/cm^3);材料的承载比(%)(承载比小于100%,准确到5%;承载比大于100%,准确到10%);材料的膨胀量(%)等。

二、土基现场CBR值测试方法

1. 目的与适用范围

(1)本方法适用于在现场测定各种土基材料的CBR值,同时也适合于基层、底基层、砂性土、天然砂砾、级配碎石等材料CBR值的测试。

(2)本方法所用试样的最大集料粒径宜小于19.0mm,最大不得超过31.5mm,也不适用于大粒径的土石混填或填石路基。

2. 主要仪具设备

(1)荷载装置。装载有铁块或集料重物的载重汽车,后轴重力不小于60kN,在汽车大梁的后轴之后设有一加劲横梁做反力架用。

(2)CBR现场测试装置。其由千斤顶(机械或液压)、测力计(测力环或压力表)及球座组成,见图6-3。千斤顶可使贯入杆的贯入速度调节成1mm/min,测力计的容量不小于土基强度,测定精度不小于测力计量程的1%。

①贯入杆:直径 $\phi 50mm$、长约200mm 的金属圆柱体。

②承载板:每块质量1.25kg,直径 $\phi 150mm$,中心孔眼直径 $\phi 52mm$,不小于4块,并沿直径分为两个半圆块。

③贯入量测定装置:由平台及百分表组成,百分表量程20mm,精度0.01mm,数量2个,对称固定于贯入杆上,端部与平台接触,平台跨度不小于50cm。此设备也可用两台贝克曼梁弯沉仪代替。

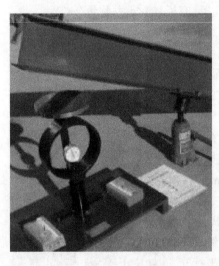

图6-3　CBR现场测试装置

④应选择合适量程的测力装置。一般土基强度相对路面材料较低,为了保证测力装置不发生无法读数的情况,需要更换较小量程的测力装置。对于土基材料,可采用10kN或7.5kN测力计。技术人员应在试验中注意总结经验。

⑤当采用贝克曼梁弯沉仪作为贯入量测定装置时,应注意需要进行贯入量的换算。平台跨度应不小于50cm,以免造成贯入量读数失真,试用中如发现平台有明显位移,应重新进行试验。

3. 方法与步骤

(1)准备工作

①将试验地点周围直径约ϕ30cm的表面找平,用毛刷刷净浮土,如表面为粗粒土时,应撒布少许洁净的细砂填平,但不能覆盖全部土基表面,避免形成夹层。

②装置测试设备,按图设置贯入杆及千斤顶,千斤顶顶在加劲横梁上且调节至高度适中。贯入杆应与土基表面紧密接触,但不应在土基表面形成贯入痕迹。

③安装贯入量测定装置:将支架平台、百分表(或两台贝克曼梁弯沉仪)安装好。

(2)测试步骤

①在贯入杆位置安放4块质量为1.25kg、半圆形承载板,共5kg。

②试验贯入前,先在贯入杆上施加45N荷载后,将测力计及贯入量百分表调零,记录初始读数。

③起动千斤顶:使贯入杆以1mm/min的速度压入土基,当贯入量为0.5mm、1.0mm、1.5mm、2.0mm、2.5mm、3.0mm、4.0mm、5.0mm、6.5mm、10.0mm及11.5mm时,分别读取测力计读数。根据情况,也可在贯入量达到6.5mm时结束试验。

注:用千斤顶连续加载,两个贯入量百分表及测力计均应在同一时刻读数。当两个百分表读数差值不超过平均值的30%时,以平均值作为贯入量;当两个表读数差值超过平均值的30%时,应停止试验。

④卸除荷载,移去测定装置。

⑤在试验下取样(即不通过试验过程中取样),测定材料含水率。取样数量如下:最大粒径不大于4.75mm,试样数量约120g;最大粒径不大于19.0mm,试样数量约250g;最大粒径不大于31.5mm,试样数量约500g。

⑥在紧靠试验点旁边的适当位置,用灌砂法或环刀法等测定土基的密度。在贯入杆位置安放半圆形承载板,限制贯入杆的侧向倾斜,当发生细微倾斜时,不应人为扶正;当发生较大倾斜时,应重新试验。

⑦在加荷装置上安装贯入杆后,为了使贯入杆断面与土基表面充分接触,在贯入杆上施加45N的预压力,将此荷载作为试验时的零荷载,并将该状态的贯入量设为零点。绘制的压力—贯入量关系曲线,起始部分呈反弯,则表示试验开始时贯入杆端面与土表面接触不好,应对曲线进行修正。

⑧试验结束标准应根据土基强度而定,当土基强度较大时,可在贯入量达6.5mm时结束试验。荷载压强及贯入量读数不宜过少,一般要求在达到2.5mm贯入量时不应少于5个读数。

4. 计算

(1)将贯入试验得到的等级荷重数除以贯入断面面积(19.625cm^2),得到各级压强(MPa),绘制荷载压强—贯入量曲线。

(2)从压强—贯入量曲线上读取贯入量为2.5mm及5.0mm时的荷载压强P_1,计算现场

CBR 值。CBR 一般以贯入量为 2.5mm 时的测定值为准,当贯入量为 5.0mm 时的 CBR 大于贯入量为 2.5mm 时的 CBR 时,应重新试验;如重新试验结果仍然如此,则以贯入量 5.0mm 时的 CBR 为准。

$$CBR = \frac{P_1}{P_2} \times 100\% \tag{6-2}$$

式中:P_1——荷载压强(MPa);

P_2——标准压强,当贯入量为 2.5mm 时,P_2 为 7MPa;当贯入量为 5.0mm 时,P_2 为 10.5MPa。

原点修正时,应注意压强或贯入量值须随平移后的原点而变化。各级贯入量下的标准压强见表 6-2。

各级贯入量下的标准压强 表 6-2

贯入量(cm)	0.254	0.508	0.762	1.106	1.270
标准压强(kPa)	7030	10550	13360	16170	18230

三、动力圆锥贯入仪测定路基路面 CBR 试验方法

(1)动力圆锥贯入仪(DCP)概述

①动力圆锥贯入仪(Dynamic Cone Penetrometer,DCP)是一种轻型轻便的地基土原位测试触探仪(图 6-4),其锤重为 8kg,落距 575mm,贯入杆长为 1000mm,圆锥头直径是 20mm,锥尖为 60°,贯入杆可以连接长 1000mm 的钢直尺,公英制双面读数,直接读记每击一次的贯入值。

图 6-4 动力圆锥贯入仪

②国外已经在 DCP 使用中积累了贯入值与相应土性指标的关系。其贯入值已经与土的弹性模量、加州承载比(CBR)、无侧限抗压强度建立了关系。南非已经将贯入值作为路面设计的参数。

③DCP 优势。DCP 的优点是快速、简便,不受场地限制,适用于施工现场或老路路基承载力评价。DCP 通过快速检测土基的贯入度可有效地克服灌沙、环刀、灌水与电动取土器等方法的缺点,是新一代土基压实性能的快速检测设备。同时,DCP 与现场路基 CBR 和回弹模量之间具有良好的相关性,可用来评价路基强度(根据 AASHTO 公式转换)。

(2)DCP 分析方法

由于 DCP 在国内应用较少,目前国内尚没有相关的分析方法,根据美国 AASHTO 的规定,DCP 测试结果与 CBR 之间存在如下关系:

$$CBR = \frac{405.3}{PR^{1.259}} \tag{6-3}$$

式中：PR——DCP测试的贯入率(mm/锤击次)；
　　　CBR——加州承载比。

因此，通过现场测试时记录DCP的贯入率即可快速计算土基CBR，初步评价路基各层承载能力。

(3) DCP测试原理

DCP测试时，通常需要3个人员操作，其中：一人握住手柄，竖起并扶住仪器，同时将锥尖朝下贴紧土基表面，并尽量使贯入杆垂直于土基表面；一人提升落锤并让其自由下落，一人记录每两次锤击后对应的标尺读数。

(4) DCP测试步骤

①在试验地点选择干燥平坦的表面。如果表面有浮土或土质较松软，应用铲子将表面一层土铲去，铲去土的厚度不宜大于2cm；如果表面浮土较深，应在附近另选一测点进行测试。

②将圆锥头连接到安装好的动力贯入仪杆上。

③将圆锥头对准要检测的土的表面，同时确保贯入杆竖直。

④在贯入杆旁边放好标尺，标尺要平行于贯入杆。

⑤有一人扶好贯入杆，另一人举起重锤，然后松手放下重锤。

⑥落锤砸下后，记录单次贯入深度超过5mm后的锤击次数与杆身贯入深度；如果单次贯入深度小于5mm，应在多次锤击到贯入深度大于5mm后记录贯入深度及该序列累计锤击次数。测试数据应按照规定表格由专人记录。

⑦至贯入深度达到要求(贯入深度达到或稍微超过当前被检压实层层厚)后，取出贯入杆，结束测试。

⑧在贯入过程中，如圆锥头遇到石块或其他蚀物致使贯入杆无法继续贯入时，停止测试。本次数据记录作废，另外在贯入孔附近40cm范围内另选择一测点进行测试。

⑨测试完毕后将贯入杆从中部连接处拆开，连同标尺及落锤一起放进工具箱内，以备下次使用。

(5) DCP测试显示

贯入杆在落锤的冲击作用下，逐渐贯入土基内部。土基越坚硬，贯入一定深度的次数越多，相应的每锤贯入的深度越小；土基越软，则贯入一定深度的次数越少，而每锤贯入深度越大。因此，DCP的测试结果可以反映土基内部的结构性能和压实情况。DCP可在深约85cm范围内进行连续测试，一般情况下，DCP测试1个测点只需1~3min的时间，具有快速检测的特点，为此，其测试结果采用贯入深度为反映。

(6) DCP测试结果对比分析

DCP贯入度与其他指标之间的相关系数绝对值均大于0.70，特别是与压实度和弯沉之间的相关系数绝对值超过0.80。这说明贯入度与弯沉、静回弹模量、动模量、压实度、干密度及含水率之间均存在着良好的双对数关系。其中，静回弹模量、动模量、压实度及干密度与贯入度呈负相关，弯沉和含水率与贯入度呈正相关。因此，贯入度可以反映土基的设计指标(回弹模量)及施工指标(压实度和弯沉)。故采用DCP评价土基的强度、刚度及压实性能是可行的，上述经验公式可作为DCP评价此类土基的压实性能参考。

(7) 测试结论

通过现场选取成型土质路基，分别采用DCP、贝克曼梁、承载板、PFWD及灌砂法等现场测试方法对土基性能进行对比测试。回归分析结果显示,DCP贯入度与土基设计指标(静回弹模量和动模量)及施工指标(压实度、干密度、含水率及弯沉)等之间具有良好的相关关系,相关系数绝对值均大于0.70。这表明,通过现场标定并建立DCP与其他检测指标间的相关关系,可以采用DCP替代传统的检测方法,快速检测并评价土基的强度和刚度及压实性能。

任务6.2 路基路面回弹模量测试

一、贝克曼梁测定路基路面回弹模量

用弯沉仪测试各点的回弹弯沉值,通过计算求得该材料的回弹模量值的试验适用于土基和厚度不小于1m的粒料整层表面,也适用于在旧路表面测定路基路面的综合回弹模量。

1. 检测器具与材料

检测器具与材料见图6-5。
(1)标准车:按前述规定选用。
(2)路面弯沉仪:由贝克曼梁、百分表及表架组成。弯沉值采用百分表量得。
(3)路表温度计:分度不大于1℃。
(4)其他:皮尺、口哨、粉笔、指挥旗等。

2. 方法与步骤

(1)准备工作。选择洁净的路面表面作为测点,要在测点处做好标记并编号。
(2)无机结合料粒料基层的整层试验段(试槽)应符合下列要求:

整层试槽可修筑在行车带范围内或路肩及其他合适处,也可在室内修筑,但均应适用于汽车测定弯沉。试槽应选择在干燥或中湿路段处,不得铺筑在软土基上。试槽面积不小于3m×2m,厚度不宜小于1m。铺筑时,先挖3m×2m×1m(长×宽×深)的坑,然后用待测定路面材料按有关规定的压实度分层铺筑并压实,直至顶面,使其达到要求的压实度标准。同时应严格控制材料组成,配比均匀一致,符合施工质量要求。试槽表面的测点间距可按图6-6布置在中间2m×1m的范围内,可测23点。

图6-5 贝克曼梁测定路面回弹模量

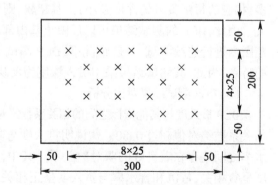

图6-6 试槽表面的测点布置(尺寸单位:cm)

3. 测试步骤

选择适当的标准车,实测各测点处路面回弹弯沉值 L_i。如在旧沥青路面上测定时,应读取温度,并测定弯沉值的温度修正,得到标准温度20℃时的弯沉值。

4. 计算

(1) 分别计算全部测定值的算术平均值 $\bar{L}$、单次测量的标准差 S 和自然误差 r_0：

$$\bar{L} = \frac{\sum L_i}{n} \tag{6-4}$$

$$S = \sqrt{\frac{\sum (L_i - \bar{L})^2}{n-1}} \tag{6-5}$$

$$r_0 = 0.675 \times S \tag{6-6}$$

式中：$\bar{L}$——回弹弯沉值的平均值(0.01mm)；

S——回弹弯沉值的标准差(0.01mm)；

r_0——回弹弯沉值的自然误差(0.01mm)；

L_i——各测点的回弹弯沉值(0.01mm)；

n——测点总数。

(2) 计算各测定值与算术平均值的偏差 $d_i = L_i - \bar{L}$，并计算较大的偏差与自然误差之比 d_i/r_0。当某个测点观测值的 d_i/r_0 值大于表6-3中 d/r 极限值时，应舍弃该测点，然后重复上述步骤计算所余各测点算术平均值（$\bar{L}$）及标准差（S）。

相应于不同观测次数的 d/r 极限值 表6-3

n	5	10	15	20	50
d/r	2.5	2.9	3.2	3.3	3.8

(3) 按下式计算代表弯沉值：

$$L_r = \bar{L} + S \tag{6-7}$$

式中：L_r——计算代表弯沉值；

$\bar{L}$——舍弃不符合要求的测点后所余各测点弯沉值的算术平均值；

S——舍弃不符合要求的测点后所余各测点弯沉值的标准差。

(4) 按下式计算土基、整层材料的回弹模量（E_1）或旧路的综合回弹模量：

$$E_1 = \frac{2p\delta}{L_r}(1-\mu^2)\alpha \tag{6-8}$$

式中：E_1——计算的土基、整层材料的回弹模量或旧路的综合回弹模量(MPa)；

p——测定车轮的平均垂直荷载(MPa)；

δ——测定用标准车双圆荷载单轮传压面当量圆的半径(cm)；

μ——测定层材料的泊松比，根据《公路沥青路面设计规范》(JTG D50—2017)的规定取用，我国土基通常采用0.35，沥青材料通常采用0.25；

α——弯沉系数，为0.712。

5. 检测报告的内容

检测报告应包括弯沉测定表、计算代表弯沉值、采用的泊松比及计算得到的材料回弹模量等。对于沥青路面，还应报告测试时的路面温度。

二、承载板测定土基回弹弯沉

在现场土基表面用承载板对土基逐级加载、卸载的方法，测出每级荷载下相应的土基回弹变形值，经过计算求得土基回弹模量，作为路面设计参数使用。

1. 检测器具与材料

(1)加载设备:载有铁块或集料等重物、后轴重不小于60kN载重汽车一辆,作为加载设备。在汽车大梁的后轴之后约80cm处,附设加劲小梁一根做反力架,汽车轮胎充气压力0.50MPa。

(2)现场测试装置,由千斤顶、测力计(测力环或压力表)及球座组成。

(3)刚性承载板一块,板厚20mm,直径为30cm,直径两端设有立柱和可以调整高度的支座,供安放弯沉仪测头。承载板安放在土基表面上。

(4)路面弯沉仪两台,由贝克曼梁、百分表及其支架组成。

(5)液压千斤顶一台(80~100kN),装有经过标定的压力表或测力环,其量程不小于土基强度。

(6)秒表、水平尺、细砂、毛刷、垂球、镐、铁锹、铲等。

2. 方法与步骤

(1)准备工作

①根据需要选择有代表性的测点,测点应位于水平的路基上,路基应土质均匀,不含杂物。

②仔细平整土基表面,撒干燥洁净的细砂填平凹处,砂子不可覆盖全部土基表面,避免形成砂层。

③安置承载板,并用水平尺进行校正,使承载板处于水平状态。

④将试验车置于测点上,在加劲小梁中部悬挂垂球测试,使之恰好对准承载板中心,然后收起垂球。

⑤在承载板上安装千斤顶,上面衬垫钢圆筒、钢板,并将球座置于顶部,与加劲横梁接触。如用测力环,应将测力环置于千斤顶与横梁中间,千斤顶及衬垫物必须保持垂直,以免加压时千斤顶倾倒导致事故,影响测试数据的准确性。

⑥安放弯沉仪,将两台弯沉仪的测头分别置于承载板立柱的支座上,百分表对零或其他合适的初始位置。

(2)测试步骤

①用千斤顶开始加载,注视测力环或压力表,至预压值达到0.05MPa后,稳压1min,使承载板与土基紧密接触,同时检查百分表的工作情况是否正常,然后放松千斤顶油门卸载,稳压1min后,将指针对零或记录初始读数。

②测定土基的压力—变形曲线,用千斤顶控制加载,采用逐级加载卸载法,用压力表或测力环控制加载量。荷载小于0.1MPa时,每级增加0.02MPa,以后每级增加0.04MPa左右。为了使加载和计算方便,加载数值可适当调整为整数,每次加载至预定荷载(P)后,稳压1min,立即读记两台弯沉仪百分表数值,然后轻轻放开千斤顶卸载至0,待卸载稳定1min后再次读数。每次卸载后百分表不再对零。当两台弯沉仪百分表读数之差小于平均值的30%时,取平均值,如超过30%则应重测。当回弹变形值超过1mm时,即可停止加载。

③各级荷载的回弹变形和总变形,按以下方法计算:

回弹变形 L = (加载后读数平均值 − 卸载后读数平均值) × 弯沉仪杠杆比

总变形 L' = (加载后读数平均值 − 加载初始前读数平均值) × 弯沉仪杠杆比

④测定总影响量 α。最后一次加载卸载循环结束后,取走千斤顶,重新读取百分表初读数,然后将汽车开出10m以外,读取终读数,两只百分表的初、终读数差之平均值即为总影响

量 α。总影响量是汽车后轴荷载对施测点的回弹变形。

⑤在试验点下取样,测定材料含水率。取样数量如下:最大粒径不大于5mm,试样数量约120g;最大粒径不大于25mm,试样数量约250g;最大粒径不大于40mm,试样数量约500g。

⑥在紧靠试验点旁边的适当位置,用灌砂法或环刀法等测定土基的密度。

(3)计算

①各级荷载的回弹变形值加上该级的影响量后,则为计算回弹变形值。表6-4是以后轴重力为60kN的标准车为测试车的各级荷载影响量的计算值。当使用其他类型的测试车时,各级荷载下的影响量 α_i 按下式计算:

$$\alpha_i = \frac{(T_1 + T_2)\pi D^2 P_i}{4T_1 Q} \times \alpha \tag{6-9}$$

式中:α_i——各级荷载下的影响量压力的分影响量,精确至0.01mm;
T_1——测试车前后轴距(m);
T_2——加劲小梁中点距后轴距离(m);
D——承载板直径(m);
P_i——各级荷载下的承载板压力(Pa);
Q——测试车后轴重力(N)。

各级荷载影响量(后轴重力为60kN)   表6-4

承载板压力(MPa)	0.05	0.10	0.15	0.20	0.30	0.40	0.50
影响量 α_i	0.06α	0.12α	0.18α	0.24α	0.36α	0.48α	0.60α

②将各级计算回弹变形值点绘于标准计算纸上,排除显著偏离的异常点并绘出顺滑的 P-L 曲线,如曲线起始部分出现反弯,应修正原点 O,O' 则是修正的原点。

③按下式计算相当于各级荷载下的土基回弹模量 E_i 值:

$$E_i = \frac{\pi D}{4} \times \frac{P_i}{L_i}(1 - \mu_0^2) \tag{6-10}$$

式中:E_i——相应于各级荷载下土基回弹模量(MPa);
D——承载板直径,30cm;
P_i——承载板单位压力(MPa);
L_i——相对于荷载 P_i 时的计算回弹变形值(cm);
μ_0——土的泊松比,根据《公路路基设计规范》(JTG D30—2015)规定选用;当无规定时,非黏性土可取0.3,高黏性土取0.5,一般可取0.35或0.4。

④取结束试验前的各回弹变形值按线性回归方法由下式计算土基回弹模量 E_0 值:

$$E_0 = \frac{\pi D}{4} \times \frac{\sum P_i}{\sum L_i}(1 - \mu_0^2) \tag{6-11}$$

式中:E_0——土基回弹模量(MPa);
μ_0——土的泊松比,根据《公路路基设计规范》(JTG D30—2015)选用;
D——承载板直径30cm;
P_i——对应 L_i 的各级压力值;
L_i——回弹变形值(cm),可由式(6-12)计算;

$$L_i = L'_i + \alpha_i \tag{6-12}$$

α_i——各级荷载下的影响量,精确至0.01mm;
L'_i——各级荷载下的实测弯沉值(cm)。

(4)检测报告内容
检测报告应记录下列结果:
①试验时所采用的汽车类型。
②近期天气情况。
③试验时土基的含水率。
④土基密度和压实度。
⑤相应于各级荷载下的土基回弹模量 E_i 值。
⑥土基回弹模量 E_0 值。

任务6.3 路基路面弯沉检测

一、贝克曼梁测定路基路面回弹弯沉

1. 试验目的和适用范围

(1)本方法适用于测定各类路基、路面的回弹弯沉,见图6-7,用以评定其整体承载能力,可供路面结构设计使用。

(2)本方法测定的路基、柔性路面的回弹弯沉值可供交工和竣工验收使用。

(3)本方法测定的路面回弹弯沉可为公路养护管理部门制订养路修路计划提供依据。

(4)沥青路面的弯沉值以标准温度20℃时为准;在其他温度[超过(20±2)℃范围]测试时,对厚度大于5cm的沥青路面,弯沉值应经过温度修正。

图6-7 贝克曼梁测定路面回弹弯沉

2. 仪具与材料

(1)测试车。双轴;后轴双侧4轮的载重车,其标准轴荷载、轮胎尺寸、轮胎间隙及轮胎气压等主要参数应符合要求。后轴标准轴载 P 为$(100±1)$kN、一侧双轮荷载为$(50±0.5)$kN、贝克曼梁轮胎充气压力为$(0.70±0.05)$ MPa、单轮传压面当量圆直径为$(21.3±0.5)$cm、轮迹宽度应满足能自由插入弯沉仪测头的测试要求。测试车应采用后轴载为100kN标准轴载的BZZ-100型汽车。

(2)路面弯沉仪。其由贝克曼梁、百分表及表架组成。贝克曼梁由铝合金制成,上有水准泡,其前臂(接触路面)与后臂(装百分表)长度比为2:1。弯沉仪长度有两种:一种长3.6m,前后臂分别为2.4m和1.2m;另一种加长的弯沉仪长5.4m,前后臂分别为3.6m和1.8m。当在半刚性基层沥青路面或水泥混凝土路面上测定时,宜采用长度为5.4m的贝克曼梁弯沉仪,并采用BZZ-100标准车;弯沉值采用百分表量得,也可用自动记录装置进行测量。

(3)接触式路面温度计,其端部为平头,分度不大于1℃。

(4)其他:皮尺、口哨、白油漆或粉笔、指挥旗等。

3.试验方法与步骤

(1)试验前准备工作

检查并保持测定用标准车的车况及制动性能良好,轮胎内胎符合规定充气压力。向汽车车槽中装载(铁块或集料),并用地中衡称量后轴总质量,符合要求的轴重规定,汽车行驶及测定过程中,轴重不得变化。在平整光滑的硬质路面上用千斤顶将汽车后轴顶起,在轮胎下方铺一张新的复写纸,轻轻落下千斤顶,即在方格纸上印上轮胎印痕,用求积仪或数方格的方法测算轮胎接地面积,精确至 $0.1cm^2$。检查弯沉仪百分表测量灵敏情况。当在沥青路面上测定时,用路表温度计测定试验时气温及路表温度(一天中气温不断变化,应随时测定),并通过气象台了解前5天的平均气温(日最高气温与最低气温的平均值),记录沥青路面修建或改建时材料、结构、厚度、施工及养护等情况。

(2)测试步骤

①在测试路段布置测点,其距离随测试需要而定,测点应在路面行车车道的轮迹带上,并用白油漆或粉笔画上标记。

②将试验车后轮轮隙对准测点后 3~5cm 处。

③将弯沉仪插入汽车后轮之间的缝隙处,与汽车方向一致,梁臂不得碰到轮胎,弯沉仪测头置于测点上(轮隙中心前方 3~5m 处)。安装百分表于弯沉仪的测定杆上,百分表调零,用手指轻轻叩打弯沉仪,检查百分表是否稳定回零。弯沉仪可以单侧测定,也可以双侧同时测定。

④测定者吹哨发令指挥汽车缓缓前进,百分表随路面变形的增加而持续向前转动。当表针转动到最大值时,迅速读取初读数 L_1。汽车仍在继续前进,表针反向回转,待汽车驶出弯沉影响半径(3m 以上)后,吹口哨或挥动红旗指挥停车,待表针回转稳定后读取终读数 L_2。汽车前进的速度宜为 5km/h 左右。

4.弯沉仪的支点变形修正

(1)当采用长度为 3.6m 的弯沉仪对半刚性基层沥青路面、水泥混凝土路面等进行弯沉值测定时,有可能引起弯沉仪支座处变形,因此测定时应检验支点有无变形。此时,应用另一台检验用的弯沉仪安装在测定用的弯沉仪的后方,其测点架于测定用弯沉仪的支点旁。当汽车开出时,同时测定两台弯沉仪的弯沉值读数,如检验用弯沉仪百分表有读数,即应该记录并进行支点变形修正。当在同一结构层上测定时,可在不同的位置测定 5 次,求平均值,以后每次测定时以此作为修正值。

(2)当采用长 5.4m 的弯沉仪测定时,可不进行支点变形修正。

5.结果计算及温度修正

路面测定的回弹弯沉值按下式进行。

$$l_t = (L_1 - L_2) \times 2 \qquad (6-13)$$

式中:L_1——初读数(mm);

L_2——终读数(mm)。

二、自动弯沉仪测定路面弯沉

利用贝克曼梁测定路面回弹弯沉值操作简便、应用广泛,我国路面设计及检测的标准方法和基本参数都是建立在这种试验方法基础之上。但是,这种试验方法整个测试过程全是人工操作,测试结果受人为因素的影响较大,而且测速慢。自动弯沉仪是测定路面弯沉值的高效自动化设备,可对路面进行高密集点的强度测量,适用于路面施工质量控制、验收及路面养护管理。

1. 主要设备

自动弯沉仪测定车:洛克鲁瓦型,由测试汽车、测量机构、数据采集处理系统三个部分组成(图6-8)。测量机构安装在测试车底盘下面。

自动弯沉仪测定车的主要技术参数如下:
(1)测试车轴距: 6.57m;
(2)测臂长度: 1.75~2.40m;
(3)后轴荷载: 100kN;
(4)测定轮对路面的压强: 0.7MPa;
(5)最小测试步距: 4~10m;
(6)测试精度: 0.01mm;
(7)测试速度: 1.5~4.0km/h。

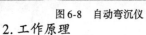

图6-8 自动弯沉仪

2. 工作原理

自动弯沉仪的基本工作原理与贝克曼梁的原理相同,都是采用简单的杠杆原理。

自动弯沉仪测定车在检测路段以一定速度行驶,将安装在测试车前后轴之间底盘下面的弯沉测定梁放到车辆底盘的前端并支于地面保持不动,当后轴双轮隙通过测头时,弯沉通过位移传感器等装置被自动记录下来,这时,测定梁被拖动,以两倍的汽车速度拖到下一测点,周而复始地向前连续测定,并通过计算机输出路段弯沉检测统计计算结果。

3. 使用技术要点

(1)自动弯沉仪做长距离移动时,应根据路况把一些对通过能力影响大的组件、部件拆下来,待移动到测量工地时,再进行安装调试。

(2)操作计算机,根据要求输入有关信息及命令。

(3)为了保证系统A/D转换板与位移传感器的测量精度,应进行自动弯沉仪的标定。

(4)自动弯沉仪所采集数据以文本方式存储于计算机中,其记录格式分为节点数据、弯沉值数据及弯沉盆数据三种。输入有关信息和参数后,可显示出左右双侧的弯沉峰值柱状图及峰值、距离和温度等;计算出平均值、标准差和代表弯沉值;显示弯沉盆图形并计算出曲率半径。

应当注意,自动弯沉仪测定的是总弯沉,因而与贝克曼梁测定的回弹弯沉有所不同。可通过自动弯沉仪总弯沉与贝克曼梁回弹弯沉对比试验,得到两者相关关系式,换算为回弹弯沉,用于路基、路面强度评定。关于自动弯沉仪测定路面弯沉试验方法可详见《公路路基路面现场测试规程》(JTG E60—2008)。

三、落锤式弯沉仪

利用贝克曼梁法测出的回弹弯沉是静态弯沉。自动弯沉仪检测弯沉时,因为汽车行进速度很慢,所以测得的弯沉接近静态弯沉。为了模拟汽车快速行驶的实际情况,不少国家开发了动态弯沉的测试设备。落锤式弯沉仪(Falling Weight Deflectometer,FWD,见图6-9)模拟行车作用的冲击荷载下的

图6-9 落锤式弯沉仪

弯沉量测,计算机自动采集数据,速度快,精度高。近年来,采用 FWD 测定路面的动态弯沉,并以此反算路面的回弹模量已成为世界各国道路界的热门课题。这种设备特别适用于高等级公路路面和机场的弯沉量测和承载能力评定。落锤式弯沉仪是目前国际上最先进的路面强度无损检测设备之一。

1. 主要设备

落锤式弯沉仪分为拖车式和内置式。拖车式便于维修与存放,而内置式则较小巧、灵便。

(1)荷载发生装置。其包括落锤和直径 300mm 的 4 分式扇形承载板。

(2)弯沉检测装置。其由 5~7 个高精度传感器组成。

(3)运算及控制装置。

(4)牵引装置。其牵引 FWD 并安装运算及控制装置等的车辆。

2. 工作原理

将测定车开到测定地点,通过计算机控制下的液压系统,起动落锤装置,使一定质量的落锤从一定高度自由落下,冲击力作用于承载板上并传递到路面,导致路面产生弯沉,分布于距测点不同距离的传感器检测结构层表面的变形,记录系统将信号输入计算机,得到路面测点弯沉及弯沉盆。

3. 使用技术要点

(1)通过调节锤重和落高可调整冲击荷载大小。例如,我国路面设计标准轴载为 BZZ-100,落锤质量应选为 5t,因承载板直径为 30cm,故路面压强为 0.7MPa。

(2)检测时,拖车式落锤弯沉仪牵引速度最大可达 80km/h,根据我国的实际情况,牵引速度以 50km/h 左右为宜。内置式落锤弯沉仪最高时速大于 100km/h,每小时可测 65 点。

(3)传感器的分布位置为:1 个位于承载板中心,其余位于传感器支架上。路面结构不同,弯沉影响半径亦不同。路基或柔性基层沥青路面传感器分布在距荷载中心 2.5m 范围内即可。目前,我国高等级公路大多采用半刚性基层沥青路面结构,弯沉影响半径已达 3~5m,传感器分布范围应布置在距荷载中心 3~4m 范围内,以量测路面弯沉盆形状。

(4)每一测点重复测定不少于 3 次,舍去第一个测定值(因为第一次测定的结果通常不准确),取以后几次测定值的平均值作为计算依据。

弯沉检测装置操作方式为计算机控制下的自动量测,所有测试数据均可显示在屏幕上或打印出来或存储在软盘上;可输出作用荷载、弯沉(盆)、路表温度及测点间距等;可打印弯沉平均值、标准差、变异系数及代表弯沉值等数据。

落锤式弯沉仪所测弯沉为动态总弯沉,与贝克曼梁所测的静态回弹弯沉不同。可通过对比试验得到两者之间的相关关系,并据此将落锤式弯沉仪所测弯沉值换算为贝克曼梁的静态回弹弯沉值。

可利用计算机按弹性层状体系理论的计算模式和程序,根据落锤式弯沉仪所测弯沉盆数据,反算路面各层材料的弹性模量。

落锤式弯沉仪测定路面弯沉的试验方法详见《公路路基路面现场测试规程》(JTG E60—2008)。

 项目小结

本节着重讲述回弹模量的检测,分别学习了贝克曼梁测定路基路面回弹模量和承载板

测定土基回弹模量两种试验方法。重点使学生掌握这两种方法的工作原理、试验步骤、数据的整理和结果的处理，并能够根据检测数据对工程质量做出正确的评定。

回弹弯沉值是指标准后轴双轮组轮隙中心处的最大回弹弯沉值。在路表测试的回弹弯沉值可以反映路基路面的综合承载能力，通常采用回弹弯沉值来表征路基路面的承载能力，回弹弯沉值越大，承载能力越小，反之，承载能力越大。

学生应知道贝克曼梁法测定路基路面回弹弯沉的测试步骤，会对回弹弯沉值进行修正，会进行回弹弯沉评定；知道路基路面施工或验收回弹模量(承载板法)检测步骤，会进行回弹模量检测；会进行 CBR 试验。

复习思考题

1. 弯沉的概念。
2. 简述贝克曼梁法测定路基路面回弹弯沉的步骤。
3. 简述路基路面施工或验收时回弹模量(承载板法)的检测步骤。
4. CBR 的概念。
5. 简述室内 CBR 值试验步骤。
6. 说明自动弯沉仪测定路面弯沉的原理。

项目7 路面抗滑性能检测

项目描述

本项目主要介绍路面抗滑性能、路面抗滑要求、路面构造深度检测、路面摩擦系数检测等。通过本项目学习,使学生能够描述影响路面抗滑性能的因素及常用的几种路面抗滑性能检测方法和检测步骤,基本会使用仪器进行简单的检测。

教学目标

1. 知识目标
(1)掌握路面构造深度的检测方法。
(2)掌握路面摩擦系数的检测方法。
2. 能力目标
(1)了解手工铺砂法和电动铺砂法。
(2)了解摆式摩擦系数测定仪的使用方法。

任务7.1 概　　述

路面抗滑性能通常是指路面的表面特性,即与路面直接接触的车辆轮胎受到制动时沿道路表面产生的抵抗滑移的力,并用路面与轮胎之间的摩阻系数来表示。

道路表面特性包括道路表面微观构造和宏观构造。影响抗滑性能的因素有路面表面特性、路面潮湿程度和行车速度。

道路表面微观构造是指集料表面的粗糙度,它随车轮的反复磨耗而逐渐磨光,通常采用石料磨光值(PSV)表征磨光的性能。道路表面宏观构造是指一定面积的路表面凹凸不平的开口空隙的平均深度,由构造深度表征。

路面抗滑性能的测试方法有:制动距离法(摩阻系数 f)、摆式仪法(摩阻摆值 BPN)、偏转轮拖车法(横向力系数 SFC)、手工铺砂法、电动铺砂法(构造深度 TD)和激光构造深度仪法(构造深度 TD)等。

高速公路、一级公路的路面应具有良好的抗滑性能,二级和三级公路因根据各路段的具体情况采取必要的技术措施,以提高路面抗滑性能。

一、沥青路面的抗滑要求

在设计高速公路、一级公路的沥青表面层时,应选用抗滑、耐磨石料,石料磨光值应大于42。高速公路、一级公路的摩擦系数宜在竣工后第一个夏季采用摩擦系数测定车,以 (50 ± 1) km/h 的车速测定横向力系数 SFC;宏观构造深度应在竣工后第一个夏季用铺砂法或激光构造深度仪测定,测定值应符合规定的竣工验收值的要求,见表7-1。

表 7-1

沥青路面竣工验收值

公路等级	竣工验收值		
	横向力系数 SFC	摩阻摆值 BPN	构造深度 TD(mm)
高速公路、一级公路	≥54	≥45	≥0.55

二、水泥混凝土路面的抗滑要求

对于高速公路、一级公路,构造深度 TD 不小于 0.7mm 且不大于 1.1mm;对于其他等级公路,构造深度 TD 不小于 0.5 mm 且不大于 1.0mm。

任务 7.2　手工铺砂法测定路面构造深度

一、目的与适用范围

手工铺砂法适用于测定沥青路面及水泥混凝土路面表面构造深度,用于评定路面表面的宏观粗糙度、路面表面抗滑性能及路面的排水性能。

图 7-1　主要仪器

二、检测仪器和材料

检测用主要仪器见图 7-1。

(1)人工铺砂仪:由圆筒、量砂桶、推平板和刮平尺组成。

(2)量砂。

(3)量尺。

(4)其他:装砂容器(带小铲)、扫帚或毛刷、挡风板等。

三、方法与步骤

1. 准备工作

(1)量砂准备。取粒径为 0.15~0.3mm 洁净的细砂晾干、过筛,并置于容器中备用。量砂只能在路面上使用一次,不宜重复使用。回收砂必须经干燥、过筛处理后方可使用。

(2)对测试路段按随机取样选点的方法,决定测点所在横断面位置。测点应选在行车道的轮迹带上,距路面边缘应不小于 1m。

2. 检测步骤

(1)用扫帚或毛刷将测点附件的路面清扫干净,面积不小于 30cm×30cm。

(2)用小铲装砂沿筒向圆筒中注满砂,手提圆筒上方,在硬质路面上轻轻叩打 3 次(图 7-2),使砂密实,补足砂面用钢尺一次刮平。不可直接用量砂筒装砂,以免影响量砂密度的均匀性。

(3)将砂倒在路面上,用底面粘有橡胶片的推平板,由里向外重复做摊铺运动,见图 7-2。稍用力、仔细地将砂尽可能地向外摊开,使砂填入凹凸不平的路表面的空隙中,尽可能将砂摊铺呈圆形,并不得在表面留有浮动余砂。注意摊铺时不可用力过大或

图 7-2　手工铺砂法操作

向外推挤。

(4)用量尺测量所构成圆的两个直径方向的直径,取其平均值,精确至5mm。

(5)按以上方法,同一处平行测定不少于3次,3个测点均位于轮迹带上,测点间距3~5m。该处的测定位置以中间测点的位置表示。

四、结果计算

(1)按下式计算路面表面构造深度测定结果:

$$\text{TD} = \frac{1000V}{\pi D^2/4} \approx \frac{31831}{D^2} \qquad (7\text{-}1)$$

式中:TD——路面表面构造深度(mm);
    V——砂的体积(25 cm³);
    D——摊平砂的平均直径(mm)。

(2)每一处均取3次路面构造深度测定结果的平均值作为检测结果,精确至0.1mm。

(3)计算每一个评定区间路面构造深度的平均值及3次测定的平均值、标准差及变异系数。

五、检测报告

(1)列表逐点报告路面构造深度的测定值及3次测定的平均值,当平均值小于0.2mm时,检测结果以"<0.2mm"表示。

(2)检测报告中还应包括每一个评定区间路面构造深度的平均值、标准差及变异系数。

六、误差分析

一般来说,手动铺砂法产生误差的原因有:装砂方法不标准、摊平不标准、摊开程度无明确规定等。为了克服手工铺砂法测量不准的缺点,可采用电动铺砂法或激光构造深度仪法代替。

七、检测报告实例

表7-2为某工程路面构造深度检测记录(手工铺砂法)。

某工程路面构造深度检测记录 表7-2

承包单位:　　　　　　　　　　　　　　　　　　　　合同号:
监理单位:　　　　　　　桩　号:　　　　　编　号:

检测方法		手动铺砂法		
桩号	测点序号	铺砂圆直径 D (mm)	构造深度 $\text{TD} = \frac{31831}{D^2}$ (mm)	平均值
K8+000	1	180	0.98	1.00
	2	173	1.10	
	3	176	1.00	
K8+200	1	181	0.97	0.99
	2	179	0.99	
	3	176	1.00	

续上表

检测方法		手动铺砂法		
桩号	测点序号	铺砂圆直径 D (mm)	构造深度 $TD = \dfrac{31831}{D^2}$ (mm)	平均值
K8+400	1	178	1.00	1.03
	2	174	1.05	
	3	175	1.04	
…	…	…	…	…
K9+200	1	172	1.08	1.05
	2	175	1.04	
	3	177	1.02	

注:该路段构造深度平均值 TD=1.00mm,标准差 S=0.02,变异系数 C_v=0.02。

任务7.3 电动铺砂法测定路面构造深度

一、目的与适用范围

本方法适用于测定沥青路面及水泥混凝土路面表面构造深度,用于评定路面表面的宏观粗糙度及路面表面的排水性能和抗滑性能。

二、检测仪器和材料

(1)电动铺砂仪:利用可充电的直流电源,将量砂通过砂漏铺设成宽度 5 cm、厚度均匀一致的器具,见图7-3。

图7-3 电动铺砂仪

(2)量砂:粒径为 0.15~0.3mm,足够数量干燥洁净的匀质砂。
(3)标准量筒:50 mL。
(4)玻璃板:厚度 5 mm。
(5)其他:直尺、扫帚、毛刷等。

三、方法与步骤

1.准备工作

(1)量砂准备:取粒径为 0.15~0.3 mm 洁净的细砂晾干、过筛,并置于容器中备用。量砂只能在路面上使用一次,不宜重复使用。回收砂必须经干燥、过筛处理后方可使用。

(2)对测试路段按随机取样选点的方法,决定测点所在横断面位置。测点应选在行车道的轮迹带上,距路面边缘不应小于1m。

2.仪器标定

(1)将铺砂器平放在玻璃板上,将砂漏移至铺砂器端部。
(2)将灌砂漏斗口和量筒口大致齐平。通过漏斗向量筒中缓缓注入准备好的量砂至高出量筒呈尖顶状,用直尺沿筒口一次刮平,其容积为 50 mL。

(3)将漏斗口与铺砂器砂漏上口大致齐平。将砂通过漏斗均匀倒入砂漏,漏斗前后移动,使砂的表面大致齐平。但不得用任何其他工具刮动砂。

(4)开动电动马达,使砂漏向另一端缓缓移动,量砂沿漏斗底部铺成 5 cm 宽的带状,待砂全部漏完后关闭马达。

(5)根据下式计算量砂的摊铺长度 L_0,精确至 1 mm:

$$L_0 = \frac{L_1 + L_2}{2} \tag{7-2}$$

式中:L_0——量砂的摊铺长度(mm)。

(6)重复标定 3 次,取平均值决定 L_0,精确至 1 mm。标定应在每次测试前进行,用同一种量砂,由同一检测员进行测试。

3. 检测步骤

(1)将测试地点用毛刷刷净,面积大于铺砂仪。

(2)将铺砂仪沿道路纵向平稳地放在路面上,将砂漏移至端部。

(3)按上述电动铺砂器标定(2)~(5)相同的步骤,在测试地点摊铺 50 mL 量砂,量取摊铺长度 L_1 及 L_2。由下式计算 L,精确至 1 mm:

$$L = \frac{L_1 + L_2}{2} \tag{7-3}$$

式中:L——量砂的摊铺长度(mm);

其余符号意义同前。

(4)按以上方法,同一处平行测定不少于 3 次,3 个测点均位于轮迹带上,测点间距 3~5 m,该处的测定位置以中间测点的位置表示。

四、结果计算

(1)可按下式计算铺砂仪在玻璃板上摊铺的量砂厚度 t_0:

$$t_0 = \frac{V}{B \times L_0} \times 1000 = \frac{1000}{L_0} \tag{7-4}$$

式中:t_0——量砂在玻璃板上摊铺的标定厚度(mm);

V——砂的体积(50 mL);

B——量砂仪摊铺砂的宽度(50mm);

L_0——玻璃板上 50 mL 量砂的摊铺长度(mm)。

(2)按下式计算路面构造深度 TD:

$$TD = \frac{L_0 - L}{L} \times t_0 = \frac{L_0 - L}{L \times L_0} \times 1000 \tag{7-5}$$

式中:TD——路面表面构造深度(mm);

L——路面上 50 mL 量砂的摊铺长度(mm);

其余符号意义同前。

(3)每一处均取 3 次路面构造深度测定结果的平均值作为检测结果,精确至 0.1 mm。

(4)计算每一个评定区间路面构造深度的平均值及 3 次测定的平均值、标准差及变异系数。

五、检测报告

(1)列表逐点报告路面构造深度的测定值及3次测定的平均值,当平均值小于0.2mm时,检测结果以"<0.2mm"表示。

(2)检测报告中还应包括每一个评定区间路面构造深度的平均值、标准差及变异系数。

任务7.4 认识激光构造深度仪

激光构造深度仪是一种小型手推式路面构造深度测定仪,能够快速实时地检测各等级公路的路面平整度、构造深度等技术特性,可为竣工验收、预防性养护以及路面管理系统提供综合高效的数据支持。激光构造深度仪具有运输方便、操作快捷、费用低廉、可靠性好等优点。近几年构造深度的快速激光检测技术已发展得较为成熟,在应用上已开始普及,大大提高了路面构造深度的检测技术水平。

激光构造深度仪使用进口高精度激光位移传感器,通过检测该传感器与路面不同形状集料间的深度,并根据人工铺砂原理进行相关数据处理后,在显示器上精确地读出路面的构造深度。该仪器克服了人工铺砂法存在的检测速度慢、人工劳动强度大、检测结果因人而异并受风力影响等缺点,其操作简单,测量精确、直观,既能检测某一地点的构造深度,又能对某一路段的平均构造深度进行检测,还可以自动对检测的数据进行存储和查询。

任务7.5 路面抗滑值测定

一、目的与适用范围

本方法适用于以摆式摩擦系数测定仪(摆式仪)测定沥青路面及水泥混凝土路面的抗滑值,用以评定路面在潮湿状态下的抗滑能力。

二、仪器与耗材

图7-4 摆式摩擦系数测定仪

(1)摆式摩擦系数测定仪(摆式仪)。其形状及结构见图7-4。摆及摆的链接部分总质量为(1500+30)g,摆动中心至摆的重心距离为(410±5)mm,测定时摆在路面上滑动长度为(126±1)mm,摆在橡胶片端部距摆动中心的距离为508mm,橡胶片对路面的正向静压力为(22.2±0.5)N。

(2)橡胶片。尺寸为6.35mm×25.4mm×76.2mm,橡胶质量应符合表7-3的要求。当橡胶片使用后,端部在长度方向上磨耗超过1.6mm或边缘在宽度方向上磨耗超过3.2mm,或有油污染时,即应更换新橡胶片。新橡胶片应先在干燥路面上试测10次后,再用于正式测试。橡胶片的有效使用期限为1年。

橡胶物理性质技术要求　　　　　　　表7-3

性能指标	温度(℃)				
	0	10	20	30	40
弹性(%)	43~49	58~65	66~73	71~77	74~79
硬度	55±5				

(3)标准量尺:长为126 mm。
(4)洒水壶。
(5)橡胶刮板。
(6)路面温度计:分度不大于1℃。
(7)其他:皮尺式钢卷尺、扫帚、粉笔等。

三、检测方法与步骤

1. 准备工作

(1)检查摆式仪的调零灵敏情况,并定期进行仪器的标定。当用于路面工程检查验收时,仪器必须重新标定。

(2)对测试路段按随机取样方法,决定测点所在横断面位置。测点应选在行车道的轮迹带上,距路面边缘不应小于1m,并用粉笔做出标记。测点位置宜紧靠铺砂法测定构造深度的测点位置,并一一对应。

2. 检测步骤

(1)仪器调平。
①将仪器置于路面测点上,并使摆的摆动方向与行车方向一致。
②转动底座上调平螺栓,使水准泡居中。
(2)调零,允许误差为±1 BPM。
(3)校核滑动长度,橡胶片两次同路面接触点的距离应在126mm(即滑动长度)。
(4)用喷壶的水浇洒测试路面,并用橡胶刮板刮除表面泥浆。
(5)再次洒水,并按下释放开关,使摆在路面滑过,指针即可指示出路面的摆值。但第一次测定值不记录。当摆杆回落时,用左手接住摆,右手提起举升柄使滑块升高,将摆向右运动,并使摆杆和指针重新置于水平释放位置。
(6)重复步骤(5)的操作测定5次,读记每次摆值,每次最大值和最小值的差值不得大于3BPM。如差数大于3BPM,应检查产生的原因,并在此重复上述各项操作,直至符合规定为止。取5次测定的平均值作为每个测点路面的抗滑值,取整数,以 BPM 表示。
(7)在测点位置上用路表温度计测记潮湿路面的温度,精确至1℃。
(8)按以上方法,同一处平行测定不少于3次,3个测点均位于轮迹带上,测点间距3~5m。测定位置以中间测点位置表示,每一处均取3次平均值作为试验结果,精确至1 BPN。

3. 抗滑值的温度修正

当路面温度为 T 时测得的值为 F_{BT},必须按下式换算成标准温度20℃的摆值 F_{B20}:

$$F_{B20} = F_{BT} + \Delta F \tag{7-6}$$

式中:F_{B20}——换算成标准温度20℃时的摆值(BPN);
F_{BT}——路面温度为 T 时测得的摆值(BPN);

ΔF ——温度修正值,按表7-4取用。

温 度 修 正 值　　　　　　表7-4

温度(℃)	0	5	10	15	20	25	30	35	40
温度修正值	−6	−4	−3	−1	0	+2	+3	+5	+7

任务7.6　路面横向力系数测定

一、目的与适用范围

本方法适用于以标准的摩擦系数测定车测定沥青路面或水泥混凝土路面的横向力系数。路面横向摩擦力系数既表示车辆在路面上制动时的路面抗力,还可表征车辆在路面上发生侧滑时的路面抗力,它是路面横向摩擦系数的综合指标,反映较高速度下路面抗滑能力。测试结果可作为竣工验收或使用期评定路面抗滑能力的依据。

二、仪器与耗材

(1)摩擦系数测定车:SCRIM型,主要由车辆底盘、测量机构、供水系统、荷载传感器、仪表及操作记录系统、标定装置等组成。

测量车应符合下列要求:

①测量机构:可以为单侧或双侧各安装一套,测试轮与车辆行驶方向成0°,作用于测试轮上的静态标准荷载为2kN。测试轮胎应为3.0MPa光面轮胎,其标准气压为0.35MPa±0.01 MPa。当轮胎直径减少达6mm时(每个测试轮测350~400km需更换),需要更换新轮胎。

②测定车辆轮胎气压应符合所使用汽车规定的标准气压范围。

③能控制洒水量,使路面水膜厚度不得小于1mm。通常测量速度为50km/h时,水阀开启量宜为50%,测量速度为70km/h时,宜为70%,依此类推。

(2)备用轮胎等备件。

三、检测方法与步骤

1. 准备工作

(1)按照仪器设备技术手册或使用说明书对测定系统进行标定。设备在进行标定、检查时,必须关闭发动机。标定按SFC值10、20、30、…、100的不同档次进行,满量程为100时的示数误差不得超过±2。

(2)检查摩擦系数测定车系统的各项参数是否符合要求,检查外部警告标志是否正常。

(3)储存罐灌水。

(4)将测试轮安装牢固且保持在升起的位置上。

(5)使记录装置处于正常使用状态,安装足够的打印纸,打开记录系统,预热不少于10min。

(6)根据需要确定采用连续测定或断续测定,以及每公里测定的长度。选择并设定"计算区间",即输出一个测定数据的长度。标准的计算区间为20m,根据要求也可选择为5m或者10m。

(7)根据要求设定为单轮测试或双轮测试。

(8)输入所需的说明性预设数据,如测试日期、路段编号、里程桩号等。

(9)发动车辆驶向测试地段。

2.检测步骤

(1)在测试路段起点前约500m处停住,开机预热不少于10min。

(2)降下测试轮,打开水阀检查水流情况是否正常及水流是否符合要求,检查仪表各项指数是否正常,然后升起测试轮。

(3)将车辆驶向测试路段,提前100～200m处降下测试轮。测定车的车速可根据公路等级的需要选择。除特殊情况下,标准车速为50km/h,测试过程中必须保持匀速前进。

(4)进入测试阶段后,按"开始"键,开始测试。在显示器上监视测试运行变化情况,检查速度和距离有无反常波动,当需要表明特征(如桥位、路面变化等)时,操作功能键插入到数据流中,整公里里程桩上也应做相应的记录。

四、测试数据处理

测定的摩擦系数数据存储在磁盘或磁带中,摩擦系数测定车 SCRIM 系统配有专门数据处理程序软件,可计算和打印出每一个计算区间的摩擦系数值、行程距离、行驶速度、统计个数、平均值及标准差,同时还可打印出摩擦系数的变化图。根据要求将摩擦系数在0～100范围内分成若干区间,作出各区间的路段长度占总测试里程百分比的统计表。

五、检测报告

(1)测试路段名称及桩号、公路等级、测试日期、天气情况和路面在潮湿状态下的路表温度,描述路面结构类型及外观等。

(2)测试过程中交叉口和转弯等特殊路段及里程桩号的记录。

(3)数据处理打印结果,包括各测点路面摩擦系数值、行程距离和行驶速度,每一个评定区间摩擦系数值统计个数、平均值、标准差和变异系数。

(4)公路沿线摩擦系数的变化图,不同摩擦系数区间的路段长度占总测试里程的百分比的统计表。

具体检测报告见表7-5。

路面抗滑值检测记录 表7-5

承包单位: 合同号:
监理单位: 桩　号: 编　号:

桩　号		测点序号	摆值(BPN)	平均值	修正值	平均值
K13+300	1	1	49	48	50	50
		2	47			
		3	48			
		4	49			
		5	48			
	2	1	46	47	49	
		2	46			
		3	47			
		4	48			
		5	48			

续上表

桩　号	测点序号	摆值(BPN)	平均值	修正值	平均值
K13+300	3	1	48		
		2	49		
		3	47	48	50	50
		4	47		
		5	47		
…	…	…	…	…	…
K19+300	1	1	48		
		2	47		
		3	47	47	49	
		4	48		
		5	46		
	2	1	46			49
		2	47		
		3	46	46	48	
		4	46		
		5	46		
	3	1	48		
		2	47		
		3	47	48	50	
		4	48		
		5	48		

该路段平均值 $\overline{F}_{B20}=49$,标准差 $S=1$,变异系数 $C_v=0.02$

检测人：　　　　　　　　监理：　　　　　　　　　　　年　　月　　日

六、路面横向力系数评定

(1)评定路段内的路面横向力系数按 SFC 的设计或验收标准值进行评定。

(2)SFC 代表值为 SFC 算术平均值的下置信界限值,即

$$\overline{SFC_r} = \overline{SFC} - (t_\alpha / \sqrt{n}) \cdot S$$

保证率为:高速公路、一级公路为 95%,其他公路为 90%。

当 SFC 代表值大于设计或验收标准时,按单个 SFC 值计算合格率;当 SFC 代表值小于设计或验收标准时,相应的分项工程评为不合格。

将每一个评定路段内各测定区间的测得值、标准差、标准值列于记录表中,评价抗滑性能,完成报告。

项目小结

本项目主要讲述路面抗滑系数的检测方法,包括路面构造深度的检测与路面摩擦系数的检测。路面构造深度检测包括手工铺砂法、电动铺砂法与激光构造仪检测;路面摩擦系数检测包括路面抗滑值测定与路面横向力系数测定。学生需了解各项检测的检测目的,掌握检测方法与步骤、检测结果计算和检测注意事项。

复习思考题

1. 沥青、水泥混凝土路面的抗滑要求是什么？
2. 路面构造深度检测都有哪些方法？
3. 路面摩擦系数检测都有哪些方法？
4. 手工铺砂法有哪些检测步骤？
5. 影响路面抗滑性能的因素分别是什么？

项目 8　沥青路面渗水系数检测与路面外观

📖 项目描述

本项目主要介绍路面渗水仪法测定渗水系数、路面错台检测及沥青路面车辙检测。通过本项目学习,使学生能进行沥青路面渗水系数检测,能进行路面错台与沥青路面车辙检测。

✍ 教学目标

1. 知识目标
(1)掌握路面渗水仪法基本原理及适用范围。
(2)掌握 3m 直尺法测试路面错台的基本原理及适用范围。
2. 能力目标
(1)了解沥青路面渗水性能的概念及测定意义。
(2)能采用路面渗水仪测定沥青路面渗水系数。
(3)掌握路面错台检测的方法和步骤。

任务 8.1　路面渗水仪法测定渗水系数

大气降水通过路面孔隙或者裂缝渗入沥青路面结构中,导致基层承载力下降而发生的路面破坏所占的比例相当大,例如沥青面层的开裂、松散等病害。虽然在沥青混合料结构设计时强调面层必须有一层以上是基本不透水的,但由于在配合比设计阶段没有对渗水系数提出要求,当混合料铺筑完成后,即使路面透水严重,也已无法补救,所以沥青混合料配合比设计阶段的渗水试验是非常重要的。路面渗水系数是指在规定的条件下,单位时间内渗入路面结构中水的体积,用 C_w 表示,单位是 mL/min。

一、器具与材料

(1)路面渗水仪。形状及尺寸见图 8-1。
上部盛水量筒由透明有机玻璃制成,容积 600 mL,上有刻度,在 100 mL 及 500 mL 处有粗标线,下方通过 ϕ10 mm 的细管与底座相接,中间有一开关。量筒通过支架连接,底座下方开口内径 ϕ150 mm,外径 ϕ220 mm,仪器附铁圈压重 2 个,每个质量约 5 kg,内径 ϕ160 mm。
(2)水桶及大漏斗。
(3)秒表。

(4)密封材料。防水腻子、油灰或橡皮泥等,也可采用其他任何能起到密封作用的材料。
(5)其他。水、红墨水、粉笔、扫帚等。

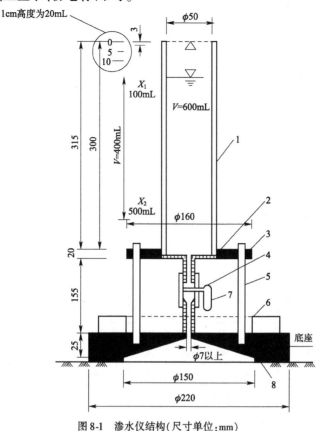

图 8-1 渗水仪结构(尺寸单位:mm)
1-透明有机玻璃筒;2-螺纹连接;3-顶板;4-阀;5-立柱支架;6-压重钢圈;7-把手;8-密封材料

二、准备工作

(1)在测试路面的行车道上,按随机取样方法选择测试位置,每一个检测路段应测定 5 个点。用扫帚清扫表面,并用刷子将路面表面的杂物刷去。在测点用粉笔画上测试标记。
(2)在洁净的水桶内滴入几滴红墨水,使水成淡红色。
(3)组装好路面渗水仪。

三、测试步骤

(1)将密封圈置于试件中央或者路面表面的测点上,用粉笔分别沿塑料圈的内侧和外侧画圈,在外环和内环之间的部分是需要用密封材料进行密封的区域。
(2)用密封材料对环状密封区域进行密封处理,注意不要使密封材料进入内圈。如果密封材料不小心进入内圈,必须用刮刀将其刮走。然后再将搓成拇指粗细的条状密封材料摆在环状密封区域的中央,并且摆成一圈。
(3)将渗水仪放在试件或者路面表面的测点上,使渗水仪的中心尽量和圆环中心重合,然后略微使劲将渗水仪压在条状密封材料表面,再加配重,以防压力水从底座与路面间流出。
(4)将开关关闭,向量筒中注满水,然后打开开关,使量筒中的水下流,排出渗水仪底部内的空气。当量筒中水面下降速度变慢时,用双手轻压渗水仪使渗水仪底部的气泡全部排出。关闭开关,并再次向量筒中注满水。

(5)将开关打开,待水面下降至 100mL 刻度时,立即开动秒表计时,每间隔 60s,读记仪器管的刻度一次,至水面下降至 500mL 时为止。测试过程中,如果水从底座与密封材料间渗出,说明底座与路面密封不好,应移至附近干燥路面处重新操作。如果水面下降速度较慢,则测定 3min 的渗水量即可停止;如果水面下降速度较快,在不到 3min 的时间内到达了 500mL 刻度线,则记录到达 500mL 刻度线时的时间;若水面下降至一定程度后基本保持不动,说明基本不透水或根本不透水,在报告中注明。

(6)按以上步骤在同一个检测路段选择 5 个测点测定渗水系数,取平均值作为检测结果,见表 8-1。

路面渗水系数试验记录   表 8-1

路段桩号 K2+120~K3+120　　　路面类型 沥青混凝土面　　　试验日期_____
试 验 者_____　　　　　　　计 算 者_____　　　　　　校 核 者_____

测试地点		路况描述	量筒读数(mL)						渗水系数 (mL/min)	备注
桩号			0	30″	1′	1′30″	2′	2′30″	3′	
K2+120		干燥	0	77	102	149	215	325	500	199	
K2+320		干燥	0	65	121	178	227	331	487	183	
K2+520		干燥	0	55	109	167	216	319	406	149	
K2+720		干燥	0	71	112	159	214	318	426	157	
K2+920		干燥	0	50	95	181	218	342	398	152	
测点数	5	频率(点/km)	5			渗水系数规范要求(mL/min)				≤300	
平均渗水系数 (mL/min)	168	最大渗水系数 (mL/min)	199			合格率				100	

沥青混合料试件的渗水系数按下式计算。计算时以水面从刻度线 100mL 下降至刻度线 500mL 所需的时间为标准,若渗水时间过长,亦可采用 3min 通过的水量计算。

$$C_w = \frac{V_2 - V_1}{t_2 - t_1} \times 60 \tag{8-1}$$

式中:C_w——混合料试件的渗水系数(mL/min);
　　　V_1——第一次的读数(mL),通常为 100mL;
　　　V_2——第二次的读数(mL),通常为 500mL;
　　　t_1——第一次读数时的时间(s);
　　　t_2——第二次读数时的时间(s)。

任务8.2　路面错台检测

路面错台检测用于测定路面在人工构造物端部接头、水泥混凝土路面或桥梁的伸缩缝以及沥青路面裂缝两侧由于沉降所造成的错台(台阶)高度,以评价路面行车舒适性能(跳车情况),并作为计算维修工作量的依据。

一、仪具

(1)皮尺。

(2)精密水准仪。
(3)3m 直尺、钢板尺、钢卷尺、粉笔等。

二、准备工作

在检测前,应选择需要测定的断面,记录检测位置及桩号,并描述发生错台的原因。未经注明的错台的测定位置,以行车道错台最大处纵断面为准。根据需要,也可以其他具有代表性的纵断面为测定位置。

三、方法与步骤

(1)构造物端部由于沉降造成的接头错台的测试步骤如下:
①将精密水平仪架在距构造物端部不远的路面平顺处,调平。
②从构造物端部无沉降或鼓包的断面位置起,沿路线纵向用皮尺量取一定距离,作为测点,在该处立起塔尺,测量高程。再向前量取一定距离作为测点,测量高程。如此重复,直至无明显沉降的断面为止。

如无特殊需要,从构造物端部起的 2m 内应每隔 0.2m 量测一次,2~5m 内宜每隔 0.5m 量测一次,5m 以上可每隔 1m 量测一次,由此得出沉降纵断面及最大沉降值,即最大错台高度 D_m,准确至 1mm。

(2)测定由水泥混凝土路面或桥梁的伸缩缝或路面横向开裂造成的接缝错台和裂缝错台时,可按上述方法用水平仪测定接缝或裂缝两侧一定范围内的道路纵断面,确定最大错台的位置及高度 D_m,准确至 1mm。

(3)当发生错台变形的范围不足 3m 时,可在错台最大位置沿路线纵向用 3m 直尺架在路面上,其一端位于错台高出的一侧,另一端位于无明显沉降变形处,作为基准线。用钢板尺或钢卷尺每隔 0.2m 量取路面与基准线之间高度 D,同时测记最大错台高度 D_m,准确至 1mm。

四、资料整理

以测定的错台读数 D 与各测点的距离绘成纵断面图作为测定结果。图中应标明相应断面的设计纵断面高程、最大错台的位置与高度 D,准确至 0.001m。

五、报告

测试报告应记录如下事项:
(1)路线名、测定日期、天气情况。
(2)测定地点、桩号、路面及构造物概况。
(3)道路交通情况及造成错台原因的初步分析。
(4)最大错台高度 D_m 及错台纵断面图。

任务 8.3　沥青路面车辙检测

一、目的与适用范围

本方法适用于测定沥青路面的车辙,供评定路面使用状况及计算维修工作量时使用。

二、仪具

(1)路面横断面仪(图8-2)。其长度不小于一个车道宽度,横梁上有一位移传感器,可自动记录横断面形状,测试间距小于20cm,测试精度1mm。

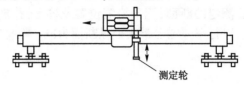

图8-2 路面横断面仪

(2)激光或超声波车辙仪。其包括多点激光或超声波车辙仪、线激光车辙仪和线扫描激光车辙仪等类型,通过激光测距技术或激光成像和数字图像分析技术,得到车道横断面相对高程数据,并按规定模式计算车辙深度。

要求激光或超声波车辙仪有效测试宽度不小于3.2m,测点不少于13个,精确至1mm。

(3)横断面尺(图8-3)。横断面尺为硬木或金属制直尺,刻度间距5cm,长度不小于一个车道宽度。顶面平直,最大弯曲不超过1mm,两端有把手及高度为10~20cm的支脚,两支脚的高度相同。

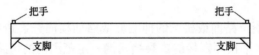

图8-3 路面横断面尺

(4)量尺。钢板尺、卡尺、塞尺,量程大于车辙深度,刻度至1mm。

(5)其他。皮尺、粉笔等。

三、方法与步骤

(1)车辙测定的基准测量宽度应符合下列规定:

①对高速公路及一级公路,以发生车辙的一个车道两侧标线宽度中点到中点的距离为基准测量宽度。

②对二级及二级以下公路,有车道区画线时,以发生车辙的一个车道两侧标线宽度中点到中点的距离为基准测量宽度;无车道区画线时,以形成车辙部位的一个设计车道宽作为基准测量宽度。

(2)以一个评定路段为单位,用激光车辙仪连续检测时,测定断面间隔不大于10m。用其他方法非连续测定时,在车道上每隔50m为一测定断面,用粉笔画上标记进行测定。根据需要,也可按在行车道上随机选取的方法测定断面,在特殊需要的路段(如交叉口前后)可予加密。

(3)采用激光或超声波车辙仪的测试步骤如下:

①将检测车辆就位于测定区间起点前。

②起动仪器并设定检测系统参数。

③起动车辙和距离测试装置,开动测试车沿车道轮迹位置且平行于车道线平稳行驶,测试系统自动记录出每个横断面和距离数据。

④到达测定区间终点后,结束测定。

⑤系统处理软件按照图8-4规定的方法,通过各横断面相对高程数据计算车辙深度。

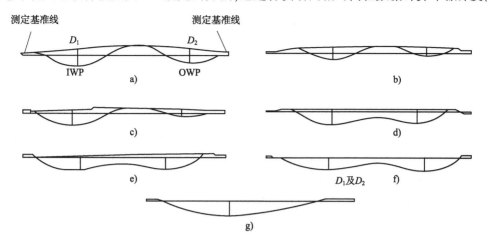

图8-4 不同形状、不同程度的路面车辙示意
注:IWP、OWP表示内侧轮迹带及外侧轮迹带。

(4)采用路面横断面仪的测试步骤如下:

①将路面横断面仪就位于测定断面上,方向与道路中心线垂直,两端支脚立于测定车道的两侧边缘,记录断面桩号。

②调整两端支脚高度,使其等高。

③移动横断面仪的测量器,从测定车道的一端移至另一端,记录断面形状。

(5)采用横断面尺的测试步骤如下:

①将横断面尺就位于测定断面上,两端支脚置于测定车道两侧。

②沿横断面尺每隔20cm一点,用量尺垂直立于路面上,用目平视测记横断面尺顶面与路面之间的距离,准确至1mm。如断面的最高处或最低处明显不在测定点上,应加测该点距离。

③记录测定读数,绘出断面图,最后连接成圆滑的横断面曲线。

④横断面尺也可用线绳代替。

⑤当不需要测定横断面,仅需要测定最大车辙时,亦可用不带支脚的横断面尺架在路面上,由目测确定最大车辙位置并用尺量取。

四、计算

(1)根据断面线按图8-4的方法画出横断面图及顶面基准线。

(2)在图上确定车辙深度 D_1 及 D_2,读至1mm,以其中最大值作为断面的最大车辙深度。

(3)求取各测定断面最大车辙深度的平均值,作为该评定路段的平均车辙深度。

五、报告

测试报告应记录下列事项:

(1)采用的测定方法。

(2)路段描述,包括里程桩号、路面结构及横断面、使用年限和交通情况等。

(3)各测定断面的横断面图。

(4)各测定断面的最大车辙深度表。
(5)各评定路段的最大车辙深度及平均车辙深度。
(6)根据测定目的应记录的其他事项或数据。

项目小结

本项目主要讲述路面渗水仪法测定渗水系数、路面错台检测及沥青路面车辙检测。学生需掌握各项检测的目的、检测方法与步骤、检测结果计算及检测注意事项。

复习思考题

1. 沥青路面渗水检测的目的和步骤分别是什么？
2. 路面错台的检测方法与步骤是什么？
3. 路面车辙检测通常采用哪些仪器？

项目9 桥梁工程地基与基础检测

📖 项目描述

埋入土层一定深度的建筑物向地基传递荷载的下部承重结构称为基础,基础是连接上部结构与地基的结构物。基础结构应符合上部结构使用要求,并且技术上合理以及施工方便,满足地基的承载力和抗变形能力要求。为了保障建筑物总体的质量,对地基承载力和基桩承载力检测,对钻、挖孔灌注桩质量检验与评定是十分必要的。本章仅就常见荷载试验法、规范法等针对地基承载力、基桩承载力和桥涵工程基础质量评定的方法与检查项目进行介绍。

教学目标

1. 知识目标
(1)掌握荷载试验法确定地基承载力容许值。
(2)掌握规范法、触探法确定地基承载力容许值方法。
(3)掌握单桩竖向承载力检验方法。
(4)了解钻孔灌注桩施工过程。
(5)掌握声波法测量成孔质量。
(6)掌握桩基的泥浆性能指标、桩基础的成孔质量检验方法。
(7)掌握钻孔灌注桩质量评定实测项目方法。
(8)掌握挖孔灌注桩质量评定实测项目方法。
(9)掌握使用超声脉冲法测桩方法和判断桩身缺陷。
(10)掌握桩基础完整性检测、桩基础承载能力试验检测方法。

2. 能力目标
(1)会确定地基承载力容许值。
(2)会地基强度验算方法。
(3)能够描述试验过程,会对试验数据进行分析,能够独立编制试验检测报告。
(4)知道钻孔灌注桩施工过程。
(5)能对钻、挖孔灌注桩质量进行评定。
(6)会使用超声脉冲法测桩方法判断桩身缺陷。
(7)能够进行桩基础成孔质量、低应变反射波法、超声波法检测桩基础的完整性,会进行数据分析和编制检测报告。

地基是指支承基础的土体或岩体。基础是指建筑物、构筑物和各种设施在地面以下的组成部分,其作用是将上部结构所承受的各种作用荷载传递到地基上。基础有刚性基础、扩展基础、箱形基础、筏板基础、壳体基础和桩基础等,所有的土建(构)筑物基础无不以土体或岩体为地基。地基可分为天然地基和人工地基。天然地基为未经加固处理或扰动的地基。当天然地基承载力不够时,用换土、夯实、有机或无机结合料稳定等方法加固处理,以提高承载力,这种加固处理后的地基称为人工(或加固)地基。建(构)筑物的安全取决于基础与基础下地基的变形量是否过大,承载能力是否足够。为此,需要对拟建场地进行地质调查、工程勘察和各种土工试验,以查明场地的地质情况和土层结构、地下水情况和岩土的物理力学性能指标,根据建(构)筑物的类型,作出地基评价,为设计施工提供依据。为了获得岩土地基的各种物理性质指标、力学参数和应力应变规律等,要进行各种土工试验。土工试验从试验环境和方法出发,可分为室内试验、原位测试和原型试验三类。室内试验是指对从现场取回的土样或土料进行物理、力学试验,取得可塑性、密度、透水性和压缩性、抗剪强度和泊松比等指标,据此对岩、土地基进行分类,计算地基的稳定性和承载力。原位测试是在现场进行,土层基本保持天然结构、含水率及应力状态,如平板静载试验、动力触探、原位直剪试验、十字板剪切试验、旁压试验和波速测试等,可对地基稳定性和承载力进行分层评价。原型试验是指通过现场基础足尺试验或工程原型试验,监测受力、变形及孔隙水压力等土工参数及反算土的各种静、动力特性参数等,如桩的荷载试验和动力基础的模态试验等,是评价地基基础承载力和稳定性的有效方法。下面仅对桥梁工程地基与基础检测中的相关问题做简要介绍。

任务9.1　地基承载力检测

一、地基岩土分类

按《公路桥涵地基与基础设计规范》(JTG D63—2007)规定,公路桥涵地基的岩土可分为岩石、碎石土、砂土、粉土、黏性土和特殊性岩土。

1. 岩土

岩石为颗粒间连接牢固、呈整体性或具有节理裂隙的地质体。岩石可按地质和工程分类。按地质分类主要根据其地质成因、矿物成分、结构构造及风化程度表达,如强风化花岗岩、微风化砂岩等,这对工程的勘察设计是十分必要的。按工程分类主要根据岩石的工程性状,在地质分类的基础上,概括其工程性质,便于进行工程评价。因此,在评价公路桥涵地基时,除应确定岩石的地质名称外,还应按岩石坚硬程度、岩体完整程度、岩体节理发育程度、岩石软化程度和特殊性对岩石进行细分。

(1)岩石的坚硬程度应根据岩块的饱和单轴抗压强度标准值分级,见表9-1。

岩石坚硬程度分级　　　表9-1

坚硬程度类别	坚硬岩	较硬岩	较软岩	软岩	极软岩
饱和单轴抗压程度标准f_{rk}(MPa)	$f_{rk} > 60$	$60 \geq f_{rk} > 30$	$30 \geq f_{rk} > 15$	$15 \geq f_{rk} > 5$	$f_{rk} \leq 5$

注:岩石饱和单轴抗压强度试验要点,按规范执行。

(2)岩体完整程度根据完整性指数划分,按表9-2分为完整、较完整、较破碎、破碎和极破碎5个等级。

岩体完整程度划分　　　表9-2

完整程度等级	完整	较完整	较破碎	破碎	极破碎
完整性指数	>0.75	0.75~0.55	0.55~0.35	0.35~0.15	<0.15

注:完整性指数为岩体纵波波速与岩石纵波波速之比的平方。

(3)岩体节理发育程度根据节理间距不同,按表9-3分为节理很发育、节理发育和节理不发育3类。

岩体节理发育程度划分　　　　　　　　　　　　　　　　　表9-3

程度	节理不发育	节理发育	节理很发育
节理间距(mm)	>400	200～400	20～200

(4)此外,岩石尚可按软化系数、特殊成分、结构和性质等分为软化岩石、易溶性岩石、膨胀性岩石、崩解性岩石和盐渍化岩石等。

2.碎石土

(1)碎石土为粒径大于2mm的颗粒含量超过总质量的50%的土。碎石土可按表9-4分为漂石、块石、卵石、碎石、圆砾和角砾6类。

碎石土的分类　　　　　　　　　　　　　　　　　　　　　表9-4

土的名称	颗粒形状	粒组含量
漂石	圆形及亚圆形为主	粒径大于200mm的颗粒含量超过总质量的50%
块石	棱角形为主	
卵石	圆形及亚圆形为主	粒径大于20mm的颗粒含量超过总质量的50%
碎石	棱角形为主	
圆砾	圆形及亚圆形为主	粒径大于2mm的颗粒含量超过总质量的50%
角砾	棱角形为主	

注:碎石土分类时,应根据粒组含量从大到小以最先符合者确定。

(2)碎石土的密实度可根据重型动力触探锤击数 $N_{63.5}$ 划分,按表9-5分为松散、稍密、中密和密实4级。当缺乏有关试验数据时,碎石土平均粒径大于50mm或最大粒径大于100mm时,按《公路桥涵地基与基础设计规范》(JTG D63—2007)附录表A.0.2鉴别其密实度。

碎石土的密实度　　　　　　　　　　　　　　　　　　　表9-5

锤击数	密实度	锤击数	密实度
$N_{63.5} \leqslant 5$	松散	$10 < N_{63.5} \leqslant 20$	中密
$5 < N_{63.5} \leqslant 10$	稍密	$N_{63.5} > 20$	密实

注:1.本表适用于平均粒径小于或等于50mm且最大粒径不超过100mm的卵石、碎石、圆砾、角砾。

2.表内 $N_{63.5}$ 为经修正后锤击数的平均值,锤击数的修正按《公路桥涵地基与基础设计规范》(JTG D63—2007)附录C进行。

3.砂土

(1)砂土为粒径大于2mm的颗粒含量不超过总质量的50%、粒径大于0.075mm的颗粒含量超过总质量50%的土。砂土可按表9-6分为砾砂、粗砂、中砂、细砂和粉砂5类。

砂土的分类　　　　　　　　　　　　　　　　　　　　　表9-6

土的名称	粒组含量
砾砂	粒径大于2mm的颗粒含量占总质量的25%～50%
粗砂	粒径大于0.5mm的颗粒含量超过总质量的50%
中砂	粒径大于0.25mm的颗粒含量超过总质量的50%
细砂	粒径大于0.075mm的颗粒含量超过总质量的85%
粉砂	粒径大于0.075mm的颗粒含量超过总质量的50%

(2)砂土的密实度可根据标准贯入锤击数划分,按表9-7分为松散、稍密、中密和密实4级。

砂 土 的 密 实 度　　　　　表9-7

标准贯入锤击数 N	密 实 度	标准贯入锤击数 N	密 实 度
$N \leq 10$	松散	$15 < N \leq 30$	中密
$10 < N \leq 15$	稍密	$N > 30$	密实

4. 粉土

粉土为塑性指数 $I_P \leq 10$ 且粒径大于 0.075mm 的颗粒含量不超过总质量 50% 的土。粉土的密实度应根据孔隙比 e 划分为密实、中密和稍密;其湿度应根据天然含水率 $w(\%)$ 划分为稍湿、湿和很湿三类。密实度和湿度的划分应分别符合表9-8和表9-9的规定。

粉 土 的 密 实 度　　　　　表9-8

孔隙比 e	密 实 度	孔隙比 e	密 实 度
$e < 0.75$	密实	$e > 0.9$	稍密
$0.75 \leq e \leq 0.9$	中密		

粉 土 的 湿 度 分 类　　　　　表9-9

天然含水率 $w(\%)$	湿 度	天然含水率 $w(\%)$	湿 度
$w < 20$	稍湿	$w > 30$	很湿
$20 \leq w \leq 30$	湿		

5. 黏性土

黏性土为塑性指数 $I_P > 10$ 且粒径大于 0.075mm 的颗粒含量不超过总质量 50% 的土。黏性土根据塑性指数按表9-10分为黏土和粉质黏土。

黏 性 土 的 分 类　　　　　表9-10

塑性指数 I_P	土 的 名 称	塑性指数 I_P	土 的 名 称
$I_P > 17$	黏土	$10 < I_P \leq 17$	粉质黏土

黏性土的软硬状态可根据液性指数划分,按表9-11分为坚硬、硬塑、可塑、软塑和流塑5种状态。

黏 性 土 的 状 态　　　　　表9-11

液性指数 I_L	状 态	液性指数 I_L	状 态
$I_L \leq 0$	坚硬	$0.75 < I_L \leq 1$	软塑
$0 < I_L \leq 0.25$	硬塑	$I_L > 1$	流塑
$0.25 < I_L \leq 0.75$	可塑		

黏性土可根据沉积年代分类,按表9-12分为老黏性土、一般黏性土和新近沉积黏性土。

黏性土的沉积年代分类　　　　　表9-12

沉 积 年 代	土 的 分 类
第四纪晚更新世(Q_3)及以前	老黏性土
第四纪全新世(Q_4)	一般黏性土
第四纪全新世(Q_4)以后	新近沉积黏性土

6.特殊性岩土

特殊性岩土是具有一些特殊成分、结构和性质的区域性地基土,包括软土、膨胀土、湿陷性土、红黏土、冻土、盐渍土和填土等。

(1)软土为滨海、湖沼、谷地和河滩等处天然含水率高、天然孔隙比大、抗剪强度低的细粒土。鉴别指标应符合表9-13的规定,软土包括淤泥、淤泥质土、泥炭和泥炭质土等。

软土地基鉴别指标　　　　　　表9-13

指标名称	天然含水率 $w(\%)$	天然孔隙比 e	直剪内摩擦角 $\varphi(°)$	十字板剪切强度 c_u (MPa)	压缩系数 a_{1-2} (1/MPa)
指标值	≥35	≥1.0	宜小于5	<35kPa	宜大于0.5

(2)淤泥为在静水或缓慢的流水环境中沉积,并经生物化学作用形成,其天然含水率大于液限、天然孔隙比大于或等于1.5的黏性土。

(3)膨胀土为土中黏粒成分主要由亲水性矿物组成,同时具有显著的吸水膨胀和失水收缩特性,其自由膨胀率大于或等于40%的黏性土。

(4)湿陷性土为浸水后产生附加沉降,其湿陷系数大于或等于0.015的土。

(5)红黏土为碳酸盐岩系的岩石经红土化作用形成的高塑性黏土,其液限一般大于50。红黏土经再搬运后,仍保留其基本特征且液限大于45的土为次生红黏土。

(6)盐渍土为土中易溶盐含量大于0.3%,并具有溶陷、盐胀和腐蚀等工程特性的土。

(7)填土根据其组成和成因,可分为素填土、压实填土、杂填土和冲填土。

素填土为由碎石土、砂土、粉土和黏性土等组成的填土。经过压实或夯实的素填土为压实填土。

杂填土为含有建筑垃圾、工业废料和生活垃圾等杂物的填土。冲填土为由水力冲填泥沙形成的填土。

(8)软弱地基是指主要由淤泥、淤泥质土、冲填土、杂填土或其他高压缩性土层构成的地基。

二、平板载荷试验

平板载荷试验是用于确定地基承压板下应力主要影响范围内土层承载力和变形模量的原位测试方法。它要求岩土体在原有位置上,在保持土的天然结构、含水率及应力状态下来测定岩土的性质。地基平板载荷试验可分浅层平板载荷试验和深层平板载荷试验。

1.浅层平板载荷试验

(1)试验方法原理

浅层平板载荷试验适用于确定浅部地基土层(深度小于3m)承压板下压力主要影响范围内的承载力和变形模量。

平板载荷试验是在试验土层表面放置一定规格的方形或圆形刚性承压板,在其上逐级施加荷载,每级荷载增量持续时间按规范规定,测记每级荷载作用下荷载板沉降量的稳定值,加载至总沉降量为25mm,或达到加载设备的最大容量为止;然后卸载,其持续时间应不小于一级荷载增量的持续时间,并记录土的回弹值。根据试验记录绘制荷载—沉降(P-S)关系曲线,见图9-1;然后分析地基土的强度与变形特性,求得地基土容许承载力与变形模量力学参数。

地基在荷载作用下达到破坏状态的过程,可分为三个阶段,见图9-2。

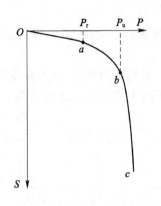
图 9-1　荷载—沉降关系曲线

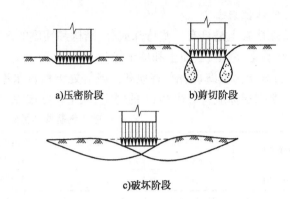
图 9-2　地基破坏过程的三个阶段

① 压密阶段。其相当于 P-S 曲线上的 Oa 直线段，这时土中各点的剪应力均小于土的抗剪强度，土体压力与变形呈线性关系，土体处于弹性平衡状态。该阶段荷载板沉降主要是由土中孔隙的减少引起，土颗粒主要是竖向变位，且随时间增长将土体压密，所以也称压密阶段。与 a 点相应的荷载 P 为比例界限。

② 剪切阶段。其相当于 P-S 曲线上的 ab 段，这时 P-S 曲线的土体荷载与变形不再呈线性关系，其沉降的增长率随荷载的增大而增大。除土体压密外，在承压板边缘局部的土体剪应力达到或超过土的抗剪强度，土体开始发生塑性变形。土的变形是由土中空隙压缩和土颗粒的剪切移动引起的，土颗粒同时发生竖向和侧向变位，且随时间不易稳定，故称局部剪切变形阶段。随着荷载的继续增大，土体中的塑性区范围也逐步扩大，直到土体中形成连续的滑动面，土从荷载板两侧挤出而破坏。因此，剪切阶段是地基中塑性区的发生和发展阶段，与在 P-S 曲线上 b 点相应的荷载 P 为极限荷载。

③ 破坏阶段。其相当于 P-S 曲线上的 bc 段。当荷载超过极限荷载后，即使荷载不再增加，沉降也不能稳定，荷载板急剧下沉，土中产生连续的滑动面，土从承压板下挤出，土体隆起呈环状或放射状裂隙，故称破坏阶段。这时土体的变形主要由土的剪切变位引起，土体的侧向移动使地基土失稳而破坏。

(2) 试验设备

载荷试验设备由稳压加荷装置、反力装置和沉降观测装置三个部分组成。

现以半自动稳压油压载荷试验设备为例进行说明。该设备适用于承压板面积不小于 $0.25m^2$，对于软土地基不小于 $0.5m^2$ 的情况。利用高压油泵，通过稳压器及反力锚定装置，将压力稳定地传递到承压板。它由下列三个部分组成：

① 加荷及稳压系统。其由承压板、加荷千斤顶、立柱、稳压器和支撑稳压器的三脚架组成。加载千斤顶、稳压器、储油箱和高压油泵分别用高压油管连接，构成一个油路系统。

② 反力锚定系统。其包括桁架和反力锚定两个部分，桁架由中心柱套管、深度调节丝杆、斜撑管、主钢丝绳和三向接头等组成。

③ 观测系统。用百分表或其他自动观测装置进行观测。

目前，常用的载荷板试验时加载方式见图 9-3。

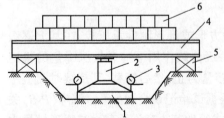
图 9-3　载荷试验加载方式
1-载荷板；2-千斤顶；3-百分表；4-反力梁；
5-枕木垛；6-压重

根据现场情况,也可采用地锚代替荷重的方式,也可两者兼用。总的要求是加荷、卸荷要既简便又安全,并对试验的沉降量观测不产生影响。荷载板为刚性的方形或圆钢板。

用油压千斤顶加荷、卸荷虽然方便,但要注意设备是否变形、千斤顶是否漏油及荷载板是否下沉等,要防止千斤顶压力不稳定。注意随时调节,保持压力恒定。

(3)现场测试

①基坑宽度不应小于承压板宽度或直径 d 的3倍。

②承压板采用 50cm×50cm 或 70.7cm×70.7cm 的方板。

③试验土层:应保持土层在原有位置上,保持土的原状结构和天然湿度。试坑开挖时,在试验点位置周围预留一定厚度的土层,在安装承压板前再清理至试验高程。

④承压板与土层接触处,应铺设约 20mm 厚的中砂或粗砂并找平,以保证承压板与土层水平、均匀接触。

⑤试验加荷分级不应少 8 级,第一级荷载包括设备重力。每级荷载增量为地基土层预估极限承载力的 1/10~1/8。最大加载量不应小于设计要求的 2 倍或接近试验土层的极限荷载。

⑥承压板的沉降采用百分表或电测位移计量测,其精度不应低于 0.01mm。

⑦加荷稳定标准:每级加载后,按间隔 10min、10min、10min、15min、15min,以后为每隔 0.5h 测读一次沉降量。当在连续 2h 内,每小时的沉降量小于 0.1mm 时,则认为已趋稳定,可加下一级荷载。

⑧当试验出现下列情况之一时,可终止加载:

a. 承压板周围的土体有明显侧向挤出或发生裂纹。

b. 在某一级荷载下,24h 内沉降速率不能达到稳定标准。

c. 沉降量急剧增大,P-S 曲线出现陡降段,本级荷载的沉降量大于前级荷载沉降的 5 倍。

d. 沉降量与承压板宽度或直径之比大于或等于 0.06。

满足前三种情况之一,其相对应的前一级荷载定为极限荷载。

⑨回弹观测:分级卸载,观测回弹值。分级卸载量为分级加载量的 2 倍,15min 观测一次,1h 后再卸下一级荷载。荷载完全卸除后,应继续观测 3h。

⑩试验完后,试验点附近应有取土孔提供土工试验指标或其他原位测试资料。试验后,应在承压板中心向下开挖取土试样,并描述 2 倍承压板直径(或宽度)范围内土层的结构变化。

2. 深层平板载荷试验

(1)深层平板载荷试验可用于确定深部地基及大直径桩桩端在承压板压力主要影响范围内土层的承载力和变形系数。

(2)深层平板载荷试验的承压板采用直径为 0.8m 的刚性板,紧靠承压板周围外侧的土层高度不应小于 0.8m。

(3)土层等级可按地基土层预估极限承载力的 1/15~1/10 分级施加。

(4)每级加载后,第 1 个小时按间隔 10min、10min、10min、15min、15min 测读一次沉降量,以后为每隔半小时测读一次沉降量。在连续 2h 内,每小时沉降量小于 0.1mm 时,则认为已趋于稳定,可加下一级荷载。

(5)当出现下列情况之一时,即可终止加载。

①沉降量 S 急剧增大,荷载-沉降 $P\text{-}S$ 曲线出现可判断极限承载力的陡降坡,且沉降量超过 $0.04d$(d 为承压板直径)。

②在某一级荷载下,24h 内沉降速率不能达到稳定。

③本级沉降量大于前一级沉降量的 5 倍。

④当持力层土层坚硬,沉降很小时,最大加载量不小于设计要求的 2 倍。

(6)承载力基本容许值的确定应符合下列规定:

①当 $P\text{-}S$ 曲线上有比例界限时,取该比例界限所对应的荷载值。

②满足终止加载条件之一时,其对应的前一级荷载定为极限荷载;当该值小于对应比例界限的荷载值的 2 倍时,取极限荷载值的一半。

③当不能按上述两款要求确定时,可取 $S/d = 0.01 \sim 0.015$ 所对应的荷载,但其值不应大于最大加载量的一半。

(7)同一土层参加统计的试验点不应小于 3 点。当试验实测值的级差不超过其平均值的 30% ,取此平均值作为该土层的地基承载力基本容许值。

三、圆锥动力触探试验

圆锥动力触探试验(DPT)是利用一定质量的落锤,以一定高度的自由落距将标准规格的锥形探头打人土层中,根据探头贯入的难易程度判定土层的物理力学性质。这是公路桥涵工程勘察中的原位测试方法之一。

1. 试验类型及规格与适用范围

(1)圆锥动力触探类试验型及规格

圆锥动力触探试验的类型分为轻型、重型和超重型 3 种,各种试验的类型和规格见表 9-14。

圆锥动力触探类型及规格 表 9-14

类型		轻型	重型	超重型
落距	锤的质量(kg)	10	63.5	120
	落距(cm)	50	76	100
探头	直径(mm)	40	74	74
	锥角(°)	60	60	60
探杆直径(mm)		25	42	50~60
指标		贯入 30cm 的锤击数 N_{10}	贯入 10cm 的锤击数 $N_{63.5}$	贯入 10cm 的锤击数 N_{120}

(2)圆锥动力触探试验的适用范围

轻型圆锥动力触探试验一般用于贯入深度小于 4m 的黏性土、由黏性土组成的素填土和粉土。可用于施工验槽、地基检验和地基处理效果的检测。

重型圆锥动力触探试验一般适用于砂土、中密以下的碎石土和极软岩。

超重型圆锥动力触探试验一般适用于较密实的碎石土、极软岩和软岩。

2. 试验设备和方法

圆锥动力触探试验设备主要由圆锥触探头、触探杆、穿心锤三个部分组成,见图 9-4 和图 9-5。

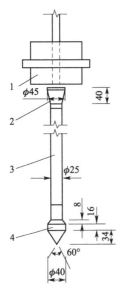
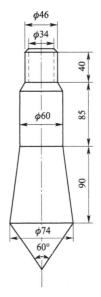

图 9-4 轻型圆锥动力触探试验设备(尺寸单位:mm)
1-穿心锤;2-锤垫;3-触探杆;4-触探头

图 9-5 重型、超重型圆锥动力触探试探头
(尺寸单位:mm)

(1)试验设备安装

试验前和试验过程中,应认真检查机具设备是否完好。安装过程中确保各部件连接紧固,触探架安装平稳,保持触探孔垂直。

(2)试验方法

触探架与触探头对准孔位,作业过程中始终保持与触探孔垂直。以重型圆锥动力触探为例,试验采用质量为 63.5kg 的穿心锤自动脱钩,以 76mm 的落距自由下落,对土层连续进行触探,将标准试验探头打入土中 10cm,记录其锤击数。

(3)重型和超重型圆锥动力触探试验要点

①贯入时,穿心锤应自动脱钩,自由落下。
②地面上触探杆的高度不宜超过 1.5m,以免倾斜和摆动过大。
③贯入过程应尽量连续贯入。锤击速度宜为每分钟 15~30 击。
④每贯入 10cm,记录其相应的锤击数。

四、地基容许承载力

1. 有关地基承载力的术语

(1)地基极限承载力。其是指使地基发生剪切破坏即将失去整体稳定性时相应的最小基础底面压力。

(2)地基容许承载力。要求作用于基底的压应力不超过地基的极限承载力,且有足够的安全度,而且所引起的变形不超过建(构)筑物的容许变形,满足以上两项要求的地基单位面积上所承受的荷载称为地基容许承载力。

2. 地基承载力的确定

地基承载力可根据地质勘测、原位测试、野外载荷试验以及邻近建(构)筑物调查对比,由经验和理论公式计算综合分析确定。

地基承载力通常由下列几种途径来确定:

(1)由现场载荷试验或原位测试确定。
(2)按地基承载力理论公式计算。
(3)按现行规范提供的经验公式计算。
(4)在土质基本相同的条件下,参照邻近结构物地基容许承载力。

3.《公路桥涵地基与基础设计规范》(JTG D63—2007)有关地基承载力的规定

(1)地基承载力容许值[f_a]是在地基载荷试验和其他原位测试或按《公路桥涵地基与基础设计规范》(JTG D63—2007)给出的各类岩土承载力基本容许值[f_{a0}]的基础上修正后得到的。

(2)地基承载力基本容许值应首先考虑由载荷试验或其他原位测试取得,其值不应大于地基极限承载力的1/2。对中小桥、涵洞,当受现场条件限制或载荷试验和原位测试确有困难时,也可按照《公路桥涵地基与基础设计规范》(JTG D63—2007)第3.3.3条规定进行。

(3)地基承载力基本容许值尚应根据基底埋深、基础宽度及地基土的类别按《公路桥涵地基与基础设计规范》(JTG D63—2007)第3.3.4条规定进行修正。

当缺乏上述资料时,可按《公路桥涵地基与基础设计规范》(JTG D63—2007)推荐的方法确定地基承载力基本容许值,对地质和结构复杂的桥涵地基,应根据现场载荷试验确定容许承载力。

任务9.2 基桩承载力检测

确定基桩承载力的检测方法有静载试验和各种桩的动测方法两种。静载试验是确定基桩承载力最可靠的方法,而各种桩的动测方法,则要在与桩静载试验结果大量对比的基础上,找出对比系数,才能推广应用。

一、试验设备

垂直静载试验是在试桩顶上分级施加静荷载直到土对试桩的阻力破坏时为止,从而求得桩的容许承载力单桩的下沉量。按现行《公路桥涵地基与基础设计规范》(JTG D63—2007)规定:"单桩承载力宜通过现场静载试验确定,在同一条件下试桩数量不宜少于总桩数的1%,并不少于3根"。就地灌注桩的静载试验应在混凝土强度达到能承受预定破坏荷载后开始。斜桩做静载试验时,荷载方向应与斜桩轴线相同。

1.加荷装置

(1)基本要求。首先要求安全可靠,保证有足够的加载量,不能发生加载量达不到要求而中途停止试验的事故。其次从节约材料、少用经费、取用方便和缩短等备时间等方面进行比较,选用合适加载系统。

(2)加载量的确定。根据《公路桥涵地基与基础设计规范》(JTG D63—2007)推荐的地基上强度数据或参考类似的试桩经验并按照鉴定性或破坏性试验的不同要求,确定试桩的破坏荷载或最大的试验荷载(以下称为最大加载量)。荷载系统的加载能力至少不低于破坏荷载或最大加载量的1.5倍,最好能达到1.5~2.0倍。

(3)反力装置。反力装置是加载系统中最主要的组成部分,应事先做好周密设计。

2.基准点与基准梁的设置

作为下沉量测试的基准点和基准梁原则上应该是不动的。但是,由于试桩与锚桩的变位,气象、日照、潮汐及附近施工与交通引起的振动等影响,基准点或基准梁产生一定的变位或变形。如果对此掉以轻心或熟视无睹,那么测得的试桩下沉量将是不可靠的。

(1)基准点的设置。基准点的设置应满足以下几个条件:基准点本身不变动;没有被接触或遭破损的危险;附近没有振源;不受直射阳光与风雨等干扰;不受试桩下沉的影响。

(2)基准梁的设置。基准梁一般采用型钢,其优点是有磁性,刚度大,便于加工,形状一致,缺点是温度膨胀系数大,在受温度影响大的长期荷载试验时,并且当桩本身的下沉又不大时,测试精度会受很大影响。因此,当量测桩位移用的基准梁采用钢梁时,为保证测试精度需采取下述措施:基准梁的一端固定,另一端必须自由支撑;防止基准梁受日光直接照射;基准梁附近不设照明及取暖炉;必要时基准梁可用聚苯乙烯等隔热材料包裹起来,以消除温度影响。

3. 测试仪器装置

测量仪器必须精准,一般使用精度为 1/20mm 的光学仪器或力学仪器,如水平仪、挠度仪测力器(包括荷载传感器、拉应力传感器、电子秤、压力环等)、倾角仪和位移计等。

二、试验步骤

1. 试验准备

(1)试验加载装置的选择

试桩所承受的荷载一般由油压千斤顶加载系统施加。加载反力装置可根据现场实际情况及试桩的预估极限加载量大小来决定,一般可采用锚桩横梁反力装置、堆重平台反力装置及锚桩加固加堆重反力装置三种形式。

①锚固横梁反力装置。锚桩数、锚桩尺寸、锚筋以及横梁的承载力设计均应满足 1.2~1.4 倍的试桩预估极限加载量。锚桩的抗拔承载力由有关规范计算确定,锚桩数量可为 2 根、4 根、6 根。当采用工程桩作为锚桩时,锚桩数量应不少于 4 根,并应在试验过程中对锚桩上拔量进行检测。锚桩与反力横梁间用锚拉钢筋连接,钢筋焊接搭接长度,单面施焊时不小于 $10d$,双面施焊时不小于 $5d$(d 为钢筋直径)。

②堆重平台反力装置。配置荷载量不得少于试桩预估极限加载量的 1.2~1.5 倍,配置荷载应在试验开始前一次加上,并均匀放置于平台上。

也可将上述两种反力装置联合使用,形成锚桩堆重平台联合反力装置,见图 9-6。

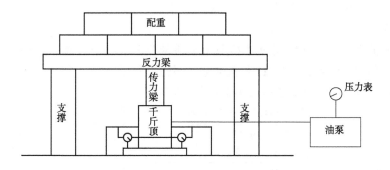

图 9-6 压重法静载

(2)试桩制作要求

①试桩顶部一般应予以加强,可在桩顶配置加密钢筋网 2~3 层,桩身钢筋应伸入桩头,或以薄钢板圆筒做成加强箍与桩顶混凝土浇筑成一体,用高强度等级砂浆将桩顶抹平。

②试桩的成桩工艺和质量控制标准应与工程桩一致,为缩短试桩养护时间,混凝土强度等级可适当提高,或掺入早强剂。

(3)试桩用千斤顶

①千斤顶应平放于试桩中心,当采用两个或两个以上千斤顶施加荷载时,宜选择相同型号、相同类型的千斤顶。将千斤顶并联同步工作并使千斤顶的合理通过试桩中心线,见图9-7。

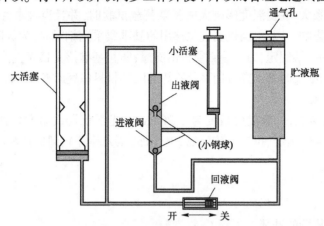

图9-7 液压千斤顶

②千斤顶的检查。千斤顶加载系统主要包括千斤顶、高压油泵及油路三个部分,试桩前宜对加载系统进行检查。检查目的在于检查千斤顶、油泵工作是否正常,油路有无漏油。

(4)荷载与沉降的量测仪表

①施加于桩顶的荷载宜采用放置于千斤顶上的压力环或采用应变式压力传感直接测定,也可采用安装在千斤顶油压系统上的压力表测定油压,并根据千斤顶率定曲线换算荷载值。

②试桩沉降一般采用百分表测量。试验时应在桩的两个正交直径方向对称安置4个百分表,小直径桩也可安置2个或3个百分表。固定和支撑百分表的夹具和基准梁在构造上应确保不受气温的影响而变形,同时应避免振动、雨水和阳光照射等。

(5)温度对沉降测量的影响

温度变化会使基准梁产生变形,为消除这种影响可采用下列几种方法:

①基准梁宜采用刚度较大的型钢制作,且必须简支在基准桩上。

②用一般百分表支在基准梁跨中附近某一相对不动体上,对基准梁的变形进行监测,以便对桩顶沉降测量值进行修正。

③利用维护物将试桩场地围护起来,防止基准梁受阳光直射及减小温差。

(6)试桩、锚桩(堆重平台支墩)和基准桩之间的中心距离要求

试桩、锚桩和基准桩之间的中心距离要求见表9-15。

试桩、锚桩和基准桩之间的中心距离要求(m)　　　　表9-15

项　目	试桩中心与锚桩中心 (或压重平台支墩边)	试桩中心与基准桩中心	基准桩中心与锚桩中心 (或亚种平台支墩边)
锚桩横梁	≥4(3)D 且 >2.0	≥4(3)D 且 >2.0	≥4(3)D 且 >2.0
压重平台	≥4D 且 >2.0	≥4(3)D 且 >2.0	≥4D 且 >2.0
地锚装置	≥4D 且 >2.0	≥4(3)D 且 >2.0m	≥4D 且 >2.0

注:1. D 为试桩、锚桩或地锚的设计直径或边宽,取较大者。
　　2. 试桩或锚桩为扩底桩时,试桩与锚桩的中心距离不应小于2倍扩大端直径。
　　3. 括号内数值可用于工程桩验收检测时多排桩设计桩中心距离小于4D 的情况。
　　4. 软土场地堆在质量加大时,宜增加支墩边与基准桩中心和试桩中心之间的距离,并在试验过程中观测基准桩的竖向位移。

(7)高压油泵及液压千斤顶使用操作规程

①将千斤顶在试验位置点正确对正放置,并使千斤顶位于下压和上顶的传力设备合力中心轴上。

②用高压油管将千斤顶与液压控制阀连通好,液压控制阀通过高压油泵连通。

③对电动油泵应先接好外接电源线,检查线路正确无误后再通电试机。将止通阀扳向"止"位置,打开电动机开关,检查油泵是否能正常运转。

④当油泵运转正常,并储存充足的备用油后,将止通阀扳向"通"位置,打开电动机开关,使油管内充满液压油,并在预留油管接口处见到有油漏出后,拧紧该油管接口。

⑤正式实施加载工作,加载量可由油压表读数控制,或用荷重传感器控制。

⑥当试验过程中出现突然停电,应检查止通阀是否锁紧,以使荷载维持稳定,然后将高压油泵打向卸压挡,使高压油管卸压,最后将电动高压油泵更换成备用的手动高压油泵,继续试验。

⑦卸载。当荷载加到预定值并决定开始卸载时,应扳动止通阀手向"止"方向慢慢移动,使千斤顶内高压油向油泵的储油箱内流动。当荷载加至要求值时,将油泵止通阀手柄向"通"方向扳动。

⑧将千斤顶卸荷至零时,完全打开止通阀手柄,这时可以切断电源,折除油泵的外接电源线路,并将电源线盘好。

⑨当千斤顶活塞完全进入工作油缸内后,拆除高压油管,并将油管盘好存放,将千斤顶、油泵擦拭干净,以备下次使用。

(8)百分表操作要求

①将百分表装在磁性表架上,用劲箍夹住表的轴顶,使百分表的测杆顶住试件测点。

②百分表测杆应与所测量的位移方向完全一致。测点表面需经一定处理(如在构件测点处粘贴玻璃片),以避免结构变形后,由于测点垂直于百分表测杆方向的位移而使百分表产生误差。

③百分表使用前后要仔细检查测杆上下活动是否灵活。

④百分表的量程一般为 10~50mm,在测量过程中要经常注意即将发生的位移是否会很大,以免造成测杆与测点脱离接触或测杆被顶死,所以要及时观察调整。

2. 试验

(1)从试桩入土到开始试验的间歇时间

预制桩:对于砂性土为 14d;对于粉土或黏性土,应视土的强度恢复而定,一般不少于 28d;对于淤泥或淤泥质土不得少于 28d;对灌注桩,其桩身混凝土强度应达到设计等级。

(2)试验加载方式

①慢速维持荷载法。逐渐加载,每级荷载下的桩顶沉降达到相对稳定后,再加下一级荷载,直到满足试验加载终止条件,然后逐级卸载至零。

②多循环加、卸载法。每级荷载下的桩顶沉降达到相对稳定后,再卸荷至零,然后进行下一循环,直至满足试验加载终止条件。

③快速维持荷载法。每级荷载维持 1h 后,再施加下一荷载,直到满足试验加载终止条件,然后分级卸载至零。

(3)采用慢速维持荷载法进行试验时,应按下列规定进行加载、卸载和沉降观测

①加载分级。每级加载量为试桩预计最大试验荷载的 1/10~1/12,逐渐加载,第一级可取 2 倍加载量进行加载。

②测读桩顶沉降量的间隔时间。每级加载后,隔 5min、10min、15min 测读一次,以后每隔 15min 测读一次,累计 1h 后每隔半小时测读一次。

③沉降相对稳定标准:在每级荷载作用下,桩顶的沉降量在每小时内不大于 0.1mm,并连续出现 2 次。

④终止加载条件。当出现下列情况之一时,即可终止加载:

a. 某级荷载作用下,桩顶的沉降量为前一级荷载作用下沉降量的 5 倍。

b. 某级荷载作用下,桩顶的沉降量大于前一级荷载作用下沉降量的 2 倍,且经 24h 尚未达到相对稳定。

c. 达到设计要求最大加载量且沉降达到稳定,或已达桩身材料的极限强度,以及试桩桩顶出现明显的破损现象。

d. 试桩桩顶总沉降量超过 10cm 时,若桩长大于 40m,则控制的总沉降量可按桩长每增加 10m 相应增加 1cm。

e. 已达到锚桩最大抗拔力或压重平台的最大质量时。

⑤卸载时桩顶沉降观测规定

a. 慢速法。每级卸载值为每级加载值的 2 倍,每卸一级荷载后,隔 15min 测读一次,读 2 次后,隔 0.5h 再读一次,即可卸下一级荷载。卸载至零后,隔 3~4h 再读一次。

b. 快速法。卸载时,每级荷载维持 15min,观测时间为 5min、15min;卸载至零后测读 2h,测读时间为 5min、15min、30min、60min、90min、120min。

3. 试验资料的整理

(1)在现场进行试验的同时,应对试验资料进行初步的整理,绘制荷载—沉降曲线图,以及时发现试验中所出现的问题。

(2)将单桩垂直静载试验概况整理成表格形式,并应对成桩和试验过程中出现的异常情况进行补充说明。

(3)做好单桩垂直静载试验的数据记录,试验数据应准确、清晰,不得随意涂改。

(4)绘制有关试验成果曲线,以确定单桩的极限承载力,一般需绘制荷载—沉降(Q-S)曲线、沉降—时间对数(S-$\lg t$)曲线、沉降—荷载对数(S-$\lg Q$)曲线,以及其他辅助分析所需的曲线。

(5)当进行桩身应力、应变和桩端阻力测定时,应整理出有关数据的记录表,见表 9-16,并绘制桩身轴力分布图、摩阻力分布图、桩端阻力与荷载关系等曲线。

单桩竖向抗压静载试验记录　　　　　　表 9-16

工程名称				桩号			日期		
加载级	油压(MPa)	荷载(kN)	测读时间	位移计(百分表)读数			本级沉降(mm)	累计沉降(mm)	备注
				1号	2号	3号	4号		

检测单位:　　　　　　　　校核:　　　　　　　　记录:

(6)划分桩侧总摩阻力和桩端阻力极限值,并由此求出桩侧平均极限摩阻力。当进行分层试验时,应求出各层土的极限摩阻力,然后再取平均值确定桩侧平均摩阻力。

4.单桩垂直抗压承载力的判定

可根据下列方法确定极限承载力:

(1)取 S-lg$t$ 曲线尾部出现明显向下曲折的前一级荷载值为极限承载力。

(2)取 Q-S 曲线发生明显陡的起始点(第二拐点)所对应的荷载值为极限承载力。

(3)取 S-lg$Q$ 曲线出现陡降直线段的起始点所对应的荷载值为极限承载力。

(4)根据沉降控制确定极限承载力。

(5)根据其他方法确定极限承载力。

任务9.3　钻(孔)灌注桩检测

一、概述

桩基础是由埋于地基中的若干根桩及将所有桩连成一个整体的承台(或盖梁)两个部分所组成的一种基础形式(图9-8)。桩基础的作用是将承台或盖梁以上结构物传来的外力,通过承台和盖梁由桩传到较深的地基持力层中去。

桩基础按桩的承载类别分为竖向抗压桩、竖向抗拔桩、水平受荷桩和复合受荷桩;按桩的受力状态分为摩擦型桩和端承型桩;按桩对土体的影响程度分为非挤土桩、部分挤土桩和挤土桩(排土桩);按桩的承台高低分为低承台桩和高承台桩;按桩的施工方法分为预制桩和灌注桩等。

灌注桩是指在建筑工地现场通过机械钻孔、钢管挤土或人力挖掘等手段在地基土中形成桩孔,并在其内放置钢筋笼、灌注混凝土而制成的桩。依照成孔方法不同,灌注桩可分为泥浆护壁钻(冲)孔灌注桩、沉管灌注桩和成孔灌注桩等。

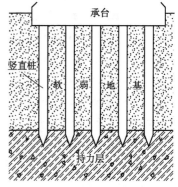

图9-8　桩基础的组成

钻(挖)孔灌注桩的检验主要包括三个方面:一是施工前的检验(原材料检验、配合比检验、施工机具检验);二是施工过程检验;三是桩完整性、承载力检验。本章重点介绍施工过程的一些检测项目与方法及桩完整性检测。

由于钻(挖)孔灌注桩是采用不同的钻孔(或挖孔)方法,在土中形成一定直径的井孔,达到设计高程后,将钢筋骨架吊入井孔中,灌注混凝土(或水下混凝土)成为桩基础的一种施工工艺,目前虽然有比较成熟的施工方法,但是由于地质复杂或其他原因,容易出现质量事故,其检测项目较多。

二、检验项目

(1)检验筑岛。筑岛的面积应按钻孔方法、机具大小等要求决定;高度应超过最高施工水位0.5~1.0m;筑岛材料及岛面与地基承载力应满足设计要求;岛体应稳定。

(2)检验护筒。应检验护筒内径、护筒中心竖直线、护筒高度、埋置深度及护筒的连接处。

(3)泥浆检验。泥浆的要求与检验。

(4)灌注混凝土质量的检测。

①桩身混凝土抗压强度应符合设计规定。每根桩取混凝土抗压强度试件2~4组,检验结果应满足混凝土质量检验要求。

②检验方法和数量应符合设计要求。

此外,还有钢筋笼与导管检验、清孔检验、成孔质量检验及灌注桩质量检验。

三、成孔质量检验及质量标准

钻、(挖)孔灌注桩在终孔和清孔后,应进行孔位、孔深、孔径、孔形和倾斜度等检查。

1. 孔径与孔形检测

孔径检测是在桩孔成孔后、下钢筋笼前进行的,是根据设计桩径制作笼式井径器入孔检测。笼式井径器用 $\phi 8 \sim 12\text{mm}$ 的钢筋制作,其外径等于钻孔的设计孔径,长度等于孔径的3~4倍(如正、反循环回转钻成孔法)或4~6倍(如冲击钻成孔法)。检测时,将井径器吊起,使笼的中心、孔的中心与起吊钢绳保持一致,慢慢放入孔内,上下通畅无阻表明孔径大于给定的笼径,遇阻则有可能在遇阻部位有缩径或斜孔现象。

孔形检测目前常采用的方法是开挖检查和超声波检测。开挖检查一般在工程试桩结束后进行,直接观察桩身形状在相应土层中的变化,为工程桩施工过程中控制孔形提供直观依据。超声波检测是近年来采用的新方法,已研制了专门的超声波孔壁检测仪。

2. 孔深和孔底沉渣检测

孔深和孔底沉渣普遍采用标准测锤检测,测锤一般采用锥形锤,锤底直径为13~15cm,高为22cm,质量4~6kg。

3. 桩孔竖直度检测

竖直度检测方法常用钻杆测斜法,将带有钻头的钻杆放入孔内到底,在孔口处的钻杆上装一个与孔径或护筒内径一致的导向环,使钻杆柱保持在桩孔中心线位置上。然后将带有扶正圈的钻孔测斜仪下入钻杆内,分点测斜,并将各点数值在坐标纸上描点作图,检查桩孔偏斜情况。也可以用圆球检测法和电子水平仪测斜法。

4. 桩位检测

复测桩位时,桩位测点应选在新鲜桩头面的中心点,然后测量该点偏移设计桩位的距离,并按坐标位置,分别标在桩位复测平面图上。测量仪器可选用精密经纬仪或红外测距仪。

四、泥浆性能指标检测

1. 相对密度

泥浆的相对密度是泥浆与4℃同体积水的质量之比。相对密度可用泥浆相对密度计测定。

2. 黏度

黏度是液体或混合液体运动时各分子或颗粒之间产生的内摩阻力。

3. 含砂率(%)

含砂率是泥浆内所含的砂和黏土颗粒的体积百分比。

4. 胶体率(%)

胶体率是泥浆静止后,其中呈悬浮状态的黏土颗粒与水分离的程度,以百分比表示,反映泥浆中土粒保持悬浮状态的性能。

5. 失水量(mL/30min)和泥皮厚

失水量是泥浆在钻孔内受内外水头压力差的作用在一定时间内渗入地层的水量,以mL/30min 为单位。在滤纸上量出泥饼厚度(mm)即为泥皮厚。泥皮愈平坦、愈薄,则泥浆质量愈高,厚度一般不宜超过 2~3mm。

五、混凝土钻孔灌注桩完整性检测

由于灌注桩的成桩过程是在桩位处的地面下或水下完成,施工工序多,质量控制难度大,极易出现事故。《公路桥涵施工技术规范》(JTG/T F50—2011)规定:钻孔灌注桩一般选有代表性的桩用无破损法进行检测,重要工程或重要部位的桩宜逐根进行检测。

灌注桩成桩质量通常存在两个方面问题:一是桩身完整性,常见的缺陷有夹泥、断裂、缩径、扩径、混凝土离析及桩顶混凝密实性较差等;二是嵌岩桩,影响桩底支承条件的质量问题主要是灌注混凝土前清孔不彻底,孔底沉淀厚度超过规定极限,影响承载力。

桩基础施工质量的检验,随着长、大桩径及高承载力桩基础迅速增加,传统的静压桩试验已很难实施。目前,常用的钻孔灌注桩质量的检测方法有以下几种。

1. 钻芯检验法

由于大直径钻孔灌注桩的设计荷载一般较大,用静力试桩法有许多困难,所以常用地质钻机在桩身上沿长度方向钻取芯样,通过对芯样的观察和测试确定桩的质量。但这种方法只能反映钻孔范围内的小部分混凝土质量,而且设备庞大、费工费时、价格昂贵,不宜作为大面积检测方法,只能用于抽样检查,一般抽检总桩量的 3%~5%,或作为对无损检测结果的校核手段。

2. 振动检验法

振动检验法又称动测法。它是在桩顶用各种方法(例如锤击、敲击、电磁激振器或电火花等)施加一个激振力,使桩体乃至桩土体系产生振动,或在桩内产生应力波,通过对波动及振动参数的种种分析,推定桩体混凝土质量及总体承载力的一类方法。主要有以下四种:

(1)敲击法和锤击法

敲击法和锤击法是指用力棒或锤子打击桩顶,在桩内产生激励振动,用加速度传感器接收桩头的响应信号,信号经处理后被显示或记录,通过对信号的时域及频域分析,可确定桩尖或缺陷的反射信号,据此可判断桩内是否存在缺陷。当锤击力足以引起桩土体系振动时,根据所测得的振动参数,可计算桩的动刚度和承载力。

(2)稳态激振机械阻抗法

在桩顶用电磁激振器激振,该激振力是幅值恒定、频率从 20~100Hz 变化的简谐力。量测桩顶的速度响应信号。作用在简谐振动体系上的作用力 F,与该体系上某点的速度 v 之比称为机械阻抗,机械阻抗的倒数称为机械导纳。因此,可将记录的力和速度经仪器合成,描绘出导纳曲线,还可求得应力波在桩身混凝土中的波速、特征导纳、实测导纳及动刚度等动参数。据此,稳态激振机械阻抗法可判断是否有断桩、缩颈、鼓肚或桩底沉渣太厚等缺陷,并可由动刚度估算单桩容许承载力。

(3)瞬态激振机械阻抗法

用力棒等对桩顶施加一个冲击脉冲力,这个脉冲力包含了丰富的频率成分。通过力传感器和加速度传感器,记录力信号和加速度信号,然后把两种信号输入信号处理系统,进行快速傅立叶变换,把时域变成频域,将信号合成后同样可得到桩的导纳曲线,从而判断桩的质量。

(4)水电效应法

在桩顶安装一高约 1m 的水泥圆筒,筒内充水,在水中安放电极和水听器。电极高压放电,瞬时释放大电流产生声学效应,给桩顶一冲击能量,由水听器接收桩土体系的响应信号,对信号进行频谱分析,根据频谱曲线所含有的桩基质量信息,判断桩的质量和承载力。

3. 超声脉冲检验法

超声脉冲检验法是在检测混凝土缺陷技术的基础上发展起来的。其方法是在桩的混凝土灌注前沿桩的长度方向平行预埋若干根检测用管道,作为超声发射和接收换能器的通道。检测时探头分别在两个管子中同步移动,沿不同深度逐点测出横截面上超声脉冲穿过混凝土时的各项参数,并按超声测缺原理分析每个断面上混凝土的质量。

4. 射线法

射线法是以放射性同位素辐射线在混凝土中的衰减、吸收和散射等现象为基础的一种方法。

当射线穿过混凝土时,因混凝土质量不同或因存在缺陷,接收仪所记录的射线强弱发生变化,据此来判断桩的质量。由于射线的穿透能力有限,一般用于单孔测量。采用散射法,可了解孔壁附近混凝土的质量,扩大钻芯法检测的有效半径。

下面介绍基桩声波透射。

(1)检测设备

试验采用美国桩基动力学公司(PDI)生产的跨孔超声分析仪(Cross-Hole Analyzer ,CHA)。

(2)检测依据

《建筑基桩检测技术规范》(JGJ 106—2014)和《公路工程基桩动测技术规程》(JTG/T F81-01—2004)。

(3)测试基本原理

超声波透射法检测桩身结构完整性的基本原理是:由超声脉冲发射源在混凝土内激发高频弹性脉冲波,并用高精度的接收系统记录该脉冲波在混凝土内传播过程中表现的波动特征;当混凝土内存在不连续或破损界面时,缺陷面形成波阻抗界面,波到达该界面时,产生波的透射和反射,使接收到的透射能量明显降低;当混凝土内存在松散、蜂窝、孔洞等严重缺陷时,将产生波的散射和绕射;根据波的初始到达时间和波的能量衰减特征、频率变化及波形畸变程度等特性,可以获得测区范围内混凝土的密实度参数。测试记录不同侧面、不同高度上的超声波动特征,经过处理分析就能判别测区内混凝土的参考强度和内部存在缺陷的性质、大小及空间位置。

在基桩施工前,根据桩直径的大小预埋一定数量的声测管,作为换能器的通道。测试时每两根声测管为一组,通过水的耦合,超声脉冲信号从一根声测管中的发射探头发射出去,被另一根声测管中的接收探头接收,超声仪自动测定有关参数并采集记录储存。

(4)桩基检测结果评价标准

依据各桩声速深度、缺陷深度、PSD 曲线和完整性瀑布图,结合现场工程地质、施工具体情况,综合判定桩身是否存在缺陷以及缺陷的严重程度。参考《建筑基桩检测技术规范》(JGJ 106—2014)和《公路工程基桩动测技术规程》(JTG/T F81-01—2004)的规定,将桩身的完整性划分为以下四类:

① Ⅰ类桩:桩身完整或基本完整;

② Ⅱ类桩:桩身有轻微缺陷,不会影响桩身结构承载力的正常发挥;

③Ⅲ类桩:桩身有明显缺陷,对桩身结构承载力有影响;
④Ⅳ类桩:桩身存在严重缺陷。

(5)基桩声波透射法检测汇总表

基桩声波透射法检测汇总见表9-17。

基桩声波透射法检测汇总　　　　　　　　　　表9-17

工程名称		原始资料			质量类别	备注
序号	桩号	桩径(mm)	桩长(mm)	强度等级		
1	0-右	1.2	43.0	C25	Ⅰ类	
2	0-左	1.2	43.0	C25	Ⅱ类	
3	1-右	1.2	43.0	C25	Ⅰ类	
4	1-左	1.2	43.0	C25	Ⅱ类	
说明		以上质量类别的评定只对所测到的部位进行				

(6)结论

本次检测基桩共4根,检测结果:Ⅰ类桩2根,占总检测桩数的50%;Ⅱ类桩2根,占总检测桩数的50%。

(7)说明

①本场地工程地质及桩基原始资料由施工单位提供,并经监理工程师签认,作为检测分析的依据。

②本报告所提供的检测结果仅对桩体完整性进行评述定类(不含对持力层、嵌岩深度、沉渣厚度的判定)。

③本报告仅对所测桩负责。

任务9.4　桥涵工程基础质量评定方法与检查项目

一、扩大基础

1.基本要求

(1)所用的水泥、砂、石、水、外加剂及混合材料的质量和规格必须符合有关规范的要求,按规定的配合比施工。

(2)不得出现露筋和空洞现象。

(3)基础的地基承载力必须满足设计要求。

(4)严禁超挖回填虚土。

2.实测项目

扩大基础实测项目见表9-18。

扩大基础实测项目　　　　　　　　　　表9-18

项次	检查项目	规定值或允许偏差	检查方法和频率	权值
1	砂浆强度(MPa)	在合格标准内	按《公路工程质量检验评定标准》(JTG F80/1—2017)附录D检查	3

续上表

项次	检查项目	规定值或允许偏差		检查方法和频率	权值
2	平面尺寸(mm)	±50		尺量:长、宽各检查3处	2
3	基础底面高程(mm)	土质	±50	水准仪:测量5~8点	2
		石质	±50,-200		
4	基础顶面高程(mm)	±30		水准仪:测量5~8点	1
5	轴线偏位(mm)	25		全站仪或经纬仪;纵、横各检查2点	2

3.外观鉴定

混凝土表面平整无明显施工接缝,不符合要求时扣1~3分。

二、钻孔灌注桩

1.基本要求

(1)桩身混凝土所用的水泥、砂、石、水、外加剂及混合材料的质量和规格必须符合有关规范的要求,按规定的配合比施工。

(2)成孔后必须清孔,测量孔径、孔深、孔位和沉淀层厚度,确认满足设计或施工技术规范要求后,方可灌注水下混凝土。

(3)水下混凝土应连续灌注,严禁有夹层和断桩。

(4)嵌入承台的锚固钢筋长度不得低于设计规范规定的最小锚固长度要求。

(5)应选择有代表性的桩用无破损法进行检测,重要工程或重要部位的桩宜逐根进行检测。设计有规定或对桩的质量有怀疑时,应采取钻取芯样法对桩进行检测。

(6)凿除桩头预留混凝土后,桩顶应无残余的松散混凝土。

2.实测项目

钻孔灌注桩实测项目见表9-19。

钻孔灌注桩实测项目　　　　表9-19

项次	检查项目			规定值或允许偏差	检查方法和频率	权值
1△	混凝土强度(MPa)			在合格标准内	按《公路工程质量检验评定标准》(JTG F80/1—2017)附录D检查	3
2△	桩位(mm)	群桩		100	全站仪或经纬仪;每桩检查	2
		排架桩	允许	50		
			极值	100		
3△	孔深(m)			不小于设计	测绳量;每桩测量	3
4△	孔径(mm)			不小于设计	探孔器;每桩测量	3
5	钻孔倾斜度(mm)			1%桩长,且不大于500	用测壁(斜)仪或钻杆垂线法;每桩检查	1
6△	沉淀厚度(mm)	摩擦桩		设计规定,设计未规定时按施工规范要求	沉淀盒或标准测锤;每桩检查	2
		支承桩		不大于设计规定		
7	钢筋骨架底面高程(mm)			±50	水准仪:测每桩骨架顶面高程后反算	1

3.外观鉴定

(1)无破损检测桩的质量有缺陷,但经设计单位确认仍可用时,应扣3分。

(2)桩顶面应平整,桩柱连接处应平顺且无局部修补,不符合要求时扣1~3分。

三、挖孔桩

1.基本要求

(1)桩身混凝土所用的水泥、砂、石、水、外加剂及混合材料的质量和规格必须符合有关规范的要求,按规定的配合比施工。

(2)挖孔达到设计深度后,应及时进行孔底处理,必须做到无松渣、淤泥等扰动软土层,使孔底情况满足设计要求。

(3)嵌入承台的锚固钢筋长度不得小于设计规范规定的最小锚固长度要求。

2.实测项目

挖孔桩实测项目见表9-20。

挖孔桩实测项目　　　　　　　　表9-20

项次	检查项目			规定值或允许偏差	检查方法和频率	权值
1△	混凝土强度(MPa)			在合格标准内	按《公路工程质量检验评定标准》(JTG F80/1—2017)附录D检查	3
2△	桩位(mm)	裙桩		100	全站仪或经纬仪;每桩检查	2
		排架桩	允许	50		
			极值	100		
3△	孔深(m)			不小于设计	测绳量;每桩测量	3
4△	孔径(mm)			不小于设计	探孔器;每桩测量	3
5	钻孔倾斜度(mm)			0.5%桩长,且不大于500	用测壁(斜)仪或钻杆垂线法;每桩检查	1
6	钢筋骨架底面高程(mm)			±50	水准仪测骨架顶面高程后反算;每桩检查	1

3.外观鉴定

(1)无破损检测桩的质量有缺陷,但经过设计单位确认仍可用时,应扣3分。

(2)桩顶面应平整,桩柱连接处应平顺且无局部修补,不符合要求时扣1~3分。

四、沉桩

1.基本要求

(1)混凝土桩所用的水泥、砂、石、水、外掺剂及混合材料的质量和规格必须符合有关规定的要求,按规定的配合比施工。

(2)混凝土预制桩必须按《公路工程质量检验评定标准》(JTG F80/1—2017)检查合格后,方可沉桩。

(3)钢管桩的材料规格、外形尺寸和防护应符合设计和施工技术规范的要求。

(4)用射水法沉桩,当桩尖接近设计高程时,应停止射水,采用锤击或振动法使桩达到设计高程。

(5)桩的接头应严格按照规范要求,确保质量。

2. 实测项目

预制桩实测项目见表 9-21,沉桩实测项目见表 9-22。

预制桩实测项目　　　　　　　　　　　　表 9-21

项次	检查项目		规定值或允许偏差	检查方法和频率	权值
1Δ	混凝土强度(MPa)		在合格标准内	按《公路工程质量检验评定标准》(JTG F80/1—2017)附录 D 检查	3
2	长度(mm)		±50	尺量:每桩检查	1
3	横截面(mm)	桩的边长	±5	尺量:每预制件检查 2 个断面,检查 10%	2
		空心桩空心(管芯)直径	±5		
		空心中心与桩中心偏差	±5		
4	桩尖对桩的纵轴线(mm)		10	尺量:抽查 10%	1
5	桩纵轴线弯曲矢高(mm)		0.1%桩长,且不大于 20	沿桩长拉线量,取最大矢高;抽查 10%	1
6	桩顶面与桩纵轴线倾斜偏差(mm)		1%桩径或边长,且不大于 3	角尺:抽查 10%	1
7	接桩的接头平面与桩轴平面垂直度		0.5%	角尺:抽检 20%	1

沉桩实测项目　　　　　　　　　　　　表 9-22

项次	检查项目			规定值或允许偏差	检查方法和频率	权值
1Δ	桩位(mm)	群桩	中间桩	$d/2$ 且不大于 250	全站仪或经纬仪;每桩检查	2
			外缘桩	$d/4$		
		排架桩	顺桥方向	40		
			垂直桥轴方向	50		
2	桩尖高程(mm)			不高于设计规定	水准仪测桩顶面高程后反算;每桩检查	2
	贯入度(mm)			小于设计规定	与控制贯入度比较;每桩检查	
3	倾斜度	直桩		1%	垂线法:每桩检查	2
		斜桩		15% $\tan\varphi$		

注:1. d 为桩径或短边长度。

2. φ 为斜桩轴线与垂线间的夹角。

3. 深水中采用打桩船沉桩时,其允许偏差应符合设计规定。

4. 当贯入度符合设计规定但桩尖高程未达到设计高程,应按施工技术规范的规定进行检验,并得到设计单位认可时,桩尖高程为合格。

3. 外观鉴定

(1)预制桩的桩顶和桩尖不得有蜂窝、麻面现象,不符合要求时扣 1~3 分。

(2)桩头无劈裂,如有劈裂时应进行处理,并扣1~3分。

项目小结

埋入土层一定深度的建筑物向地基传递荷载的下部承重结构称为基础。基础是连接上部结构与地基的结构物,基础结构应符合上部结构使用要求,技术上合理及施工方便,满足地基的承载能力和抗变形能力要求。基础按埋置深度和传力方式可分为浅基础(如独立基础、条形基础、板式基础、筏式基础、箱形基础、壳体基础等)和深基础(如桩基础、沉井基础和地下连续墙等)。

桩基础是桥梁工程中通常采用的基础形式,本章主要介绍基础的地基承载力检测、钻(挖)孔灌注桩的完整性检测和承载力检测。地基承载力检测介绍了按规范法进行承载力评定和现场荷载试验评定;钻(挖)孔灌注桩的完整性检测应用最广泛的是反射波法和超声脉冲法。反射波易于理解,但对桩身缺陷的准确判定有赖于检测人员的经验;超声脉冲法对缺陷判定准确,但检测效率较低。对桩基承载力检测,静载试验至今仍是最可靠的检测方法。

复习思考题

1. 什么是地基?什么是基础?
2. 何谓桩基础?桩基础由哪几部分组成?
3. 什么是单桩竖向承载力?
4. 如何用"规范法"评定黏性土的地基承载力?需要地基土哪些物理指标?
5. 简述规范法确定地基承载力容许值方法。
6. 简述荷载试验法确定地基承载力容许值方法。
7. 灌注桩的常见缺陷有哪些?
8. 基桩垂直静载试验时,怎样确定破坏荷载、极限荷载和容许荷载?
9. 简述用声波法测量成孔质量。
10. 钻孔灌注桩泥浆性能指标有哪些?
11. 钻孔灌注桩质量评定实测项目有哪些?
12. 挖孔灌注桩质量评定实测项目有哪些?
13. 如何用超声脉冲法测桩?如何判断桩身缺陷?

项目 10　桥 梁 检 测

项目描述

桥梁工程实测项目包括桥面中线偏位、桥宽、桥长、引道中心与桥梁中心线的衔接、桥头高程衔接。桥梁检测包括一般检测和特殊检测。一般检测是指外观检查、线形检测等。特殊检测包括无损检测、静载试验和动载试验等。无损检测又包括混凝土强度检测、裂缝检测、钢筋锈蚀检测和碳化检测等。

教学目标

1. 知识目标
(1)掌握桥梁工程质量评定方法与检查项目。
(2)掌握板式橡胶支座和盆式橡胶支座检测方法。
(3)了解伸缩装置的技术要求和整体性能试验检测方法。
(4)了解桥涵混凝土结构、钢筋混凝土结构或预应力混凝土结构或构件的试验检测项目。
(5)掌握钻芯法、回弹法、超声法对水泥混凝土构件试验检测方法。
(6)了解超声-回弹综合法对水泥混凝土构件试验检测。
(7)掌握预应力钢材和预应力混凝土结构检测方法。
(8)了解预应力钢绞线锚具和连接器检测方法。
(9)知道静载试验的基本原理。

2. 能力目标
(1)会确定桥梁工程质量评定方法与检查项目。
(2)能确定板式橡胶支座的检测项目。
(3)能描述板式橡胶支座力学性能检测程序与计算方法。
(4)能描述伸缩装置的检测项目。
(5)能参与桥梁荷载试验,能进行结构现状调查。
(6)能使用钻芯法、回弹法、超声法对水泥混凝土构件进行试验检测。

任务 10.1　桥梁工程质量评定方法与检查项目

一、桥梁总体

1. 基本要求
(1)桥梁施工应严格按照设计图纸、施工技术规范和有关技术操作规程要求进行。
(2)桥下净空不得小于设计要求。

(3)对于特大跨径桥梁或结构复杂的桥梁,必要时应进行荷载试验。

2. 实测项目

桥梁总体实测项目见表10-1。

桥梁总体实测项目 表10-1

项次	检查项目		规定值或允许偏差	检查方法和频率	权值
1	桥面中线偏位(mm)		20	全站仪或经纬仪;检查3~8处	2
2	桥宽(mm)	车行道	±10	尺量:每孔3~5处	2
		人行道	±10		
3	桥长		±300,-100	全站仪或经纬仪、钢尺检查	1
4	引道中心线与桥梁中心线的衔接		20	尺量:分别将引道中心线和桥梁中心线延长至两岸桥长端部,比较其平面位置	2
5	桥头高程衔接(mm)		±3	水准仪:在桥头搭板范围内顺延桥面纵坡,每米1点测量高程	2

3. 外观鉴定

(1)桥梁的内外轮廓线条应顺滑清晰,无突变、明显折变或反复现象。

(2)栏杆、防护栏、灯柱和缘石的线形顺滑流畅,无弯折现象。

(3)踏步顺直,与边坡一致。

二、钢筋及预应力筋的加工、安装及张拉

1. 钢筋的加工与安装

(1)基本要求

①钢筋、机械连接器、焊条等的品种、规格和技术性能应符合国家现行标准规定。

②冷拉钢筋的机械性能必须符合规范要求,钢筋平直,表面不应有裂皮和油污。

③受力钢筋同一截面的接头数量、搭接长度、焊接和机械接头质量应符合施工技术规范要求。

④钢筋安装时,必须保证设计要求的钢筋根数。

⑤受力钢筋应平直,表面不得有裂纹及其他损伤。

(2)实测项目

实测项目包括受力钢筋间距、保护层厚度、箍筋、横向水平筋、螺旋筋间距、钢筋骨架尺寸和弯起钢筋位置。

(3)外观鉴定

①钢筋表面无铁锈及焊渣。

②多层钢筋网要有足够的钢筋支撑,保证骨架的施工刚度。

2. 预应力筋的加工和张拉

(1)基本要求

①预应力筋的各项技术性能必须符合国家现行标准规定和设计要求。

②预应力束中的钢丝、钢绞线应梳理顺直,不得有缠绞、扭麻花现象,表面不应有损伤。

③单根钢绞线不允许断丝,单根钢筋不允许断筋或滑移。

④同一截面预应力筋接头面积不超过预应力筋总面积的25%,接头质量应满足施工技

术规范的要求。

⑤预应力筋张拉或放张时混凝土强度和龄期必须符合设计要求,严格按照设计规定的张拉顺序进行操作。

⑥预应力钢丝采用镦头锚时,镦头头形应圆整,不得有斜歪或破裂现象。

⑦制孔管道应安装牢固、接头密合、弯曲圆滑。锚垫板平面应与孔道轴线垂直。

⑧千斤顶、油表和钢尺等器具应经检验校正。

⑨锚具、夹具和连接器应符合设计要求,按施工技术规范的要求,经检验合格后方可使用。

⑩压浆工作在5℃以下进行时,应采取保温措施。

⑪孔道压浆用的水泥浆性能和强度应符合施工技术规范要求,压浆时排气,待排水孔有水泥原浆溢出后方可封闭。

⑫按设计要求浇筑封锚混凝土。

(2)实测项目

实测项目包括钢丝、钢绞线先张法实测项目、粗钢筋先张法实测项目以及后张法实测项目。

(3)外观鉴定

预应力筋表面应保持清洁,不应有明显的锈迹。

三、砌体

1. 基础砌体

(1)基本要求

①石料或混凝土预制块的强度、质量和规格必须符合有关规范的要求。

②砂浆所用的水泥、砂和水的质量必须符合有关规范的要求,按规定的配合比施工。

③地基承载力应满足设计要求,严禁超挖回填虚土。

④砌块应错缝、坐浆挤紧,嵌缝料和砂浆饱满,无孔洞、宽缝、大堆砂浆填隙和假缝。

(2)实测项目

实测项目为基础砌体。

(3)外观鉴定

①砌体表面应平整。

②砌缝不应有裂隙,裂隙宽度超过0.5mm时必须进行处理。

2. 墩台身砌体

(1)基本要求

①石料或混凝土预制块的强度、质量和规格必须符合有关规范的要求。

②砂浆所用的水泥、砂和水的质量必须符合有关规范的要求,按规定的配合比施工。

③砌块应错缝、坐浆挤紧,嵌缝料和砂浆饱满,无孔洞、宽缝、大堆砂浆填隙和假缝。

(2)实测项目

实测项目为墩台身砌体。

(3)外观鉴定

①砌体直顺,表面平整。

②勾缝平顺,无开裂和脱落现象。

③砌缝不应有裂隙,裂隙宽度超过0.5mm时必须进行处理。

3.拱圈砌体

(1)基本要求

①石料或混凝土预制块的强度、质量和规格必须符合有关规范的要求。

②砂浆所用的水泥、砂和水的质量必须符合有关规范的要求,按规定的配合比施工。

③拱圈的辐射缝应垂直于拱轴线,辐射缝两侧相邻两行拱石的砌缝应相互错开,错开距离不应小于100mm。

④砌块应错缝、坐浆挤紧,嵌缝料和砂浆饱满,无孔洞、宽缝、大堆砂浆填隙和假缝。

⑤拱架应牢固稳定,严格按设计规定的顺序砌筑拱圈和卸架。

(2)实测项目

实测项目为拱圈砌体。

(3)外观鉴定

①拱圈轮廓线清晰,表面整齐。

②勾缝平顺、无开裂和脱落现象。

③砌缝不应有裂隙,裂隙宽度超过0.5mm时必须进行处理。

4.侧墙身砌体

(1)基本要求

①石料或混凝土预制块的强度、质量和规格必须符合有关规范的要求。

②砂浆所用的水泥、砂和水的质量必须符合有关规范的要求,按规定的配合比施工。

③砌块应错缝、坐浆挤紧,嵌缝料和砂浆饱满,无孔洞、宽缝、大堆砂浆填隙和假缝。

(2)实测项目

实测项目为侧墙砌体。

(3)外观鉴定

同墩台身砌体外观鉴定。

任务10.2 桥梁支座检测

桥梁支座是架设于墩台上,顶面支承桥梁上部结构的装置。其功能是:将上部结构固定于墩台,承受作用在上部结构的各种力,并将它可靠地传给墩台;在荷载、温度、混凝土收缩和徐变作用下,支座能适应上部结构的转角和位移,使上部结构可自由变形而不产生额外的附加内力。

桥梁支座的种类很多,桥梁支座按其材料可划分为简易垫层支座、钢板支座、钢筋混凝土支座、铸钢或不锈钢支座。目前使用极为广泛的是板式橡胶支座、盆式橡胶支座及球形支座等,其中尤以板式橡胶支座和盆式橡胶支座最为常见。

一、板式橡胶支座基本知识

1.概念与分类

板式橡胶支座,一般用于中、小跨径梁(板)桥。常见板式橡胶支座有矩形(圆形)板式橡胶支座、四氟乙烯板式橡胶支座和球冠圆板式支座。

(1)矩形(圆形)板式橡胶支座

矩形(圆形)板式橡胶支座见图10-1。

①性能。其由多层橡胶片与薄钢板镶嵌、黏合压制而发。支座有足够的竖向刚度以承受垂直荷载,能将上部构造的反力可靠地传递给墩台;也有良好的弹性,以适应梁端的转动;又有较大的剪切变形以满足上部构造的水平位移。

②特点。其在桥梁建筑、水电工程、房屋抗震设施上已广泛应用。与原来的钢支座相比,板式橡胶支座有构造简单,安装方便,节约钢材,价格低廉;养护简便,易于更换等优点,且建筑高度低,对桥梁设计与降低造价有益;有良好的隔振作用,可减少活载与地震力对建筑物的冲击作用。

图10-1 矩形(圆形)板式橡胶支座

(2)四氟乙烯板式橡胶支座

四氟乙烯板式橡胶支座是在普通板式橡胶支座上粘接一层厚1.5~3mm的聚四氟乙烯板而成。除具有普通板式橡胶支座的竖向刚度与弹性变形,能承受垂直荷载及适应梁端转动外,因四氟乙烯与梁底不锈钢板间的低摩擦系数($\mu \leq 0.08$),可使桥梁上部构造的水平位移不受限制,见图10-2。

(3)球冠圆板式支座

球冠圆板式支座经由圆板式支座改进而来。支座顶面采用橡胶球型表面,支座底部加设一圈R2.5mm的半圆形圆环。它保留了变形各向同性的优点,又克服了安装后易产生的偏压、脱空等现象,适用于一般桥梁,也适用于各种布置复杂的、纵坡较大的立交桥和高架桥,也可根据不同坡度调整球冠半径,见图10-3。

图10-2 四氟乙烯板式橡胶支座

图10-3 球冠圆板式橡胶支座

2.橡胶支座型号标记方法

例如,JBZ300×400×47(CR)表示的就是氯丁橡胶制成的普通板式橡胶支座,其短边尺寸为300mm,长边尺寸为400mm,厚度为47mm。又例如,$YBZF_4$300×54表示的是圆形四氟滑板式橡胶支座,其直径为300mm,厚度为54mm。

二、盆式橡胶支座基本知识

1.概念与分类

盆式橡胶支座(图10-4)是利用被半封闭钢制盆腔内的弹性橡胶块,在三向受力状态下具有流体的性质特点,来实现桥梁上部的转动,同时依靠中间钢板与上支座板的不锈钢板之间的摩擦系数来实现上部结构的水平位移,使支座所承受的剪切不再由橡胶完全承担,而间接作用于钢制底盆及与不锈钢板之间的滑移上。从试验数据来看,橡胶处于三向约束状态时的抗压弹性模量比无侧向约束的抗压弹性模量增大近20倍,因而支座承载能力大为提高,解决了板式橡胶支座承载能力的局限,能满足大的支承反力、大的水平位移及转角要求。

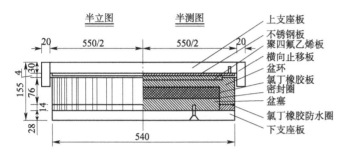

图10-4 盆式橡胶支座(尺寸单位:cm)

盆式橡胶支座分为公路桥梁盆式橡胶支座、铁路桥梁盆式橡胶支座及盆式橡胶支座的衍生品;按适用温度分为耐寒型和普通型。

2. 盆式支座的型号标记方法

例如,PZ5SX100F表示的是设计承载力为5MN,主位移方向位移量为±100mm,工作温度为-40~60℃的双向活动盆式支座。又例如,PZ2.5DX50表示设计承载力2.5MN,主位移方向位移量为±50mm,工作温度为-25~60℃的单向活动支座。再例如,PZ10KGD表示适用于7度以上地震区,设计承载力为10MN,工作温度为-25~60℃的抗震型固定支座。

三、支座的检验

1. 检验分类及依据

普通橡胶支座检验分为原辅材料及外购件检验、出厂检验和形式检验。桥梁橡胶支座检验有形式检验、出厂检验和使用前抽检三种质量控制环节。形式检验是指厂家在投产、胶料配方改变、工艺结构改变及正常生产中受到的质检部门或国家监督机构的定期检测。出厂检验必须由厂家质量管理部门进行检验,确认合格后才可出厂,供货时必须附有产品质量合格证明文件及合格证。而桥涵工程使用前抽检是指针对具体支座的设计要求,以行业标准为依据进行的常规性检验。通常应在支座进入工地后抽取一定比例送检,主要检验项目有支座成品力学性能检验、支座成品解剖检验和外观和几何尺寸检验。

检验依据:《公路桥梁板式橡胶支座》(JT/T 4—2004)及《橡胶支座 第4部分:普通橡胶支座》(GB 20688.4—2007)。两个规范均规定了桥梁板式橡胶支座成品的一些力学性能及有关质量指标要求,判定原则是必须不低于《橡胶支座 第4部分:普通橡胶支座》(GB 20688.4—2007)的要求,且应满足《公路桥梁板式橡胶支座》(JT/T 4—2004)的相关规定。

2. 判定规则

(1)试样的抗压弹性模量与规定值的偏差在±20%范围之内,则认为是满足要求的。

(2)试样的抗剪弹性模量与规定值的偏差在±15%范围之内,容许剪切角正切值符合规定,认为是满足要求的。

(3)试样在承受70MPa(矩形支座)或75MPa(圆形支座)压应力时,橡胶层未被挤坏,中间层钢板未断裂,四氟板与橡胶未发生剥离,认为试样的极限抗压强度是满足要求的。

(4)试样的摩擦系数符合规定时,认为是满足要求的。

(5)试样的容许转角正切值,混凝土、钢筋混凝土桥在1/300,钢桥在1/500时,试样边缘最小变形值大于或等于零时,认为试样容许转角是满足要求的。

(6)3块(或3组)试样中,有2块(或2组)不能满足要求时则认为该批产品不合格。若有1块(或1组)试样不能满足要求时,则应重新抽取3块(或3组)试样进行试验,若仍有1块(或1组)不能满足要求时,则认为该批产品不合格。

四、板式橡胶支座试验检测

1. 试验仪器

(1)力学性能检测设备,应具备如下功能:微机控制,能自动/平稳连续加载、卸载,且无冲击、颤动现象,自动持荷,自动采集数据,自动绘制应力—应变曲线,自动储存试验原始记录及曲线,自动打印结果。

(2)试验用承载板应具有足够的刚度,厚度大于其平面最大尺寸的1/2,且不能用分层垫板代替。平面尺寸必须大于被测试样的平面尺寸,在最大荷载下不应产生挠曲。

(3)剪切试验机构的水平油缸/负荷传感器的轴线迎合中间钢拉板的对称轴重合。

(4)试验机的级别为Ⅰ级,示值相对误差最大允许值为1.0%,试验机正压力使用可在最大力值的0.4%~90%范围内,水平力的最大力值在1%~90%范围内。

(5)测量支座试样变形量的仪表量程应满足测量支座试样变形量的需要,测量转角变形量的分度值为0.001mm,测量竖向压缩变形量和水平位移变形量的分度值为0.01mm。

2. 成品力学性能试验操作步骤

(1)抗压弹性模量试验

①将橡胶支座成品直接置于试验加荷装置承压板上,对准中心,加荷至压力为1.0MPa,在承载板的四角对称安装位移传感器。

②预压。将压应力以$0.03\sim0.04$MPa增至压应力$\sigma=10$MPa,持荷25min,然后匀速卸至压应力为1.0MPa,持荷5min,记录百分表初始值,绘制应力—应变曲线。预压3次。

③正式加载。每一加载循环自1.0MPa开始,以$0.03\sim0.04$MPa/s匀速加载至4.0MPa,每级压应力为1.0MPa,持荷2min,读取百分表读数,至σ为止,然后卸载压应力至1.0MPa。10min后进行下一加载循环。加载过程连续进行3次。

④以承压板四角所测得的变化值的平均值作为各级荷载下试样的累计竖向压缩变形Δc,按试样橡胶层的总厚度t_e,求出在各级试验荷载作用下试样的累计压缩应变ε_i。

⑤计算实测抗压弹性模量:

$$E_1 = \frac{\sigma_{10} - \sigma_4}{\varepsilon_{10} - \varepsilon_4} \tag{10-1}$$

式中:E_1——试样实测的抗压弹性模量计算值,精确到1MPa;

σ_4、ε_4——试样在第4MPa级试验荷载下的压应力和累计压缩应变值;

σ_{10}、ε_{10}——试样在第10MPa级试验荷载下的压应力和累计压缩应变值。

⑥试验结果的判定。每一块试样的抗压弹性模量E_1为3次加载过程所得的3个结果的算术平均值。单项结果和算术平均值之间的偏差不应大于算术平均值的10%,否则,该试样应重新试验一次。

⑦原因分析。橡胶支座在一定的压力作用下,其竖向变形主要由两个因素决定。一是支座中间橡胶片与加劲钢板接触面的状态,即橡胶与钢板黏结质量,如果黏结牢固,橡胶的侧向膨胀受到钢板的约束减少了支座的竖向变形,反之,则增大竖向变形。同批支座中,个别支座受压后变形量与同类支座相比差异较大,说明在支座加工时,胶片与钢板的黏结处存在缺陷,达不到极限抗压强度时会有巨响。二是支座受压面积与其自由膨胀侧面积之比,常称之为形状系数。

(2)极限抗压强度检验

由于桥梁橡胶支座极限抗压强度很大,标准规定了70MPa(矩形支座)和75MPa(圆形支座)作为橡胶支座的极限抗压强度。极限抗压强度检验可在抗压弹模试验完成后按每分钟1.0MPa的加荷速率加载至压应力达到极限抗压强度为止,并随时观察,支座完好无损,其指标为合格。

(3)抗剪弹性模量检验

①仪器的安装。橡胶支座抗剪切弹性模量试验是以正压力为容许压应力,并在抗剪过程中保持不变的情况下,采用两块支座用中间钢拉板推或拉组成双剪装置,橡胶支座的顶面或底面必须与实桥设计(钢筋混凝土梁、钢梁)图纸一致,而且中间钢拉板的对称轴应和加压设备中轴处在同一垂直面上,精度不小于1%的试件短边尺寸。为防止出现打滑现象,应在上下承载板和中间钢拉板上粘贴高摩擦板,以确保试验的准确性。

剪切变形量的量测一般采用两个大标距的位移传感器或百分表,正压力和剪切力一般采用力传感器进行量测控制。

②将压应力以0.03~0.04MPa/s的速率增至平均压应力,绘制应力—时间曲线,并在整个试验过程中保持不变。

③预加水平力,以控制安装偏差和消除初应力。以0.002~0.003MPa/s的速率连续施加水平剪应力至1.0MPa,持荷5min,然后以连续均匀的速度卸载至剪应力为0.1MPa,持荷5min,记录初始值,绘制应力—应变曲线。预载3次。

④正式加载。每一加载值循环自 $\tau=0.1$MPa 开始,每级剪应力增加0.1MPa,持荷1min,读取位移计读数,至 $\tau=1.0$MPa 为止,绘制的应力—应变曲线应呈线性关系。然后以连续均匀的速度卸载至剪应力为0.1MPa,10min后进行下一循环试验。加载过程应连续进行3次。

⑤将各级水平荷载下位移计所测出的试样累积为水平变形 Δs,按试样橡胶层的总厚度 t_c,求出在各级试验荷载作用下试样的累计剪切应变 $\gamma=\Delta s/t_c$。

⑥计算:

$$G_1 = \frac{\tau_{1.0} - \tau_{0.3}}{\gamma_{1.0} - \gamma_{0.3}} \tag{10-2}$$

式中: G_1——试样的实测抗剪弹性模量计算值;

$\tau_{1.0}$、$\gamma_{1.0}$——第1.0MPa级试验荷载下的剪应力和累计剪应变值;

$\tau_{0.3}$、$\gamma_{0.3}$——第0.3MPa级试验荷载下的剪应力和累计剪应变值。

⑦结果判定。

每两个检验支座组成试样的综合剪弹性模量 G 为这组试件3次加载所得到的3个结果的算术平均值。各单项结果与算术平均值之间的偏差不应大于算术平均值的10%,否则,该试样应重新进行一次试验。

五、支座外形尺寸检测

1. 平面尺寸

(1)普通橡胶支座及组件的平面尺寸应用游标卡尺测量。

(2)圆形板式橡胶支座和盆式支座的橡胶承压板、橡胶密封圈应在两个垂直交叉的位置测量直径值。

(3)矩形板式橡胶支座和盆式支座的上支座板、下支座板等应在每边的两个不同位置测量边长值。

2. 厚度和整体高度

(1)板式支座厚度和盆式支座组装后的整体高度应用游标卡尺或量规测量。

(2)圆形板式橡胶支座和盆式支座应在圆周上的4个不同位置测量厚度(高度)值,此4点的2条连线应互相垂直并通过圆心。

(3)矩形板式橡胶支座应在4个角点位置测量厚度值。

(4)测量结果取其实测值的平均值,不应超出偏差范围。

3. 规范偏差表格示例

《橡胶支座 第4部分:普通橡胶支座》(GB 20688.4—2007)规定,支座平面尺寸偏差应符合表10-2的要求。

平面尺寸偏差 表10-2

公称平面尺寸(a、b和d)	允许偏差(%)	公称平面尺寸(a、b和d)	允许偏差(%)
≤500	5.0	>500	+1

《橡胶支座 第4部分:普通橡胶支座》(GB 20688.4—2007)规定,支座厚度偏差应符合表10-3的要求。

厚度尺寸偏差 表10-3

厚度范围t	允许偏差	厚度范围t	允许偏差
$t \leq 50$	+1	$100 < t \leq 160$	+3
$50 < t \leq 100$	+2		

六、外观质量检测

普通橡胶支座外观质量,采用目测及相应量具逐块进行检查。

《橡胶支座 第4部分:普通橡胶支座》(GB 20688.4—2007)规定,板式支座外观质量应符合表10-4的要求。

板式支座外观质量要求 表10-4

名称	成品质量标准
气泡、杂质	气泡、杂质总面积不得超过支座平面面积的0.1%,且每一处气泡、杂质面积不能大于50mm^2,最大深度不超过1mm
凹凸不平	当支座平面面积小于0.15m^{2}时,不多于2处;平面面积大于0.15m^{2}时,不多于4处,且每处凹凸高度不超过0.5mm,面积不超过6mm^2
四侧面裂纹、钢板外露	不允许
掉块、崩裂、机械损伤	不允许

续上表

名　称	成品质量标准
钢板与橡胶黏结处开裂或剥离	不允许
支座表面平整度	不大于平面最大尺寸的0.4%
聚四氟乙烯板表面划痕、碰伤、敲击	不允许
聚四氟乙烯板与橡胶支座黏结错位	不得超过橡胶支座短边或直径尺寸的0.5%

七、成品支座内在试验要求

《橡胶支座 第4部分:普通橡胶支座》(GB 20688.4—2007)规定,成品支座的内在试验指标要求应符合表10-5的要求。

成品支座性能内在试验指标　　　　　　　　　　　　　　　表10-5

名　称	解剖检验标准
锯开后胶层厚度	胶层厚度应均匀,t_1为5～8mm时,其偏差为±0.4mm;t_1为8～11mm时,其偏差不得大于±0.7mm;$t_1>15$mm时,其偏差不得大于±1.0mm;上下保护层偏差为±0.5mm
钢板与橡胶黏结	钢板与橡胶黏结应牢固,且无离层现象,其平面尺寸偏差为±1mm;上下保护层偏差为(+0.5,0)mm
剥离胶层 (应按HG/T 2198—2011规定制成试样)	剥离胶层后,测定的橡胶性能与橡胶物理机械性能试验的规定相比,硬度变化率不应大于10%,拉伸强度的下降不应大于15%,扯断伸长率的下降不应大于20%,耐臭氧老化、耐热空气老化应满足相应材料标准规定

任务10.3　桥梁伸缩装置检验

一、概念与分类

1.概念

桥梁伸缩装置指为满足桥面变形的要求,通常在两梁端之间、梁端与桥台之间或桥梁铰接位置上设置的由橡胶和钢材等组成的各种装置总称,见图10-5。

伸缩装置构造要求如下:伸缩装置在平行、垂直于桥梁轴线方向,均能自由伸缩、牢固可靠,车辆行驶过时应无突跳与噪声;要能防止雨水和垃圾泥土渗入桥梁伸缩装置阻塞沟漕;便于检查、养护和消除污物;在设置伸缩栏杆与桥面铺装时都要断开。

图10-5　桥梁伸缩装置

2.常见类型

(1)镀锌薄钢板伸缩装置。在中小跨径的装配式简支梁桥上,当梁的变形量在20～40mm时常选用。

(2)钢伸缩装置。它的构造比较复杂,只有在温差较大的地区或跨径较大的桥梁上才采用。钢伸缩装置也适宜在斜桥上使用。

（3）橡胶伸缩装置。它是以橡胶带作为跨缝材料。这种伸缩装置构造简单,使用方便。在变形量较大的大跨度桥上,可以采用橡胶和钢板组合的伸缩装置。

3. 伸缩装置型号

伸缩装置按照性能及安装方法可以分为 GQF-C 型、GQF-Z 型、GQF-L 型、GQF-F 型和 GQF-MZL 型等。其中,GQF-MZL 型数模式桥梁伸缩缝装置,是采用热轧整体成型的异型钢材设计的。GQF-C 型、GQF-Z 型、GQF-L 型和 GQF-F 型伸缩缝装置适用于伸缩量 80mm 以下桥梁接缝;GQF-MZL 型伸缩缝装置是由边梁、中梁、横梁和联动机构组的模数式桥梁伸缩缝装置,适用于伸缩量 80~1200mm 的大中跨度桥梁。

4. 产品代号示例

采用交通行业标准,例如,产品名称代号为 GQF-C 型、伸缩量为 50mm 的三元乙丙橡胶伸缩装置表示为 GQF-C50(EPDM)。再例如,产品名称代号为 GQF-MZL 型、伸缩量为 400mm 的天然橡胶伸缩装置表示为 GQF-MZL400(NR)。又例如,产品名称代号为 1-75 型、伸缩量为 480mm 的氯丁橡胶伸缩装置表示为 J-75 480(CR)。

桥梁橡胶伸缩装置的检验,除投产鉴定、质量监督机构定期检测和出厂检验外,高等级公路桥梁大修或大、中桥施工阶段,仍需逐个检查外观及几何尺寸,必要时还应进行成品力学性能检验。

二、伸缩装置的技术要求

伸缩装置所使用的材料、加工工艺和成品的整体性能、外观质量及剖切检验等均应符合《公路桥梁伸缩装置通用技术条件》(JT/T 327—2016)的规定。具体包括:伸缩装置整体性能要求;橡胶伸缩装置的尺寸偏差、密封橡胶带的尺寸偏差;橡胶伸缩装置、密封橡胶带的外观质量要求;板式橡胶伸缩装置剖切后的内在质量要求。

三、整体性能试验

1. 试样

试验设备应能对整体组装后的伸缩装置进行力学性能试验。如果受试验设备限制,不能对整体伸缩装置进行试验时,则对模数式伸缩装置的新产品或老产品转厂生产的试制定型鉴定,可取不小于 4m 长并具有 4 个单元变位、支承横梁间距等于 1.8m 的组装试样进行试验;梳齿板式伸缩装置应取单元加工长度不小于 2m 的组装试样进行试验;橡胶伸缩装置应取 1m 长的试样进行试验;异型钢单缝伸缩装置应取不小于 2m 组装试样进行试验。

2. 试验设备

成品力学性能试验须在专用的试验台架上进行,试验台可边固定、边移动。伸缩装置试样采用定位螺栓或其他有效方法与锚固板连接。试验的拉伸和压缩,可用千斤顶施加荷载,荷载大小通过荷载传感器进行控制。试验台座设导向装置,并用刚度较大的钢梁把位移控制箱连成整体。在加载台架上可以模拟伸缩装置的拉伸、压缩与纵向、竖向、横向错位,实测拉压过程中的水平摩阻力和变位均匀性。

3. 检测项目

（1）模数式伸缩装置应进行拉伸、压缩与纵向、竖向和横向错位试验,测定水平摩阻力和变位均匀性。应按实际受力荷载测定中梁、支承横梁及其连接部件应力和应变值。有条件时,应对试样进行振动冲击试验,对橡胶密封带进行防水试验。

(2)梳齿板式伸缩装置应进行拉伸和压缩试验,测定水平摩阻力和变位均匀性。

(3)橡胶伸缩装置进行拉伸和压缩试验,测定水平摩阻力及垂直变形;试验应在15~28℃温度下进行。

(4)异型钢单缝伸缩装置应进行橡胶密封带防水试验。

(5)尺寸偏差。伸缩装置的尺寸偏差应采用标定的钢直尺、游标卡尺、平整度仪和水准仪等量测。橡胶伸缩装置平面尺寸除量测四边长度外,还应量测对角线尺寸,厚度应在四边量测8点取其平均值。模数式和梳齿板式伸缩装置应每2m取其断面量测后,取平均值。

(6)外观质量。产品外观质量应用目测方法和相应精准的量具逐步进行检测,不合格产品可进行一次修补。

(7)内在质量。橡胶板式伸缩装置剖切检验应每100块至少取1块,沿中横向锯开进行规定项目检验。

(8)原材料。伸缩装置中使用的钢材、橡胶、不锈钢板、聚四氟乙烯板、硅脂等应按《公路桥梁伸缩装置通用技术条件》(JT/T 327—2016)中规定的方法进行试验。

4.判定规则

(1)进厂原材料应在全部项目检验合格后方可使用,不合格材料不能用于生产。

(2)出厂检验时,若有一项指标不合格,则应从该批产品中再随机抽取双倍数目的试样进行不合格项目复检,若仍有一项不合格,则判定该批产品不合格。

(3)形式检验时,整体性能试验全部项目满足伸缩装置整体性能要求为合格。若检验项目中有一项不合格,则从该批产品中再随机抽取双倍数目的试样,对不合格项目进行复检,若复检仍有一项不合格,则判定该批产品不合格。

任务10.4 水泥混凝土构件试验检测

一、基本知识

桥梁混凝土结构、钢筋混凝土结构或预应力混凝土结构或构件的试验检测项目主要有如下几种。

1.外观质量检测

主要是在构件成型达到一定强度后检测结构实物的尺寸和位置偏差,混凝土表面平整度、蜂窝、麻面、露筋及裂缝等。

2.强度检测

构件混凝土的强度等级,通常以立方体试件的抗压强度来反映,当对某一方面的检验内容产生怀疑时,如构件的强度离散型过大、强度不足、振捣不密实或存在其他缺陷时,通常还可采用无破损方法进行专项检验或荷载试验来判定。判定方法很多,主要有以下几种:钻芯法、回弹法、超声法、超声回弹综合法和后拔出法等。

(1)钻芯法

钻芯法检验混凝土强度是指从混凝土结构物中钻取芯样来测定混凝土的抗压强度,是一种直观准确的方法。

适用性:可作为混凝土强度抗压强度、均匀性和内部缺陷评价的指标,适用于检测10~80MPa普通混凝土结构强度,当试块抗压强度的测试结果有怀疑或因各种原因发生混凝土质量问题或损害时,以及需检测经多年使用的建筑结构或构筑物中混凝土强度时,可使用此方法。

检测依据:《钻芯法检测混凝土强度技术规程》(CECS 03—2007)。

(2)回弹法

回弹法是通过回弹仪检测混凝土表面硬度推算出混凝土强度的方法,由于其简单、灵活,在我国广泛使用。

适用性:应特别注意回弹法不适用于表层与内部质量有明显差异或内部存在缺陷的混凝土结构或构件的检测,即当混凝土表面遭受火灾、冻伤、化学侵蚀或内部有缺陷时,不能直接采用回弹法检测。

检测依据:《回弹法检测混凝土抗压强度技术规程》(JGJ/T 23—2011)。

(3)超声法

超声法是根据声波透射和折射原理,采用带波形显示的低频超声波检测仪和频率为 20~250kHz 的声波换能器,测量混凝土的声速、波幅和主频等声学参数,并根据这些参数及其相对变化,分析判断水泥混凝土结构体缺陷(指破坏混凝土的连续性和完整性,并在一定程度上降低混凝土的强度和耐久性的不密实区、孔洞、裂缝或夹杂泥沙、杂物等)的方法。

检测依据:《回弹法检测混凝土抗压强度技术规程》(JGJ/T 23—2011)。

(4)超声回弹综合法

超声回弹综合法是指采用超声仪和回弹仪,在结构混凝土同一测区分别测量声时值和回弹值,然后利用已建立起来的测强公式推算该测区混凝土强度的一种方法。该方法受混凝土龄期和含水率影响小,测试精度高、适用范围广,能够较全面反映混凝土的实际质量。

检测依据:《回弹法检测混凝土抗压强度技术规程》(JGJ/T 23—2011)。

(5)后拔出法

后拔出法检测混凝土强度是指在硬化混凝土表面进行钻孔、磨槽、嵌入锚固件,使用拔出仪进行拔出试验,测定极限拔出力,并根据预先建立的拔出力与混凝土强度之间的相关关系,测算混凝土强度。

适用性:当现场结构缺少混凝土强度有关试验资料的已硬化的新旧混凝土的各种构件,或是对结构或构件的混凝土机构有怀疑的其他情况。

检测依据:《拔出法检测混凝土强度技术规程》(CECS 03—2007)。

二、钻芯法检测混凝土构件强度

1. 检测器具与材料准备

(1)钻芯机。应具有水冷却系统,并需保证足够的刚度,操作灵活、固定和移动方便。

(2)锯切机磨芯样。具有冷却系统和牢固夹紧芯样的装置;使用配套的人造金刚石或人造金刚石薄壁钻头。钻头胎体对钢体的同心偏差不得大于 0.3mm,钻头的径向跳动不大于 1.5mm。

(3)补平装置(或研磨机)。用于保证芯样的端面平整及其与芯样轴线垂直。

(4)探测钢筋位置的磁感仪。最大探测深度不应小于 60mm,探测位置偏差不宜大于 ±5mm。

(5)芯样测量工具。游标卡尺、钢卷尺、钢板尺和游标量角器等。

2.检测流程

(1)钻前准备资料

①工程名称(或代号)及设计、施工、监理和建设各单位名称。

②结构或构件种类、外形尺寸及数量。

③设计采用的混凝土强度等级。

④检测龄期,原材料(水泥品种、粗集料粒径等)和抗压强度试验报告。

⑤结构或构件质量状况和施工中存在问题的记录。

⑥有关的结构设计图和施工图等。

(2)确定钻取芯样部位

①结构或构件受力较小的部位。

②混凝土强度质量具有代表性的部位。

③便于钻芯机安放与操作的部位。

④避开主筋、预埋件和管线的位置。

(3)取芯

①固定钻芯机。

②在未安装钻头之前,通电检查主轴旋转方向。

③取芯时宜采用 3~5L/min 水流量来冷却钻头和排除混凝土碎屑,同时应注意控制进钻速度,以免采用较高的速度加重芯样的损伤。

④芯样的数量按《钻芯法检测混凝土强度技术规程》(CECS 03—2007)3.2-1~3.2-4 的规定确定。

⑤标记芯样,记录取芯构件名称、取芯位、芯样长度及外观质量等,必要时应拍摄照片。如发现不符合制作芯样试件的条件,应另行钻取。

⑥及时填补钻芯后留下的孔洞。

(4)芯样试件取样

①使用芯样锯切机使抗压芯样试件的高度与直径之比(H/d)取为 1.00;宜使用标准芯样试件,其公称直径不宜小于集料最大粒径的 3 倍;也可采用小直径芯样试件,但其公称直径不小于 70mm,且不得小于集料最大粒径的 2 倍。

②观察芯样试件有无裂缝或较大缺陷,若存在,则应重新取样。

③观察芯样试件的含筋情况,标准芯样试件,每个试件内最多只有 2 根直径小于 10mm 的钢筋;公称直径小于 100mm 的芯样试件,每个试件内最多只有 1 根直径小于 10 mm 的钢筋。若满足条件,可以进一步操作,反之,应重新取芯样。

④对锯切后的芯样试件进行端面处理,一般用磨平机磨平端面。特别地,承受轴向压力芯样试件端面,也可采取下列处理方法。

a. 用环氧胶泥或聚合物水泥砂浆补平,其一般做法如下:

补平前先将芯样端面污物清除干净,然后将端面用水湿润。

在平整度为每长 100mm、不超过 0.05mm 的钢板上涂一薄层矿物油或其他脱模剂,然后倒上适量水泥砂浆摊成薄层,稍许用力将芯样压入水泥砂浆之中,并应保持芯样与钢板垂直。待 2h 后,再补加一端面。仔细清除侧面多余水泥砂浆,在室内静放一昼夜后送入养护室内养护。待补平材料强度不低于芯样强度时,方能进行抗压强度试验。

b. 采用硫黄胶泥补平,补平层厚度不宜大于 1.5mm,一般做法如下:

补平前先将芯样端面污物清除干净,然后将芯样垂直地夹持在补平器的夹具中,并提升到一定高度。

在补平器底盘上涂上一层很薄的矿物油或其他脱模剂,以防硫黄胶泥与底盘黏结。

将硫黄胶泥置于容器中加热熔化。待硫黄胶泥溶液由黄色变成棕色时(约 150℃)倒入补平器底盘中。然后转动手轮使芯样下移并与底盘接触。待硫黄胶泥凝固后,反向转动手轮,把芯样提起,打开夹具,取出芯样。然后按上述步骤补平该芯样的另一端面。

⑤测量芯样试件尺寸。

a. 平均直径用游标卡尺在芯样试件中部相互垂直的两个位置上测量,以测量值的算术平均值作为芯样试件的直径,精确至 0.5mm。

b. 芯样试件高度用钢卷尺或钢板尺进行测量,精确至 1mm。

c. 垂直度测量采用游标量角器测量芯样试件两个端面与母线之间的夹角,精确至 0.1°。平整度用钢板尺或角尺紧靠在芯样试件端面上,一面转动钢板尺,一面用塞尺测量钢板尺与芯样试件端面之间的缝隙;也可采用其他专用设备量测。

当芯样试件尺寸偏差及外观质量超过下列数值时,相应的测试数据无效,应重新钻取芯样。

a)芯样试件的实际高径比(H/d)小于要求高径比的 0.95 或大于 1.05 时。

b)沿芯样试件高度的任一直径与平均直径相差大于 2mm。

c)抗压芯样试件端面的不平整度在 100mm 长度内大于 0.1mm。

d)芯样试件端面与轴线的不垂直度大于 1°。

(5)抗压强度试验

芯样试件的抗压试验的操作应符合《普通混凝土力学性能试验方法标准》(GB/T 50081—2016)中对立方体试块抗压试验的规定。混凝土结构工作条件比较潮湿时,需要确定潮湿状态下混凝土的强度。

(6)芯样试件的混凝土抗压强度

芯样试件的混凝土抗压强度可按下式计算:

$$f_{cu,cor} = \frac{F_c}{A} \tag{10-3}$$

式中:$f_{cu,cor}$ ——芯样试件的混凝土抗压强度值(MPa);

F_c ——芯样试件通过抗压试验测得的最大压力(N);

A ——芯样试件抗压截面面积(mm^2)。

3. 结果整理计算

(1)检验批的混凝土强度推定值应计算推定区间,推定区间的上限值和下限值按下列公式计算:

上限值

$$f_{cu,e1} = f_{cu,cor,m} - k_1 S_{cor} \tag{10-4}$$

下限值

$$f_{cu,e2} = f_{cu,cor,m} - k_2 S_{cor} \tag{10-5}$$

平均值

$$f_{cu,cor,m} = \frac{\sum_{i=1}^{n} f_{cu,cor,i}}{n} \tag{10-6}$$

标准差

$$S_{cor} = \sqrt{\frac{\sum_{i=1}^{n}(f_{cu,cor,i} - f_{cu,cor,m})^2}{n-1}} \tag{10-7}$$

式中：$f_{cu,cor,m}$——芯样试件的混凝土抗压强度平均值(MPa)，精确至 0.1MPa；
$f_{cu,cor,i}$——单个芯样试件的混凝土抗压强度值(MPa)，精确至 0.1MPa；
$f_{cu,e1}$——混凝土抗压强度上限值(MPa)，精确至 0.1MPa；
$f_{cu,e2}$——混凝土抗压强度下限值(MPa)，精确至 0.1MPa；
$k_1、k_2$——推定区间上限值系数和下限值系数；
S_{cor}——芯样试件强度样本的标准差(MPa)，精确至 0.1MPa。

$f_{cu,e1}$ 和 $f_{cu,e2}$ 所构成推定区间的置信度宜为 0.85，$f_{cu,e1}$ 和 $f_{cu,e2}$ 之间的差值不宜大于 5.0MPa 和 $0.10f_{cu,cor,m}$ 中的较大值，且宜作为检验批混凝土强度的推定值。

(2)数据的剔除和修正。按《数据的统计处理和解释正态样本离群值的判断和处理》(GB/T 4883—2008)的规定，剔除芯样试件抗压强度样本中的异常值。当确有试验依据时，可对芯样试件抗压强度样本的标准差 S_{cor} 进行符合实际情况的修正或调整。

(3)对推定区间进行控制，包括推定区间的置信度、上限值与下限值之差 ΔK，$\Delta K = (k_2 - k_1)S_{cor}$，减小样本的标准差，合理确定芯样试件的数量是满足推定区间要求的两个因素。表 10-6 给出样本容量 n 与 S_{cor} 和 ΔK 之间的关系，推定区间的置信度为 0.85。

样本容量 n 与 S_{cor} 和 ΔK 之间关系 表 10-6

样本容量 n	15	20	25	30	35
样本标准差 S_{cor}(MPa)	3.7	4.4	5.0	5.6	6.1
区间控制(MPa)	4.97	4.95	4.93	4.97	4.97

从表 10-6 中可以看出：当样本容量 $n=15$，样本标准差 $S_{cor}=3.7$ MPa 时，可以满足推定区间置信度为 0.85，$\Delta K \leq 50$MPa 的要求。

以检测批混凝土强度推定区间的上限值作为混凝土工程施工质量的评定界限，符合《建筑工程施工质量验收统一标准》(GB 50300—2013)关于错判概率不大于 0.05 的规定；芯样试件抗压强度值一般不会高出结构混凝土的实际强度，一般略低于实际强度。

任务 10.5 预应力混凝土结构构件检测

一、检测项目

预应力混凝土结构在土木工程中应用十分广泛。预应力混凝土分为先张预应力或后张预应力。在预应力混凝土中，预应力筋即在预应力混凝土中用于建立预加应力的单根或成束的预应力钢丝、钢绞线或钢筋。有黏结预应力筋是和混凝土直接黏结的或在张拉后通过灌浆使之与混凝土黏结的预应力筋。无黏结预应力筋不能与混凝土黏结，是用塑料、油脂等涂包的预应力筋。

在先张法结构或构件施工时，为保持预应力筋的拉力而将其固定在台座上的临时性锚具装置，和在后张法结构或构件施工时，张拉千斤顶或设备上夹持预应力筋的临时性锚固装置，称为夹具。

在后张法结构或构件施工时,为保持预应力筋的拉力并将其传递到混凝土上所用的永久性锚固装置,称为锚具。锚具分为两大类,一类是张拉端锚具,即安装在预应力筋端部且可用于张拉的锚具;另一类是固定端锚具,即安装在预应力筋端部,埋入混凝土中且不用于张拉的锚具。而连接器是用于连接预应力筋的装置。

预应力锚具按锚固性能分为Ⅰ类和Ⅱ类两种,Ⅰ类锚具用于承受动、静载作用的预应力混凝土结构,Ⅱ类锚具仅用于有黏结的预应力混凝土结构中预应力筋应力变化不大的部位。锚具、夹具和连接器按锚固方式不同,可分为夹片式、支承式、锥塞式和握裹式4种。它们的产品标记由4个部分组成:第一部分由两个汉语拼音字母组成,第一个字母为预应力体系代号,由研制单位选定,第二个字母为锚具、夹具和连接器代号,分别为M、J和L;第二部分为预应力筋的直径(mm);第三部分为预应力筋的根数;第四部分为锚固方式代号,对夹片锚、锥塞锚和握裹锚代号分别为J、Z和W,对支承式锚中的螺纹锚和镦头锚代号分别为L和D。

例如,锚固21根直径为5mm钢丝的镦头锚具可以标记为M15-21D。又例如,QM15-9表示的是锚固9根直径15.2mm的预应力混凝土用钢绞线的QM型群锚锚具。

经常把单根或成束预应力筋和安装在端部的锚具组合装配而成的受力单元称为预应力筋锚具组装件。

由此,对预应力混凝土结构的检测主要有以下几个项目。

(1)预应力钢材试验检测

用于预应力混凝土的钢材包括热处理钢筋、矫直回火钢丝(消除应力钢丝)、冷拉钢丝、刻痕钢丝和钢绞线等。试验检测主要进行外观检查,并依据《公路工程金属试验规程》(JTJ 055—1983)进行力学性能试验检验。

(2)预应力锚具、夹具和连接器检测

对其形式检测的项目包括:表面质量、粗糙度、几何尺寸和硬度。试验包括:静载试验、疲劳试验、周期荷载试验、辅助性试验。

桥梁施工中的检验主要包括:外观与尺寸检查、硬度检查等,大桥有时需进行静载试验。

(3)预应力张拉设备的检验

桥梁工程中通常采用液压拉伸机,由油压千斤顶和配套的高压油泵、压力表及外接油管等组成,液压拉伸机的千斤顶按其构造可分为台座式(普通油压千斤顶)、穿心式、锥锚式和拉杆式。预应力张拉机具应与锚具配套使用,并在进场前进行检查和校验。检验仪器可采用压力试验机、标准测力计或传感器等,一般采用长柱压力试验机。

(4)张拉力控制检验

预应力钢材的张拉方法和控制应力应符合设计要求,采用超张拉时,张拉控制应力不超过设计规范规定的最大超张拉应力。张拉应按千斤顶油压和预应力钢材伸长量双重控制,即采用预应力钢材张拉控制应力乘预应力表面积得到张拉控制力 N_y,根据千斤顶校验公式求出相应的油表压力 P,进行张拉力控制,同时采用预应力钢材伸长量进行校验。

(5)水泥浆技术条件检验

对后张法有黏结预应力构件,在预应力钢材张拉完毕后10h~14d须向管道内压注水泥浆,以保证预应力钢材防锈及其与构件混凝土黏结成整体。一般采用纯水泥浆,管道较粗时可采用加入细砂的水泥砂浆,相应地需控制水泥浆的膨胀率、泌水率及强度。

二、预应力钢材的检测

1. 热处理钢筋检验

(1)外观检查

热处理钢筋按其螺纹外形分有纵肋和无纵肋两种。有纵肋的热处理钢筋公称直径有 8.2mm 和 10mm 两种,无纵肋的热处理钢筋公称直径有 6mm 和 8.2mm 两种,钢丝尺寸及偏差用分度为 0.01mm 的量具测量。热处理钢筋端头应切得正直,钢筋表面不得有裂纹、结疤和折叠,断面尺寸误差在允许范围之内。此外,热处理钢筋表面不得沾有油污,在制造过程中,除端部外,不应受到切割火花或其他方式造成的局部加热影响。

(2)力学性能试验

热处理钢筋力学性能试验需成批检验验收,每批由同一外形截面尺寸、同一热处理方式和同一罐炉号的钢筋组成。每批量不大于60t。从每批钢筋中选取10%的盘数(不少于25盘)进行拉力(屈服强度 $\sigma_{0.2}$、抗拉强度 σ_b 和伸长率 δ_{10})试验。试件从每盘钢筋的任一端先截去 50cm,然后按《公路工程金属试验规程》(JTJ 055—1983)的规定制成一定长度的试件。试验结果如有一项不符合规定性能时,该盘钢筋为不合格品,应予报废,再从未试验过的钢筋中取双倍数量的试件进行复检,如仍有一项不合格,则该批钢筋判为不合格品,不予验收。

2. 预应力钢丝检验

预应力钢丝应成批验收,每批应由同一钢号(优质钢丝按同一罐炉号及同一热处理炉序号)、同一形状尺寸、同一交货状态(冷拉或矫直回火)的钢丝组成。

(1)外观检查

从每批钢丝中抽查5%但不少于5盘进行形状尺寸和表面检查,如检查不合格,则应将该批钢丝逐盘检查。优质钢丝不能抽查,而应逐盘检查;预应力钢丝表面不得有裂纹、小刺、机械损伤、氧化铁皮和油迹;存在肉眼不可见的麻坑和表面浮锈仍可作为合格品;回火成品钢丝表面的回火颜色应是正常颜色。矫直钢丝的伸直性:取弦长为1m的钢丝,其弦与弧的最大自然矢高,对光面钢丝不大于20mm,对刻痕钢丝不大于30mm。预应力光面钢丝的形状尺寸和允许偏差应符合相关规定;刻痕钢丝的形状尺寸和允许偏差符合相关规定,钢丝的椭圆度不得超出直径公差。每盘钢丝应由一根组成,其质量一般不小于50kg、最低质量不小于20kg,每个交货批中最低质量的盘数所占比例不得多于10%。矫直回火钢丝的盘径不小于1700mm,冷拉钢丝的盘径不小于600mm,经供需双方协议也可供应盘径不小于550mm的钢丝。

(2)力学性能试验

从外观检查合格的同批钢丝中抽取5%,但不少于3盘;优质钢丝抽取10%,但不少于3盘进行拉力试验(抗拉强度 σ_b、屈服强度 $\sigma_{0.2}$ 和伸长率)、弯曲试验和松弛试验。

拉力试验按《公路工程金属试验规程》(JTJ 055—1983)的规定进行,消除应力钢丝的力学性能应符合图表的规定,冷拉钢丝的力学性能应符合相关规定。钢丝横截面积按公称直径计算。为便于供方日常检验,钢丝的屈服强度也可测定屈服强度 σ_1,即钢丝在负荷作用下测定其伸长达到原标准距1%时的最小应力为屈服强度,其值符合标准规定时可以交货,但仲裁试验时应测定屈服强度 $\sigma_{0.2}$。测定伸长为1%的负荷时,预加负荷为公称屈服负荷的10%,预加负荷对试样所产生的伸长量应加在总伸长量之内。

弯曲试验按《金属材料线材反复弯曲试验方法》(GB/T 238—2013)的规定进行,弯曲半径和弯曲次数应符合相关规定。对于3.0mm的冷拉钢丝弯曲试验也可按弯曲半径R=10mm进行,但弯曲次数应不小于10次。刻痕钢丝的弯曲试验,当试验放置在试验机上时,凹坑平面应与钳口平行。

松弛试验期间,试验的环境温度应保持在(20±2)℃范围内,试样制备后不得进行任何热处理和冷加工,加在试样上的初始负荷是公称抗拉强度的70%乘以钢丝的计算面积。初始负荷应在5min内均匀施加完毕,并保持2min后开始记录松弛值,试样标距长度不小于公称直径的60倍。

预应力钢丝力学性能试验应符合相关规定,如有某一项试验结果不符合要求,则该盘钢丝不予验收,并从同一批未经试验的钢丝盘中再取双倍数量的试样进行复验(包括该项试验所要求的任一指标)。复验结果即使有一个指标不合格,则整批钢丝不予验收,或进行逐盘检验,合格者可予验收。

3. 预应力钢绞线检验

预应力钢绞线应成批验收,每批由同一钢号、同一规格、同一生产工艺制造的钢绞线组成,每批不超过60t。从每批钢绞线中选取3盘进行表面质量、直径偏差、捻距和力学性能的检验。如每批少于3盘,则应逐盘进行上述检验。

(1)外观检验

预应力钢绞线的公称直径、直径允许偏差、中心钢丝直径加大范围应符合规定,每盘成品钢绞线的长度应不小于200m;钢绞线盘的内径应不小于1000mm。钢绞线的捻距应为钢绞线公称直径的12～16倍,如无特殊要求,钢绞线的捻编方向为左捻。钢绞线内不得有折断、横裂和相互交叉的钢丝;每根成品钢绞线表面不得带有任何形式的电接头。成品钢绞线表面不得带有润滑剂、油渍等降低钢绞线与混凝土黏结力的物质。钢绞线表面允许有轻微的浮锈,但锈蚀不得成肉眼可见的麻坑。钢绞线表面质量用肉眼检查,直径和捻距用精度为0.02mm的卡尺测量。直径应以横穿直径方向的相对两根上层钢丝为准,测得钢绞线中心钢丝直径d_0、外层钢丝直径d和捻距,可以算出钢绞线捻角α,钢绞线的截面积A可以按下式计算:

$$A = \frac{\pi d_0^2}{4}\left(1 + \frac{6}{\sin\alpha}\frac{d^2}{d_0^2}\right) \tag{10-8}$$

(2)力学性能试验

从外观检验合格的3盘钢绞线的端部正常部位各截取一根试样进行拉力试验(包括破断负荷、屈服负荷和伸长率)和松弛试验。整根钢绞线的拉力试验按《公路工程金属试验规程》(JTJ 055—1983)进行。用公称截面积计算强度级别,试验结果应符合相关规定。钢绞线的屈服负荷是钢绞线在残余伸长率为0.2%所受的负荷。供方在生产检验中也可以测定伸长率为1%时所受的负荷,其值符合标准规定时可以交货。但仲裁时应测定钢绞线在残余伸长率为0.2%时的负荷;测定伸长量为原标距1%的负荷时,预加负荷为公称屈服负荷的10%,预加负荷对试样产生的伸长率应加在总伸长率内。测定钢绞线伸长率时,其标距不小于600mm,在测定伸长率为1%时的负荷后,继续加荷直到引伸计的伸长率读数为3.5%,此时卸下引伸计,并标明试验机上、下工作台之间的距离。然后继续加荷直到钢绞线的一根或几根钢丝破断。此时标明上、下工作台间的最终距离;试验机上、下工作台距离的百分数,加上引伸计测得数据3.5%,即为钢绞线的伸长率。如果任何一根钢丝破断之前,钢绞线的伸长率已达到所规定的要求,可以不继续测定最后伸长率的值。松弛试验的环境温度应保持在±2℃的范围内,试样制备后不得进行任何热处理和冷加工。松弛试验的初始负荷为钢绞线破断负荷的70%,初始负荷应在5min内均匀施加完毕,并保持2min后开始记录松弛值。

对每盘钢绞线所截取的一根试样进行力学性能试验,每项试验结果均应符合标准规定,如有任一项不合格时,该盘钢绞线判定为不合格品,再从未试验的钢绞线中取双倍数量的试样进行不合格项复验,如仍有一项不合格,则该批钢绞线判定为不合格品。

三、预应力钢绞线锚具和连接器检测

1. 技术要求

锚具、夹具和连接器应具有可靠的锚固性能和足够的承载能力,以保证充分发挥预应力筋的强度。锚具静载锚固性能由预应力锚具组装件的静载试验测定的锚具效率系数 η_a 和达到实测极限拉力时的总应变 ε_{apu} 来确定。夹具的静载锚固性能由预应力夹具组装件静载锚固试验测定的夹具效率系数确定。《预应力筋用锚具、夹具和连接器》(GB/T 14370—2015)规定,锚具和夹具的静载锚固性能应符合下列要求:

(1) I 类锚具: $\eta_a \geq 0.95$, $\varepsilon_{apu} \geq 2.0\%$。
(2) II 类锚具: $\eta_a \geq 0.90$, $\varepsilon_{apu} \geq 1.7\%$。
(3) 夹具: $\eta_a \geq 0.95$。

预应力筋锚具组装件达到实测极限拉力时,全部零件均不应出现肉眼可见的裂缝或破坏。预应力筋夹具组装件达到实测极限拉力时,全部零件均不应出现肉眼可见的裂缝或破坏,应有良好的自锚性能和松锚性能;需敲击才能松开的夹具,必须保证其对预应力筋的锚固没有影响,且对操作人员安全不造成危险。锚具宜满足分级张拉、补张拉以及放松预应力筋的要求。锚具及其附件上应设置灌浆孔,灌浆孔应具有保证浆液畅通的截面面积。

I 类锚具的预应力筋组装件除必须满足静载锚固性能外,尚须进行循环荷载作用下疲劳性能试验。试件经受200万次循环荷载后,预应力筋因锚具影响发生疲劳破坏的面积不应大于试件总截面面积的5%。用于抗震结构中的锚具,还应进行周期荷载试验,试件经50次循环荷载作用后预应力筋不应发生破断。

用于后张法的连接器必须符合 I 类锚具的性能要求,用于先张法的连接器必须符合夹具的性能要求。

用于锚具、夹具和连接器的材料的机械性能和化学成分应符合设计要求,材料的热处理和机械加工应符合国家标准《预应力筋用锚具、夹具和连接器》(GB/T 14370—2015)和相关建筑机械加工技术标准的要求。

2. 静载锚固性能检验、疲劳荷载试验及周期荷载检验的一般规定

试验用的预应力筋锚具、夹具或连接器组装件应由全部零件和预应力筋组装而成,组装时不得在锚固零件上添加影响锚固性能的物质,如金刚砂、石墨等(设计规定的除外)。各根预应力筋应等长平行,其受力长度不得小于3m,单根预应力筋试件的受力长度不得小于0.6m。生产厂的形式检验和新产品试验所用的试件,应选用同一品种、同一规格中最高强度级别的预应力钢材。用于多品种预应力钢材的锚具、夹具和连接器,应对每个品种进行试验。

试验用的测力系统,其不确定度不得大于2%;测量总应变用的量具,其标距的不确定度不得大于标距的0.2%;指示应变的不确定度不得大于标距的0.1%。试验台座承载力应大于组装件中各预应力筋计算极限拉力之和的1.5倍,千斤顶额定张拉力和测力传感器额定

压力应大于组装件中各预应力筋计算极限拉力之和。试验设备及仪器至少每年标定一次。

锚具组装件试验之前必须对单根预应力筋进行力学性能试验,其试件应同组装件的预应力筋试件,从同一盘钢丝或钢绞线中抽取。单根预应力筋力学性能试验每次随机抽取6个试件。

3. 锚具、夹具或连接器试件抽样及检验判定

以同类型、同一批原材料和同一工艺生产的锚具、夹具或连接器作为一批验收,每批验收不超过1000套。

(1)外观检验。应从每批中随机抽取10%的锚具,且不少于10套;如表面无裂缝影响锚固能力,尺寸符合设计要求,判定为合格,如有1个零件不合格,则应另取双倍数量的零件再做检验,如仍有1套不符合要求,应逐个检验,合格者方可使用。

(2)硬度检验。应从每批中随机抽取5%的锚具,且不少于5套;《公路桥梁预应力钢绞线用锚具、夹具和连接器》(JT/T 329—2010)规定钢绞线锚具,连接器硬度检验抽取10%,且不少于10套;每个零件测试点3点,当硬度值符合设计范围应判为合格,如有1个零件不合格,则应另取两倍数量的零件再做检验,如仍有1套不符合要求,应逐个检验,合格者方可使用。

(3)静载锚固性能检验、疲劳荷载试验及周期荷载检验静载试验、疲劳试验和周期荷载试验各抽取3套试件。如符合技术要求的规定,判为合格,如有1个试件不合格,则应另取双倍数量的零件再做检验,如仍有1个试件不符合要求,则该批为不合格。

(4)辅助性试验,不做合格与否的判定。

四、预应力锚具、夹具和连接器检测试验项目

(一)项目1:静载试验

1. 试验仪器

传感器、千斤顶。

2. 不同预应力体系的静载试验步骤

(1)先安装锚具、夹具或连接器再张拉预应力筋的预应力体系。

①将锚具、预应力筋、传感器、千斤顶安装于试验机或试验台座上,将各根预应力筋的初应力调匀,初应力取预应力筋抗拉强度标准值的5%~10%,紧固锚具螺钉或敲紧夹片。

②可直接用试验机或试验台座加载,并测量锚圈内侧之间距离 L_0 及千斤顶活塞的初始行程 L_1,并记录测量结果。

③加载步骤为:按预应力钢材抗拉强度标准值的20%、40%、60%和80%分4级等速加载,加载速度每分钟宜为100MPa,达到80%后,持荷1h随后逐步加载至破坏。

④试验过程中观察和测量项目应包括:

a. 各级荷载作用下,各根预应力筋与锚具、夹具或连接器之间的相对位移 Δa,以及锚具、夹具或连接器各零件之间的相对位移 Δb;

b. 观察在达到预应力钢材抗拉强度标准值的80%后,在持荷1h时间内锚具、夹具和连接器的变形;

c. 试件的实测极限应力 F_{apu};

d. 观察试件的破坏部位与形式,记录试件破坏时活塞终了行程读数 L_2 及此时各根预应力筋与锚具、夹具或连接器之间的相对位移 Δa;

e. 按下式计算达到实测极限应力时的总应变 ε_{apu}。

$$\varepsilon_{apu} = \frac{L_2 - L_1 - \Delta a}{L_0} \times 100\% \tag{10-9}$$

⑤根据试验结果记录计算锚具、夹具和连接器的锚固效率系数 η_a 或 η_g,编写试验报告。锚具效率系数按下式计算:

$$\eta_a = \frac{F_{apu}}{\eta_p F_{apu}^c} \tag{10-10}$$

式中: F_{apu} ——预应力筋锚具组装件的实测极限拉力;

F_{apu}^c ——预应力筋锚具组装件中各根预应力钢筋计算极限拉力之和;

η_p ——预应力筋的效率系数。

对于锚具、夹具产品出厂检验,预应力筋为预应力钢丝、钢绞线和热处理钢筋时,1~5根,η_p 取 1.0;6~12 根,η_p 取 0.99;20 根以上,η_p 取 0.97。预应力筋为冷拉Ⅱ、Ⅲ、Ⅳ级钢筋时,η_p 取 1.00。

夹具效率系数按下式计算:

$$\eta_g = \frac{F_{gpu}}{\eta_p F_{gpu}^c} \tag{10-11}$$

式中: F_{gpu} ——预应力筋夹具组装件的实测极限拉力;

F_{gpu}^c ——预应力筋夹具组装件中各根预应力钢筋计算极限拉力之和。

(2)先张拉预应力筋再锚固的预应力体系

①安装试验装置。

②在不安装 2 号千斤顶的情况下,将各根预应力筋的初应力调匀,初应力取预应力筋抗拉强度标准值的 5%~10%。

③安装 2 号千斤顶,按预应力钢筋抗拉强度标准值的 20%、40%、60% 和 80% 分 4 级等速张拉,达到 80% 后,松开 2 号千斤顶,完成锚固,持荷 1h,再用 1 号千斤顶逐步加载至破坏。

④试验过程中的观察项目与测量项目同"(1)先安装锚具、夹具或连接器再张拉预应力筋的预应力体系"的观察项目和测量项目。

说明:如果能证明预应力钢材在张拉后锚固对静载性能没有影响时,也可按上面介绍的预应力体系加载。

(二)项目 2:疲劳试验

1. 试验仪器

试验采用疲劳试验机(一般采用脉冲千斤顶)。仪器要求:脉冲频率不应超过 500 次/min。当疲劳试验机的能力不够时,只要试验结果有代表性,在不改变试件中各根预应力钢筋受力的条件下,可以将预应力筋的根数适当减少,或用较小规格的试件,但最小不得低于实际预应力钢筋根数的 1/100。试验台的长度应大于等于 3m,试验台的承载力应满足试验要求。

2. 检测步骤

(1)选取试验应力值。预应力锚具组装件进行疲劳试验时,根据预应力筋种类不同,选取试验应力上限和应力幅度。预应力筋为钢丝、钢绞线或热处理钢筋时,试验应力上限取预应力钢筋抗拉强度标准值的 65%,应力幅度取 80MPa;预应力筋为冷拉Ⅱ、Ⅲ、Ⅳ级钢筋时,试验应力上限取预应力钢筋的抗拉强度标准值的 80%,应力幅度取 80MPa。

(2)检测方法。以 100MPa/min 的速度加载至试验应力的下限值,再调节应力幅度达到规定值后开始记录循环次数。试验过程中,观察记录锚具和连接器部件与钢绞线疲劳损伤情况及变形情况,疲劳钢绞线的断裂位置、数量和相应的疲劳次数,并记录疲劳试验结果。

(三)项目3:周期荷载试验

1. 试验仪器

试验仪器包括传感器和千斤顶。

2. 检测步骤

(1)选取试验应力值。预应力锚具组装件进行周期荷载试验时,预应力钢筋为钢丝、钢绞线或热处理钢筋时,试验应力上限取预应力钢筋抗拉强度标准值的80%,下限取预应力钢筋抗拉强度标准值的40%。预应力钢筋为冷拉Ⅱ、Ⅲ、Ⅳ级钢筋时,试验应力上限取预应力钢筋抗拉强度的标准值,下限取预应力钢筋抗拉强度标准值的40%。

(2)试件组装。周期荷载设备、仪器的锚具组装形式和静载试验相同。

(3)以约100MPa/min的速度加载至试验应力上限值,再卸荷至试验应力下限值,此为第一周期。然后荷载自下限值经上限值再回复到下限值为一个周期,重复50个周期。周期荷载试验结果用标准表记录。

(四)项目4:辅助性试验

对于新型锚具、夹具和连接器应进行辅助性试验,包括锚具、夹具的内缩量试验、锚口摩阻损失试验和张拉锚固工艺试验。

1. 锚具和夹具的内缩量试验

内缩量试验使用的设备、仪器及试件安装与静载试验相同,试验施加的张拉应力按有关规范规定的最大张拉控制应力进行,内缩量可通过测量锚固处预应力筋相对位移来计算。试件组装后,用试验设备张拉试件至预应力筋张拉控制应力后锚固,测量每根预应力筋的 a_i 值,计算出每根预应力筋的内缩量 a'_i 和锚具组装件的内缩量 Δa。

$$\Delta a = a_i - a'_i \tag{10-12}$$

$$\Delta a = \frac{1}{n}\sum_{i=1}^{n}\Delta a_i \tag{10-13}$$

式中:n——锚具组装件中预应力筋的根数。

内缩量试验试件数不少于3个,试验结果取其平均值,并用标准表记录。

2. 锚口摩阻损失试验

锚口摩阻损失试验使用的设备和仪器也和静载试验相同。试件安装好后,用试验设备张拉组装件至预应力筋的张拉控制应力后进行锚固,测出锚具前后预应力筋拉力差值,按下式计算锚口摩阻损失:

$$u = \frac{\Delta F}{nPF_{PK}} \times 100\% \tag{10-14}$$

式中:u——锚口摩阻损失;

ΔF——锚具加拉前后预应力筋拉力差值;

n——锚具组装件中预应力筋的根数;

F_{PK}——预应力筋抗拉强度标准值;

P——最大张拉控制应力与预应力筋抗拉强度值标准之比,对于钢丝和钢绞线,$P = 0.8$;对于冷拉粗钢筋,$P = 0.95$。

锚口摩阻损失试验试件数不应少于3个,试验结果取其平均值,并用标准表记录。

3. 张拉锚固工艺试验

试验设备仪器及试件组装形式与静载试验相似。用试验设备按预应力筋最大张拉控制应力的25%、50%、75%和100%分4级张拉锚具组装件,每张拉1级荷载,锚固1次,张拉完毕后,放松张拉应力。通过张拉、锚固工艺试验观察:

①分级张拉或因张拉设备倒换行程需要临时锚固的可能性。
②经过多次张拉锚固后预应力筋内各根预应力钢筋受力的均匀性。
③张拉发生故障时,将预应力筋全部放松的可能性。

五、张拉设备校验

1. 用长柱压力试验机校验

(1) 试验仪器

压力试验机,精度不得低于±2%。校验时,应采取被动校验法,即在校验时用千斤顶顶试验机,这样活塞运行方向、摩阻力的方向与实际工作时相同,校验比较准确。

(2) 试验步骤

①对试验机进行被动标定。用具有足够吨位的标准测力计对试验机进行标定,以确定试验机的度盘读数值。标定后,在校验千斤顶时就可以从试验机度盘上直接读出千斤顶的实际作用力,以及相应的油压表的准确读数。

②用压力试验机校验的步骤如下:

a. 千斤顶就位,当校验穿心式千斤顶时,将千斤顶放在试验机台面上,千斤顶活塞面或撑套与试验机压板紧密接触,并使千斤顶与试验机的受力中心线重合。

当校验拉杆式千斤顶时,先把千斤顶的活塞杆推出,取下封尾板,在缸体内放入一根厚壁无缝钢管,然后将千斤顶两脚向下立于试验机的中心线部位。放好后,调整试验机,使钢管的上端与试验机上压板接紧,下端与缸体内活塞面接紧,并对准缸体中心线。

b. 校验千斤顶开动油泵,千斤顶进油,使活塞杆上升,顶试验机上压板。在千斤顶顶试验机的平缓增加负荷载的过程中(此时不得用试验机压千斤顶),自零位到最大吨位,将试验机被动标定的结果逐点标定到千斤顶的油压表上。标定点应均匀地分布在整个测量范围内,且不少于5点。当采用最小二乘法回归分析千斤顶的标定经验公式时,需10~20点。各标定点应重复标定3次,取平均值,并且只测读进程,不测读回程。

c. 对千斤顶校验数值采用标准表记录,并可根据校验结果绘千斤顶校验曲线,供预应力筋钢筋张拉时使用,亦可采用最小二乘法求出千斤顶校验的经验公式,供预应力筋张拉时使用。

2. 用标准测力计校验

(1) 试验仪器

用水银压力计、测力环和弹簧拉力计等标准测力计校验千斤顶,是一种简单可靠的方法。

(2) 试验步骤

开动油泵,千斤顶进油,活塞杆推出,顶压测力计。当测力计达到一定吨位 T_1 时,立即读出千斤顶油压表相应读数 P_1,同样方法可得 T_2、P_2、T_3、P_3、…。此时,T_1、T_2、T_3、… 即为相应于油压表读数 P_1、P_2、P_3、… 的实际作用力。将测得的各值绘成曲线,实际使用时,即可由此曲线找出要求的 T 值和相应的 P 值。

3. 用电测传感器校验

传感器是在金属弹性元件表面贴上电阻应变片所组成的一个测力装置。当金属元件受外力作用变形后,电阻片也相应变形而改变其电阻值。改变的电阻值通过电阻应变仪测定出来,即可从预先标定的数据中查出外力的大小,将此数据再标定到千斤顶油压表上,即可用于作用力的控制。

六、张拉力控制

预应力钢筋实测伸长值和相应的理论计算值的差应控制在6%以内,否则应停止张拉,待查明原因并采取措施加以调整后,再继续张拉。理论伸长值的计算及实际伸长值的量测方法如下:

1. 预应力钢筋理论伸长值

预应力钢筋理论伸长值 ΔL (cm)按下式计算:

$$\Delta L = \frac{\overline{P}}{A_y E_g} \tag{10-15}$$

式中:$\overline{P}$——预应力钢筋的平均张拉力(N);

L——预应力钢筋长度(cm);

A_y——预应力钢筋截面面积(mm^2);

E_g——预应力钢筋弹性模量(MPa)。

对于后张法张拉的预应力钢筋,有:

$$\overline{P} = P \cdot \frac{1 - e^{-(\mu\theta + kL)}}{\mu\theta + kL} \tag{10-16}$$

式中:P——预应力钢筋张拉端的张拉力(N);

μ——预应力钢筋与管道孔壁的摩擦系数;

k——管道每米局部偏差对摩擦的影响系数;

θ——管道曲线始端与末端切线的夹角(rad)。

式(10-15)用于曲线管道预应力钢筋伸长量计算。当管道为直线时,$\theta = 0$,式(10-16)可以简化为:

$$\Delta L = \frac{P}{k A_y E_g} \left(1 - e^{-kL} \right) \tag{10-17}$$

当管道为直线且无局部偏差摩擦时,预应力钢筋的伸长量和先张法相同,计算公式为:

$$\Delta L = \frac{PL}{A_y E_g} \tag{10-18}$$

2. 实际伸长值的测量

预应力钢材张拉前,应先调整到初应力 σ_0,一般初应力可取控制应力的10%~25%,进行伸长值测量标记,然后张拉至张拉控制应力,测量伸长值。实测伸长值 ΔL 表示从初应力到张拉控制应力的伸长值,相应的理论计算值为:

$$\Delta L_1 = \Delta L - \Delta L_2 \tag{10-19}$$

式中:ΔL_2——初应力时的推算伸长值,$\Delta L_2 = \sigma_0 L / E_g$。

利用实测值和相应的理论值对比,校核张拉控制应力。

七、水泥浆的技术条件

对后张法有黏结预应力构件管道内压注水泥浆一般采用纯水泥浆,管道较粗时可采用加入细砂的水泥砂浆。水泥浆采用强度等级不低于42.5的硅酸盐水泥和普通水泥;水灰比宜采用0.4～0.45,掺入适量减水剂时水灰比可减小至0.35。采用的拌和水及减水剂须对预应力钢材无锈蚀作用。水泥浆经试验后可掺入适当膨胀剂,掺入膨胀剂后水泥浆的自由膨胀率应小于10%,水泥浆的泌水率最大不超过4%,拌和后3h泌水率宜控制在2%左右,24h以后泌水应全部被浆吸回。水泥浆稠度宜控制在14～18s之间;自水泥浆拌制到灌入管道的延续时间,一般不超过30～45min。压浆时每一班应留取不少于3组7.07cm×7.07cm×7.07cm的试件,进行抗压强度试验,并作为水泥浆质量评定的依据。

1. 水泥浆泌水率和膨胀率试验

(1)试验仪器

试验容器用有机玻璃制成,带有密封盖,直径100mm,高120mm,置放于水平面上。

(2)试验方法

将拌制好的水泥浆装入试验容器,深度约100mm,测量水泥浆填灌高度并做记录,然后盖严。置放3h和24h后量测其离析水面和水泥浆膨胀张面,然后按下列公式计算其泌水率和膨胀率:

$$泌水率 = \frac{a_2 - a_3}{a_1} \times 100\% \qquad (10\text{-}20)$$

$$膨胀率 = \frac{a_3 - a_1}{a_1} \times 100\% \qquad (10\text{-}21)$$

式中:a_1——最初填灌的水泥浆面高度;

a_2——水面高度;

a_3——膨胀后的水泥浆面高度。

2. 水泥浆稠度试验

(1)试验仪器

试验采用水泥浆稠度试验漏斗。

(2)稠度试验步骤

测定时先将漏斗调整放平,关上底口活门,将搅拌均匀的水泥浆倒入漏斗内,直至表面触及点测规下端。打开活门,让水泥浆自由流出,水泥浆全部流完的时间,即为水泥浆的稠度。

项目小结

桥梁工程实测项目包括桥面中线偏位、桥宽、桥长、引道中心线与桥梁中心线的衔接、桥头高程衔接,掌握桥梁工程质量评定方法与检查项目。一般桥梁检测包括一般检测和特殊检测。一般检测指外观检查和线形检测等。特殊检测包括无损检测、静载试验和动载试验等。无损检测又包括混凝土强度检测、裂缝检测、钢筋锈蚀检测、碳化检测等。具体包括板式橡胶支座和盆式橡胶支座检测;伸缩装置的技术要求和整体性能试验;桥涵混凝土结构、钢筋混凝土结构或预应力混凝土结构或构件的试验检测;钻芯法、回弹法和超声法对水泥混凝土构件试验检测;预应力钢筋、预应力钢绞线锚具和连接器检测等。

复习思考题

1. 简述桥梁工程质量评定方法与检查项目。
2. 混凝土构件外形检测项目有哪些?
3. 锚具与连接器的检测项目与技术要求有哪些?
4. 桥梁板式橡胶支座的检验项目有哪些?
5. 简述桥梁板式橡胶支座抗压弹性模量的检验方法。
6. 简述板式橡胶支座检测方法。
7. 简述盆式橡胶支座检测方法。
8. 如何判定桥梁板式橡胶支座是否合格?
9. 桥梁荷载试验的主要内容有哪些?
10. 桥梁荷载试验的目的是什么?
11. 桥梁静载试验的主要仪器都有哪些?
12. 静载试验加载过程主要观测内容及终止加载的条件是什么?
13. 桥涵混凝土结构或构件的试验检测项目有哪些?
14. 桥涵钢筋混凝土结构或构件的试验检测项目有哪些?
15. 桥涵预应力混凝土结构或构件的试验检测项目有哪些?
16. 简述钻芯法对水泥混凝土构件试验检测方法。
17. 简述回弹法对水泥混凝土构件试验检测方法。
18. 简述超声-回弹综合法对水泥混凝土构件试验检测方法。
19. 简述预应力钢材的检测方法。
20. 简述预应力钢绞线锚具和连接器的检测方法。

附录 t 分布概率系数表

n	双边置信水平			单边置信水平		
	99%	95%	90%	99%	95%	90%
	$t_{0.995}/\sqrt{n}$	$t_{0.975}/\sqrt{n}$	$t_{0.95}/\sqrt{n}$	$t_{0.99}/\sqrt{n}$	$t_{0.95}/\sqrt{n}$	$t_{0.90}/\sqrt{n}$
2	45.012	8.985	4.465	22.501	4.465	2.176
3	5.730	2.484	1.686	4.201	1.686	1.089
4	2.921	1.591	1.177	2.270	1.177	0.819
5	2.059	1.242	0.953	1.676	0.953	0.686
6	1.646	1.049	0.823	1.374	0.823	0.603
7	1.401	0.925	0.734	1.188	0.734	0.544
8	1.237	0.836	0.670	1.060	0.670	0.500
9	1.118	0.769	0.620	0.966	0.620	0.466
10	1.028	0.715	0.580	0.892	0.580	0.437
11	0.955	0.672	0.546	0.833	0.546	0.414
12	0.897	0.635	0.518	0.785	0.518	0.393
13	0.847	0.604	0.494	0.744	0.494	0.376
14	0.805	0.577	0.473	0.708	0.473	0.361
15	0.769	0.554	0.455	0.678	0.455	0.347
16	0.737	0.533	0.438	0.651	0.438	0.335
17	0.708	0.514	0.423	0.626	0.423	0.324
18	0.683	0.497	0.410	0.605	0.410	0.314
19	0.660	0.482	0.398	0.586	0.398	0.305
20	0.640	0.468	0.387	0.568	0.387	0.297
21	0.621	0.455	0.376	0.552	0.376	0.289
22	0.604	0.443	0.367	0.537	0.367	0.282
23	0.588	0.432	0.358	0.523	0.358	0.275
24	0.573	0.422	0.350	0.510	0.350	0.269
25	0.559	0.413	0.342	0.498	0.342	0.264
26	0.547	0.404	0.335	0.487	0.335	0.258
27	0.535	0.396	0.328	0.477	0.328	0.253
28	0.524	0.388	0.322	0.467	0.322	0.248
29	0.513	0.380	0.316	0.458	0.316	0.244
30	0.503	0.373	0.310	0.449	0.310	0.239
40	0.428	0.320	0.266	0.383	0.266	0.206
50	0.380	0.284	0.237	0.340	0.237	0.184
60	0.344	0.258	0.216	0.308	0.216	0.167
70	0.318	0.238	0.199	0.285	0.199	0.155
80	0.297	0.223	0.186	0.266	0.186	0.145
90	0.278	0.209	0.175	0.249	0.175	0.136
100	0.263	0.198	0.166	0.236	0.166	0.129

参 考 文 献

[1] 中华人民共和国行业标准.公路工程质量检验评定标准:JTG F80/1—2017[S].北京:人民交通出版社股份有限公司,2018.
[2] 中华人民共和国行业标准.公路路基路面现场测试规程:JTG E60—2016[S].北京:人民交通出版社股份有限公司,2017.
[3] 中华人民共和国行业标准.公路工程无机结合料稳定材料试验规程:JTG E51—2015[S].北京:人民交通出版社股份有限公司,2016.
[4] 中华人民共和国行业标准.公路工程沥青及沥青混合料试验规程:JTG E20—2011[S].北京:人民交通出版社,2012.
[5] 董祥.道路检测技术[M].北京:机械工业出版社,2011.
[6] 张超,郑南翔,王建设.路基路面检测技术[M].北京:人民交通出版社,2009.
[7] 钱进.公路工程现场检测技术[M].北京:人民交通出版社,2010.
[8] 金桃,张美珍.公路工程检测技术[M].北京:人民交通出版社,2010.
[9] 王加弟,朱芳芳.路基路面工程检测技术[M].北京:人民交通出版社,2010.
[10] 钱进.道桥检测技术[M].北京:机械工业出版社,2010.
[11] 李江.交通工程学[M].北京:人民交通出版社,2002.
[12] 王建华,孙胜江.桥涵工程试验检测技术[M].北京:人民交通出版社,2007.
[13] 张宇峰,朱晓文.桥梁工程试验检测技术手册[M].北京:人民交通出版社,2010.